U0586389

汽车电器设备与维修技术研究

董竹林 赵洁 著

中国原子能出版社
China Atomic Energy Press

图书在版编目（CIP）数据

汽车电器设备与维修技术研究 / 董竹林，赵洁著
.-- 北京：中国原子能出版社，2021.9（2024.1重印）

ISBN 978-7-5221-1558-0

Ⅰ. ①汽… Ⅱ. ①董… ②赵… Ⅲ. ①汽车 – 电气设
备 – 车辆修理 – 研究 Ⅳ. ① U472.41

中国版本图书馆 CIP 数据核字（2021）第 182045 号

汽车电器设备与维修技术研究

出　　版	中国原子能出版社（北京海淀区阜成路 43 号 100048）	
责任编辑	刘东鹏	
责任印制	赵明	
印　　刷	河北文盛印刷有限公司	
经　　销	全国各地新华书店	
开　　本	787 mm × 1092 mm　1/16	
字　　数	313 千字	
印　　张	14	
版　　次	2021 年 9 月第 1 版　　2024 年 1 月第 2 次印刷	
书　　号	978-7-5221-1558-0	
定　　价	78.00 元	

网址：http：//www.aep.com.cn　　　　E-mail：atomep123@126.com
发行电话：010-68452845　　　　版权所有　侵权必究

前　言

随着汽车技术和电子技术的迅速发展，各种新技术在汽车上不断应用，特别是在汽车电器设备构造方面得到了广泛的应用，使汽车的动力性、经济性、安全性、可靠性、排放净化性、舒适性等都得到了显著的改善和提高。电控技术使汽车电器从总体结构、工作原理、使用维修等方面都发生了根本性的变化，汽车电器设备越来越智能化、网络化，与汽车智能网联技术、新能源汽车技术等密切相关。

本书分析了传统汽车、新能源汽车电器设备的发展变化，对汽车电器设备的技术进行了较为深入的研究，对所涉及的电器设备进行了详细介绍和分析，便于读者全面深入地学习研究汽车电器设备系统，本书第一章对传统燃油汽车和新能源汽车电器设备的发展情况进行了介绍，第二章对传统燃油汽车电源系统的技术研究进行了介绍，第三章对新能源汽车电源系统技术研究进行了介绍，第四章对汽车起动系统及点火系统进行了介绍，第五章对照明信号及仪表系统技术研究进行了介绍，第六章对汽车辅助电器系统技术研究进行了介绍，第七章对汽车空调系统技术研究进行了介绍。

本书是由山西工程职业大学的董竹林老师、赵洁老师编著。

在本书编写的过程中，笔者调研了常见车型的汽车电器设备系统，一些汽车主机厂和维修站技术人员提出了宝贵意见，并参考了大量的文献资料，从中获益不少，在此一并表示诚挚的感谢！

本书立足于汽车电器设备，对比分析了传统燃油汽车和新能源汽车电器设备的技术特点，对汽车各种电器设备系统进行了较为深入的研究，希望能对汽车电器设备进行研究的学者有所帮助，能给汽车电器设备维修的从业人员带来一些灵感。本书在编写过程中得到了汽车整车厂和维修企业的技术人员的帮助，在这里一并表示感谢，由于作者水平有限，难免有错误之处，欢迎大家指正，希望能通过本书和各位学者同行交流，共同拥抱汽车新技术的到来，为祖国汽车事业的发展贡献自己的一份力量。

编者

目 录

第一章 汽车电器设备的发展状况

汽车通常由发动机、底盘、车身和电器设备四大部分组成。汽车以机械工程为出发点，在其一百多年的发展过程中，汽车电气的地位越来越突出，其重要性主要体现在：一是汽车电气性能直接影响汽车的动力性、经济性、安全性、可靠性、舒适性及排放性的好坏；二是汽车电子化已成为衡量汽车技术水平和先进性的重要标志；三是汽车电子产品成本占每辆轿车成本的比重逐年上升，目前已经达到30%。

第一节 传统燃油汽车电器设备的发展方向

一、现代汽车电器设备种类

现代汽车的电器设备种类和数量很多，但总的来说可以分为三大部分，即电源、用电设备以及全车电路和配电装置。

（一）电源

汽车电源有两个：蓄电池和发电机。发电机是主要电源，蓄电池是辅助电源。在发动机停转或起动时，由蓄电池供给电能；发动机达到某一转速后，由发电机供电。当发电机向用电设备供电的同时，也给蓄电池充电。发电机供电时要采用电压调节器来保持其输出电压的稳定。

（二）用电设备

用电设备主要由以下几个系统组成。

1．起动系统

起动系统用来起动发动机，起动系统主要包括起动机及控制电路。

2．点火系统（汽油发动机用）

点火系统用来产生电火花，点燃汽油机气缸中的可燃混合气。它有传统点火系统、电子点火系统和微机控制点火系统之分。传统点火系统包括点火线圈、分电器、电容器、火花塞等。电子点火系统包括点火线圈、信号发生器、电子点火器、分电器、火花塞等；微机控制点火系统包括点火线圈、电子点火器、火花塞、各种传感器、电子控制单元等。

3．照明系统

照明系统包括车外和车内照明灯具，提供车辆夜间安全行驶的必要照明。

4．信号装置

信号装置包括灯光信号和声响信号两类，提供安全行车所必备的信号。

5．仪表及报警装置

用来监测发动机及汽车的工作情况，使驾驶员能够通过仪表、报警装置及时检视发动机和汽车运行各种参数及异常情况，确保汽车正常运行。它包括车速里程表、发动机转速表、冷却液温度表、燃油表、机油压力表、充电指示灯（电流表）和各种警报灯（如发动机故障指示灯）等。

6．辅助电器设备

辅助电器设备包括风窗清洁装置（刮水器、洗涤器）、电动车窗、中控门锁、电动座椅、电动后视镜、防盗装置、除霜装置、汽车视听设备及空调系统等。车用辅助电器设备有日益增多的趋势，主要向便捷、舒适、娱乐及保障安全等方面发展。

7．汽车电子控制系统

汽车电子控制系统主要指利用计算机控制的各个汽车系统，包括汽油机电控燃油喷射系统、微机控制点火系统、电控自动变速器、防抱死系统、驱动防滑系统、电控悬架系统、自动巡航系统、安全气囊、自动空调等。电控系统的采用可以使汽车上的各个系统均处于最佳工作状态，达到提高汽车动力性、经济性、安全性、舒适性，降低汽车排放污染的目的。

（三）全车电路及配电装置

全车电路及配电装置包括中央接线盒、熔断装置、继电器、电线束及插接件、电路开路等，使全车电路构成一个统一的整体。

由于现代汽车所采用的电控系统越来越多，所占的比例越来越大，且汽车电控系统往往都自成系统，将电子控制与机械装置相结合，形成了较为典型的机电一体化系统。

二、传统燃油汽车电器设备技术特点

汽车电器设备的特点：

（一）低压直流

汽车电器设备采用额定电压为 12V 或 24V 的低压直流电源，并由蓄电池与发电机构成双电源。目前汽油发动机普遍采用 12V，而柴油发动机多采用 24V。蓄电池的充、放电为直流，发电机输出的电也是直流电。

（二）并联

汽车上用电设备众多，为了使电器设备相互独立、便于控制和提高电气线路的可靠性，用电设备和电源间均为并联连接，且各用电电气系统相对独立运行，如起动系统、点火系统、照明和信号装置、仪表和显示装置、辅助电器设备等各电气系统，按照其工作原理相对独立运行。

（三）单线制

单线制即从电源到用电设备使用一根导线连接（又称为火线），而另一根导线则用汽车车体（车架）或发动机机体的金属部分代替。单线制可节省导线，使线路简化、清晰，便于安装与检修。对于某些电器设备，为了保证其工作的可靠性，提高灵敏度，仍然采用双线制连接方式。例如，发电机与调节器之间的搭铁线、双线电喇叭、电子控制系统的电控单元、传感器等。

（四）负极搭铁

采用单线制时，蓄电池的一个电极需接在车体上，称为"搭铁"。若蓄电池负极连接车体就称为"负极搭铁"，反之则称为"正极搭铁"。负极搭铁对车体连接处的电化学腐蚀较轻，对无线电干扰小。我国汽车电气系统均为负极搭铁。

三、传统燃油汽车电器设备技术研究现状

汽车在 20 世纪 50 年代之前近百年的发展进程中，主要是以机械为主，辅以必要的电器设备，期间在电器方面比较突出的成果非常少：1885 年，德国的波徐对马库斯的点火装置略改良后，开始生产低压电磁点火器，这是最早的电器设备；1912 年，美国的查尔斯·凯特林发明了第一个可供实用的蓄电池供电的汽车起动机。随着汽车的广泛使用和性能的提高，出现了照明、信号等装置。因此，汽车的发展更多的体现在汽车机械设备方面的更新换代上，汽车电器发展相对滞后。

自 20 世纪 50 年代以后，随着电子技术的发展、社会需求的增强，使汽车电子技术的运用得到了迅速发展，并可划分为四个阶段。

从 20 世纪 50 年代初期到 1974 年为汽车电子化的第一阶段。这一阶段是汽车电子化的初级阶段。这一阶段的主要特征是：开发分立元件和集成电路组成的汽车电子产品，应用电子装置代替传统的机械部件，如汽车最初采用硅整流交流发电机，之后有电子式电压调节器、电子控制高能点火等。

20 世纪 50 年代初，汽车上出现了第一个电子装置，即汽车用电子管收音机，标志着

汽车进入了电子化时代。20 世纪 50 年代中期，随着半导体晶体管收音机的问世，安装晶体管收音机的汽车数量得到了迅速的增加。

20 世纪 60 年代初期，由于硅整流交流发电机开发成功，促成了汽车发电机从直流走向交流的变革，并迅速在全世界得到了推广。

从 20 世纪 60 年代中期开始，一些能够部分替代机械控制部件功能的电子控制装置，如晶体管电压调节器和晶体管点火装置等开始装备汽车，随着集成电路和大规模集成电路的出现，这些电子控制装置又逐步实现了由分立元件向集成化的过渡。这一阶段，装备汽车的其他电子装置还有电子式闪光器、电子控制式喇叭、电子式间歇刮水控制器、数字时钟及 20 世纪 70 年代初期装备汽车的 IC 点火装置和 HEI 高能点火系统等。

1974—1982 年为汽车电子化的第二阶段。这一阶段的主要特征是：以微处理器为控制核心，以完成特定控制内容或功能为基本目的，各自相互独立的电子控制系统得到了快速发展和应用。在短短的七八年中，电子控制汽油喷射系统、空燃比反馈控制系统、防抱死制动系统、安全气囊系统、电子控制自动变速器、巡航控制系统、电子控制门锁系统、前照灯灯光自动控制系统、自动除霜系统、车辆导航系统、座椅安全带收紧系统、车辆防盗系统、故障自诊断系统等相继在不同车辆上得到应用。

1982—1995 年为汽车电子化的第三阶段。这一阶段的主要特征是：以微型计算机作为控制核心，能够同时完成多种控制功能的计算机集中管理系统为基本控制模式，初步实现了汽车控制技术从普通电子控制向现代电子控制的技术过渡。现代电子控制技术在汽车上的应用，不仅拓展了电子控制系统的功能和控制内容，提高了控制精度，而且还为汽车智能化控制奠定了基础。在第三阶段，发动机集中管理系统、传动系电子控制系统、行驶转向与制动系电子控制系统、安全保障与警示电子控制系统、车辆舒适性电子控制系统、娱乐通信电子控制系统等在不同类型的汽车中得到不同程度的应用。

1995 年以后，汽车电子化进入其发展历程的第四阶段。这一阶段的主要特征是：随着 CAN 总线技术和高速车用微型计算机的应用，电子控制系统初步具备了对高复杂程度使用要求的控制能力，汽车电子化开始步入智能化控制的技术高点。在这近二十年中，汽车运行过程的智能化控制取得了丰硕的成果，从最初的单一控制上升到了系统优化与系统之间优化的新技术高度。近十年开发成功，并投入实际应用的具有初级智能化的控制系统主要有：动力系统最优化控制系统、通信与导航协调控制系统、安全驾驶监测与警告系统、自动防追尾防碰撞系统、自动驾驶系统和电子地图等。

四、传统燃油汽车电器设备技术发展趋势

今后汽车电子技术将集中围绕如下几个方面发展。

其一，满足用户需求，大幅度提高汽车的性能，使之更灵活、方便、安全、可靠。汽车的技术相对于我们生活中的其他产品，其对可靠性、稳定性的要求非常严格，在汽车行驶中其工况非常复杂，如果电器设备的可靠性、稳定性、安全性等出现问题，将来给企业的发展带来很大的影响，如安全气囊技术，因此，随着汽车发展，汽车电器设备的可靠性、

稳定性、安全性等会不断提高。

其二，满足社会需求，保护环境，节约能源，节约资源。习近平总书记在第七十六届联合国大会一般性辩论上阐明，完善全球环境治理，积极应对气候变化，构建人与自然生命共同体。加快绿色低碳转型，实现绿色复苏发展。中国将力争 2030 年前实现碳达峰、2060 年前实现碳中和，这需要付出艰苦努力，但我们会全力以赴。这是中国基于推动构建人类命运共同体的责任担当和实现可持续发展的内在要求作出的重大战略决策。我国已经确定了双碳目标，汽车行业也要跟上时代的步伐，发展更为节能环保的汽车电器设备。

其三，实现包括道路在内的交通系统智能化，将汽车和人有机地结合起来。现在汽车正朝着电动化、智能化方向快速发展，随着智能网联技术的发展，汽车电器设备中的传感器数量会不断增加，适应于智能汽车的智能传感器技术必将为汽车的发展提供新的思路，因此，能满足汽车智能化发展的、智能车联网和自动驾驶的智能传感器技术是未来的发展方向，新能源汽车电器设备也会更加智能化。

其四，汽车电器设备会更加网络化，娱乐功能更加多样。随着汽车的普及，越来越多的人对汽车提出了更多的使用需求，得益于 4G、5G 技术的快速发展，短视频、新媒体等更加活跃，用户对车辆网络化、娱乐性方面的需求越来越多，因此，研究能满足用户娱乐、生活用车需求的电器设备是未来的发展方向。

第二节 新能源汽车电器设备的发展方向

新能源又称非常规能源，是指传统能源之外的各种能源形式，其刚开始开发利用或正在积极研究、有待推广的能源，如太阳能、地热能、风能、海洋能、生物质能和核聚变能等。新能源越来越多地被用到风电产业、地热利用产业、沼气发电产业、生物质产业、太阳能光伏产业和新能源汽车产业。

新能源汽车，英文全称 New Energy Vehicles。2009 年 6 月，工业和信息化部（工产业 [2009] 第 4 号）公告发布了《新能源汽车生产企业及产品准入管理规则》（2009 年 7 月 1 日正式实施），明确指出：新能源汽车是指采用非常规的车用燃料作为动力来源（或使用常规的车用燃料、采用新型车载动力装置），综合车辆的动力控制和驱动方面的先进技术，形成的技术原理先进、具有新技术、新结构的汽车。非常规的车用燃料一般指除汽油（gasoline）、柴油（diesel oil）、天然气（natural gas, NG）、液化石油气（Liquefied petroleum gas, LPG）、乙醇汽油（Ethanol gasoline, EG）、甲醇（methanol）、二甲醚（dimethyl ether）之外的燃料。根据 2012 年发布的《节能与新能源汽车产业发展规划（2012–2020 年）》主要政策，在 2012 年沿用新能源汽车名词，分类包括插电式混合动力汽车、纯电动汽车和燃料电池汽车，主要特征是采用新型动力系统，完全或主要依靠新型能源驱动的汽车。工业和信息化部、国家税务总局通过发布《免征车辆购置税的新能源汽车车型目录》，自 2014 年 9 月 1 日至 2017 年 12 月 31

日，对购置的新能源汽车免征车辆购置税。列入目录的新能源汽车须同时符合以下条件：获得许可在中国境内销售的纯电动汽车、插电式（含增程式）混合动力汽车、燃料电池汽车；使用的动力电池不包括铅酸电池；纯电动续驶里程须符合新能源汽车纯电动续驶里程要求；插电式混合动力乘用车综合燃料消耗量（不含电能转化的燃料消耗量）与现行的常规燃料消耗量国家标准中对应目标值相比小于60%，插电式混合动力商用车综合燃料消耗量（不含电能转化的燃料消耗量）与现行的常规燃料消耗量国家标准中对应限值相比小于60%；通过新能源汽车专项检测，符合新能源汽车标准要求。为区别于新能源汽车，我们一般把利用内燃机的汽车称为传统汽车，新能源汽车根据其利用能源方式的不同，可分为纯电动、混合动力新能源汽车、替代燃料新能源汽车以及其他形式的新能源汽车。

新能源汽车的电气系统包括电源系统、充电系统、暖风与空调系统、制动系统、电动转向系统、自动启停系统、车载局域网络系统、车载互联系统，以及与传统车辆基本一致的其他辅助电气系统等。

一、新能源汽车电器设备技术特点

新能源汽车电气系统与传统汽车因为采用的能源形式不同，所以其结构上也有了很多不同，同时，新能源汽车的发展又代表了汽车技术的发展方向，很多新技术也应用在了新能源汽车上，二者最为显著的区别就是新能源汽车采用了新型的动力驱动系统。

目前，新能源汽车发展最具代表性的是纯电动汽车、插电式混合动力汽车，同时它们也是我国大力推广的车型，纯电动汽车采用了电池加电机的方式来取代传统车辆动力单元的发动机和变速器，混合动力汽车增加了动力电池和动力电机，简化了变速器装置，发动机、电机和变速器一起成为了动力驱动装置。由于动力系统的改变，使得新能源汽车的许多系统也发生了相应的改变，包括电源、充电，冷却、暖风空调以及制动和其他车身辅助系统等。

（一）电源系统

新能源汽车没有了发动机（混合动力汽车还有发动机，但发动机多采用阿特金森循环发动机），纯电动汽车不再设计有发电机，车辆上用电设备的供电和12 V蓄电池的充电，都是由新能源汽车配置的动力电池通过DC/DC转换器来提供的。

（二）充电系统是新能源汽车的能源补给系统，为车辆持续行驶提供动力

纯电动汽车主要是充电装置，有充电站高压直流充电、充电桩充电和家用电充电装置；混合动力汽车的发动机可以对车辆直接提供动力，也可以将能量发电储存到动力电池中，混合动力汽车可以利用现有的加油站进行能源补给，因此其没有里程焦虑，其中，插电式混合动力汽车可以像纯电动汽车一样直接进行充电。

（三）冷却系统

传统汽车的冷却系统主要是两个方面，一是在发动机冷车时让发动机尽快热机，二是

在发动机温度变高时为发动机进行冷却，使其保持在合适的温度范围工作，传统汽车冷却系统的动力是由曲轴通过皮带或链条带动水泵轮工作为车辆冷却系统提供动力，促进冷却液的循环。而新能源汽车则不同，其冷却系统功能一是为动力电池、电机、电机控制器进行冷却，二是环境温度过低时为动力电池加热，新能源冷却系统的动力来源中纯电动汽车没有由轴皮带驱动，因此，动力电池、驱动电机和驱动电机控制器的冷却采用单独的电动水泵来完成冷却系统的循环；混合动力汽车虽然有发动机，但混合动力汽车在工作时，经常会自动停止发动机的运转，因此其冷却系统也采用电子水泵，这样就随时可以为发动机、动力电池、驱动电机和驱动电机控制器等进行冷却。

（四）暖风与空调系统

新能源汽车的空调采用电动方式来驱动压缩机，这有别于传统汽车通过发动机曲轴皮带驱动的形式，同时，新能源汽车的空调一般采用高压电驱动电动压缩机，将压缩机和变频器一体化，一般采用变频器集成在电机壳体的外侧实现。在暖风实现的形式上，由于没有了发动机燃烧余热的热量来源，而驱动电机及电机控制器产生的热能又达不到持续供热的要求，因此新能源汽车一般采用电加热的方式来产生暖风。其中，电加热的方式有两种，一种是PTC加热系统，另一种是热泵空调系统。

（五）制动系统

新能源汽车的液压制动系统与传统汽车基本组成结构区别不大，但是在液压制动系统的真空辅助助力系统和制动主缸两个部件上存在较大的差异。新能源汽车液压制动的辅助助力没有来自发动机的真空源，通常需要单独设计一个电动真空泵来为真空助力器提供真空源；或像取消了真空助力器和制动主缸的ECB（电子控制制动）系统，根据传感器收集驾驶员踩制动踏板的程度和所施加的力计算出所需的制动力。然后，ECB、ECU和制动防滑控制ECU集成在一起，连同液压制动系统传递给车轮施加需要的制动力。

（六）转向系统

由于纯电动汽车取消了发动机，不能通过发动机驱动液压助力油泵的方式来实现液压助力。因此，大多数纯电动汽车采用电动助力转向系统，即在原机械转向系统基础上安装一个电机，作为转向系统的辅助动力。

（七）组合仪表

与传统汽车相比，新能源汽车的组合仪表发生了一些改变，对于纯电动汽车，因其没有发动机，所以仪表上也没有发动机转速表和燃油指示，混合动力车型依然保留发动机转速表和燃油指示，同时，仪表也增加了电动续航里程、动力电池电量指示（SOC）、电机功率，需要注意的是，新能源汽车的水温指示一般指动力电池、电机、电机控制器的水温，若为混合动力车型，也有发动机的水温指示。许多纯电动车型的仪表设计较为前卫，有的采用全液晶仪表盘，有的采用大屏显示，功能和外观都有了较大提升。

（八）车身电器

新能源汽车电源系统采用 DC/DC 转换器完成高压电转 12 V 的变换，动力电池通过 DC/DC 转换器为车身电器设备供电同时给 12 V 蓄电池进行充电，车身电器的工作电压还是 12 V，但部分电器设备的控制逻辑考虑了新能源汽车特有的因素，与传统汽车相比，控制策略发生了变化。

二、新能源汽车电器设备技术研究现状

（一）气候变暖、环境污染及能源危机与新能源汽车的关系

在讨论新能源汽车的发展状况时，因首先了解气候变暖、环境污染及能源危机与新能源汽车的关系。

温室气体是指：二氧化碳（CO_2）、甲烷（CH_1）、一氧化二氮（N_2O）、氟化合物。二氧化碳是大气主要的温室气体之一。汽车每燃烧 1 kg 汽油排出 3.08 kg 的二氧化碳。当二氧化碳含量升高时，会增强大气对太阳光中红外线辐射的吸收，阻止地球表面的热量向外散发，使地球表面的平均气温上升，这就是所谓的温室效应。地球上接连出现的"厄尔尼诺"和"拉尼娜"现象都与温室效应加剧有关。城市因人口密集、高楼密集、公路密集，导致"城市热岛效应"更为严重。温室气体像毯子一样把热气隔在低层大气里，城市年平均气温比郊区高 1 ℃，甚至更多。城市热岛效应已经改变了地方天气形势，特别是量分布形势已经发生改变，这是全球变暖在城市的反应随着全球范围内工业的发展，温室气体的排放有了明显的上升，从 1900 年以来，由于温室气体的原因，地球的平均温度已经增加了 0.6 ℃。为了阻止气温的变化，必须减少温室气体的排放。1997 年 12 月，由联合国气候变化框架公约参加国在日本京都召开会议，起草并制定的《京都议定书》，英文名称为"Kyoto Protocol"，又译《京都协议书》或《京都条约》，全称《联合国气候变化框架公约的京都（议定书）》是《联合国气候变化框架公约》（United Nations Framework Convention on Climate Change，UNFCCC）的补充条款。经过国际社会多年的共同努力于 2005 年 2 月 16 日正式生效，签署的国家已达 185 个，在 2008 年至 2012 年间，工业国家必须减少温室气体的排放，相比 1990 年排放数量减少 5%。这一公约的出现刺激了太阳能电池产业的公司股价的大幅上涨。从而新能源这一名词渐渐走入人们的视线，逐渐蔓延到了对温室效应有直接影响的汽车行业。

伴随我国国民经济的持续快速发展，大城市大气环境污染问题日益突出，北京、广州、上海、重庆等大城市，其市区大气污染以机动车为重要污染源。许多国家的大、中城市的空气污染有五成以上来源于汽车尾气。目前，绝大部分汽车采用的发动机是内燃机。汽车发动机燃烧燃料产生动力的同时排放出尾气。尾气的主要成分是二氧化碳（CO_2）、一氧化碳（CO）、氮氧化物（NO_x）和碳氢化合物（HC），还有铅尘和烟尘等污染物和一些固体细微颗粒物。其中，汽油发动机排放的污染物主要以二氧化碳（CO_2）、一氧化碳（CO）、氮氧化物（NO_x）和碳氢化合物（HC）为主，其中，二氧化碳是燃油正常燃烧的产物，对

人体没有直接伤害，但对气候变暖有重要影响，而一氧化碳（CO）、氮氧化物（NO_x）和碳氢化合物（HC）则对人体有害。一氧化碳与血液中的血红白结合的速度比氧气快 250 倍，从而削弱血液向各组织输送氧的功能，危害中枢神经系统，造成人的感觉、反应、理解、记忆力等机能障碍、重者危害血液循环系统，导致生命危险。氮氧化物和碳氢化合物在太阳紫外线作用下，产生一种具有激性的化学烟雾，其对人体最突出的危害是刺激眼睛和上呼吸道黏膜。柴油发动机尾气排放物中颗粒物比较多，尾气中颗粒物成分很复杂，并具有较强的吸附能力，可以吸附各种金属粉尘，强致癌物质和病原生物等，颗粒物会随呼吸进入人体，会引起呼吸系统疾病及恶性肿瘤。除了汽车尾气给环境带来的不利影响，汽车在生产、使用乃至报废过程中都会造成环境的污染。为了降低汽车对环境的污染，世界各国都制定了一系列的与汽车尾气排放相关的标准，欧洲汽车废气排放标准是欧盟国家为限制汽车废气排放污染物对环境造成的危害而共同采用的汽车废气排放标准，标准对几乎所有类型的车辆排放的氮氧化物、碳氢化合物、一氧化碳和悬浮粒子（Particulate Matter，PM）都有限制。对每一种车辆类型，汽车废气排放标准有所不同。欧洲标准是由欧洲经济委员会（ECE）的汽车废气排放法规和欧盟（EU）的汽车废气排放指令共同加以实现的。在欧洲，汽车废气排放的标准一般每四年更新一次。相对于美国和日本的汽车废气排放标准来说，测试要求比较宽泛，因此，欧洲标准也是发展中国家大都沿用的汽车废气排放体系。由于我国的乘用车车型大多从欧洲引进生产技术，我国大体上采用欧洲标准体系。

　　随着我国经济的高速发展，推动了能源需求快速增长。根据美国能源信息署发布的《2013 年度国际能源展望》。以中国、印度为主的新兴市场国家是世界能源消费增长的主要驱动因素，到 2040 年，全球石油消费量将大增 32%。根据《中国 2050 年低碳情景和低碳发展之路》预测在基准情境下，到 2050 年，我国一次性能源需求量将增加 6657 亿吨标准煤，在石油进口依存度持续上升的情况下，国际石油价格直接影响到我国的能源安全、经济安全乃至国家安全。近年来我国汽车产业发展迅速，已成为全球第一大汽车市场。2009 年我国汽车产销量已经跃居全球第一。而全球石油储量仅够再用约 40 年，能源短缺已经成为全球问题。

　　因此，大力发展新能源汽车对我国有非常重要的战略意义。新能源汽车所带来的环境效益和经济效益非常明显。降低环境污染，新能源汽车，特别是纯电动汽车和燃料电池电动汽车在本质上是一种零排放汽车，一般无直接排放污染物，间接污染物主要产生于非可再生能源的发电与氢气制取过程，其污染物可以采取集中治理的方法加以控制；混合动力电动汽车在纯电动行驶模式下同样具有零排放的效果，同时由于减少了燃油消耗，二氧化碳排放可降低 30% 以上，另外，电动汽车比同类燃油车辆噪声也低 5 dB 以上，大规模推广电动汽车将大幅度降低城市噪声；节约能源，据测算，传统燃油从开采到汽车利用的平均能量利用率仅 14% 左右，采用混合动力技术后，能量利用率可以提高 30% 以上。另外，插电式混合动力电动汽车和纯电动汽车可以利用电网夜间波谷充电，提高电网的综合效率；优化能源消耗结构，我国已探明的石油储量仅占世界石油储量的 2%~3%，从 1993 年开始我国成为石油进口国，目前，我国交通运输石油消耗量约占石油总消耗量的一半，由于电动汽车具有能源来源多元化的特点，各种可再生能源可以转化为电能或化学能加以有效利用；同时，利用电网对电动汽车进行充电，增加了电力在交通能源领域中的应用，减少了对石油资源的依赖，优化了交通能源构成。

（二）国外新能源汽车发展现状

由于气候变暖、环境污染、能源危机等原因，新能源汽车的开发早已引起了全球汽车生产厂家的关注，一些著名的汽车公司转向研究和开发新能源汽车。各国政府也相继发布新能源汽车发展战略和国家计划，加大政策支持力度、增加研发投入，全力推进新能源汽车产业化。随着新能源汽车技术瓶颈突破的预期大大加快，新能源汽车产业进入了快速发展的新阶段。

国外纯电动汽车的主要应用在小型乘用车、大型公交车、市政与邮政等特殊用途车辆，纯电动汽车已经有 100 多年的历史，但由于传统铅酸电池的连续行驶里程等使用性能指标不能够满足纯电动汽车的要求，使纯电动汽车的研发处于停止不前的地步。随着高性能锂离子电池和一体化电力驱动系统等技术的发展应用，纯电动汽车再次受到各国政府和企业的重视。纯电动汽车已在续驶里程、动力性、快充等方面取得了可喜的进展，已经进入实用化阶段。目前，纯电动汽车的技术攻关重点集中在提高动力电池性能、降低成本方面。与传统的汽车性能、成本比较，要满足产业化要求，纯电动汽车动力电池的质量能量密度需大幅度提高，成本也需大幅度下降。

日本最早研发混合动力汽车，并最先实现了产业化。丰田普锐斯于 1997 年 10 月底问世，是世界上最早实现批量生产的混合动力汽车，全球累计销量已超过 200 万辆。早期的普锐斯采用氢镍电池，串并联控制方式百公里油耗 3.41 L。目前，普锐斯已推出第三代产品，采用锂电池作为动力电池，其性能得到大幅度改善。自 1997 年丰田首先在日本推出普锐斯混合动力汽车以来，其他各大汽车厂家纷纷推出混合动力汽车产品，如本田 Insight、通用 Saturn VUE、福特 Eseape 等。随着技术的成熟和生产规模的扩大，成本大幅下降。欧洲混合动力汽车技术起步较晚，采取与美国合作方式共享混合动力总成技术，主要应用于采用传统技术油耗较高的车型上。国际上，混合动力商用车也取得了快速发展，已开发了混合动力公交车、市政用车和军用车等。尤其是美国在混合动力公交客车的开发和应用上取得了一定的成果，目前已有多个车型在运行。欧洲客车和卡车生产商已将目光聚焦在混合动力技术上。德国奔驰、瑞典沃尔沃和波兰索拉丽斯等相继开发了混合动力商用车。混合动力技术是由单发动机驱动向纯电动驱动转移的必经环节。合理采用混合动力技术可以较明显地节能减排，并将成本控制在一定范围内，因此，混合动力汽车已成为世界各国汽车公司产业化的重点。随着电池技术的逐步成熟，逐渐提高混合度以实现传统能源向电气化转化，是混合动力技术发展的方向。前期主要为单电机并联、双电机并联和双电机混联等方案，后期将向插电式混合动力方案发展，实现向纯电动方案过、在动力系统方面，混合动力汽车将向更高的集成度发展。根据车用能源的发展情况，有发动机电机集成、传动系统与电机集成两种趋势，从而实现向电动化转型。

氢燃料电池汽车是使用液态氢作为汽车的动力电池能源，与大气中的氧发生化学反应而产生电能，然后将电供给电动机，多余电量储存在动力电池中。由于燃料电池汽车技术的战略意义十分重大，世界各发达国家和地区都在潜心致力于燃料电池汽车的研究，美国通用与日本丰田、美国国际能源公司与日本东芝、德国奔驰与西门子、法国雷诺与意大利De Nora 公司等纷纷组成强大的跨国联盟，优势互补，联合开发并推出了一系列的燃料电池汽车。

近年来，燃料电池出现模块化趋势，单个燃料电池模块的功能范围被界定在一定的范围之内，通过提高产品性能实现模块化组装，以满足不同车辆对燃料电池功率等级的要求。通过采用混合动力技术，优化蓄电池和燃料电池的能量分配，以有效提高燃料电池的寿命降低系统成本。燃料电池汽车技术攻关的焦点是提高可靠性、耐久性。目前美国能源部正在支持几种新型锂离子化学电池的探索性研究。方案涉及对锂合金／高电压正极材料，锂硫电池、锂金属电池／锂聚合物电池的研究等。据悉，目前美国政府还向有技术优势的汽车厂商提供超过 250 亿美元的贷款，并对电池工业提供了 20 多亿美元的补贴。

（三）国内新能源汽车发展的现状

2012 年 7 月 9 日，国务院正式发布了《节能与新能源汽车产业发展规划》（以下简称《规划》），明确以纯电动汽车为新能源汽车发展和汽车工业转型的主要战略方向，《规划》内容明确发展纯电驱动，同时这也是解决汽车普及过程带来的能源与环境问题的根本性措施，具有战略性意义。

自 2014 年 9 月 1 日至 2017 年底，我国对获得许可在中国境内销售（包括进口）的纯电动以及符合条件的插电式（含增程式）、混合动力、燃料电池三类新能源汽车，免征车辆购置税。2014 年 7 月，国务院办公厅发布《关于加快新能源汽车推广应用的指导意见》（以下简称《指导意见》），部署进一步加快新能源汽车推广应用。《指导意见》从总体要求、充电设施建设、积极引导企业创新商业模式、推动公共服务领域推广应用、进一步完善政策体系、坚决破除地方保护、加快创新能力建设、进一步加强组织领导等 8 个方面提出 30 条具体政策措施，促进新能源汽车产业转型升级。

"十一五"以来，我国提出"节能和新能源汽车"战略，政府高度关注新能源汽车的研发和产业化。在国家政策的倡导与支持下，我国各地有关节能与新能源汽车的产品研发及示范推广可谓风起云涌。2012 年底，北京、上海、深圳等 25 个试点城市共示范推广各类节新能源汽车 2.74 万辆。2013 年中国新能源汽车产量为 17 563 辆，其中纯电动汽车 14 243 辆，插电式混合动力汽车 3290 辆；新能源汽车销售 17 642 辆，其中纯电动汽车销售 14 604 辆插电式混合动力汽车销售 3038 辆。2014 年新能源汽车生产 78 499 辆，销售 74 763 辆，比 2013 年分别增长 3.5 倍和 3.2 倍；其中纯电动汽车产销分别完成 48 6054 辆和 45 048 辆，比 2013 年分别增长 2.4 倍和 2.1 倍；插电式混合动力汽车产销分别完成 29 894 辆和 29715 辆比 2013 年分别增长 8.1 倍和 8.8 倍。2015 年我国新能源汽车生产 340 471 辆，销售 331 092 辆，同比分别增长 3.3 倍和 3.4 倍远高于同期非新能源车汽车的产销增量其中纯电动汽车产销分别完成 254 633 辆和 247 482 辆，同比分别增长 4.2 倍和 4.5 倍。从技术方面来说，我国新能源汽车业内共识是；国内新能源汽车厂商在动力电池、驱动电机、电控系统三大核心技术上，与国际先进水平仍有较大差距。特别是动力电池技术，以及混合动力系统，国内除了比亚迪等少数厂商以外，很多厂商没有专门的生产线，不具备量产能力。

我国新能源汽车的动力电池发展迅速，其中，有典型代表的公司是宁德时代和比亚迪汽车，宁德时代为国际汽车企业宝马、特斯拉企业提供动力电池，比亚迪汽车技术已经涵盖了新能源汽车全产业链设计制造生产的所有环节，同时其研发的刀片电池性能优良，安全性高。

三、新能源汽车电器设备技术发展趋势

随着科学技术的发展，新能源汽车的主要发展趋势如下：

（一）动力电池技术会更加成熟、安全性更高

作为新能源汽车的车身电器设备的动力源，动力电池技术相比之前已经有了很大的进步，能满足基本的需求，但是依然存在安全性低、能量密度低、相比传统汽车添加燃油充电速度慢等问题，动力电池技术对新能源汽车的发展至关重要。因此，研究和开发不污染环境、成本低廉、安全性高、充电速度快、能量密度高的动力电池，未来的发展趋势。

（二）充电技术向着智能化、快速化发展

目前，新能源汽车的充电技术发展很快，但是和传统燃油车相比，新能源汽车的充电实践依然很长，而这也成为制约新能源汽车普及和快速推广的重要影响因素。我国的电能来源丰富，许多地区夜间电量充裕，但智能充电技术的应用还不能较好地解决这个问题。因此，研究能满足个性化充电需求、智能调配电网用电需求的充电系统以及能快速安全充电的技术是未来新能源汽车的发展方向。

（三）驱动电机呈多样化发展

新能源汽车的电器设备中，电机技术已经较为成熟，但为新能源汽车提供动力的电机还有很大的发展空间，驱动电机的发展同样也会为新能源汽车电器设备发展带来新的思路。常见的电机中，交流感应电动机的主要优点是结构简单、可靠，质量较小，但控制技术较复杂。永磁无刷直流电动机的优点是效率高、起动转矩大、质量较小，缺点是成本高，且有高温退磁、抗震性较差。开关磁阻电动机的优点是结构简单、可靠，成本低，缺点是质量较大，易产生噪声。随着新能源汽车的快速发展，针对不同车辆的使用要求，会有各种各样的电机出现。因此，能满足新能源汽车个性化需求、稳定性高、成本低的电机是未来的发展趋势。

（四）电器设备更加智能化

现在汽车正朝着电动化、智能化方向快速发展，智能网联技术的快速发展也为新能源

汽车变得更加智能化，随着智能网联技术的发展，汽车电器设备中的传感器数量会不断增加，适应于智能汽车的智能传感器技术必将为汽车的发展提供新的思路，因此，能满足新能源汽车智能化发展的、智能车联网和自动驾驶的智能传感器技术是未来的发展方向，新能源汽车电器设备也会更加智能化。

（五）汽车电器设备技术与燃料电池电动汽车联系更加紧密

燃料电池汽车在成本和整体性能上，特别是续驶里程和补充燃料时间上明显优于其他电池的电动汽车，并且燃料电池所用的燃料来源广泛，又可再生，并可实现无污染、零排放等环保标准。因此，燃料电池汽车已成为世界各大汽车公司21世纪激烈竞争的焦点。燃料电池及氢动力发动机车型被看作是新能源汽车最终的解决方案。因此，发展配套燃料电池电动汽车的电器设备技术是未来的发展方向。

第二章　传统燃油汽车电源系统的技术研究

汽车电器设备所使用的电源为直流电源，它来自蓄电池或发电机。由蓄电池、交流发电机、电压调节器等构成的电气系统称为电源系统。汽车在使用过程中，常常会由于各种原因造成电源系统故障，导致汽车行驶不正常或停驶。

第一节　蓄电池的技术分析

一、蓄电池的工作原理与特性分析

（一）蓄电池的分类

蓄电池（俗称电瓶），英文全称 Storage Battery，是一种将化学能转变为电能的装置，是可逆的低压直流电源。它既能将化学能转化为电能对用电设备供电，也能将电能转化为化学能储存。

蓄电池根据其电解质的不同可以分为酸性蓄电池和碱性蓄电池。常见的酸性蓄电池有铅酸蓄电池、磷酸铁锂电池和锂电池等，常见的碱性蓄电池有铁镍蓄电池、镉镍蓄电池、锌银蓄电池、镉银蓄电池和锌镍蓄电池等。在汽车上应用的蓄电池需要经常性的充放电，普通家用的干电池不能满足要求，除了基本的充电放电，汽车用蓄电池必须满足发动机起动需要，即在短时间（3 ~ 5 s）必须向起动机提供大电流（汽油发动机汽车一般为150 ~ 400 A；柴油发动机汽车一般为 500 A 以上），这种蓄电池又称为起动型蓄电池。因此，汽车用蓄电池需要在短时间内产生较大的起动电流来满足车辆起动需要，现在很多燃油车辆都配备了车辆自动启停功能，这对蓄电池提出了更高的要求，除了能提供较大的起动电流，相比传统的车辆，此类车辆还需要经常频繁地进行起动，也就是需要频繁地输出大的起动电流，对电池性能提出了更高的要求。

在传统燃油车辆中，铅酸蓄电池的应用最为广泛，因为铅酸蓄电池在众多种类的蓄电池中具有安全性好、内阻小、电压稳定、结构简单、成本低、起动性能好等特点。铅酸蓄电池的电解液为稀硫酸，极板的活性物质主要成分为铅。铅酸蓄电池常见的类型有普通蓄电池、干荷蓄电池、免维护蓄电池、玻璃纤维蓄电池、胶体蓄电池等，其中前三种类型在车用蓄电池中最为常见。目前，普通轿车一般使用的均为免维护蓄电池，客户在使用时，不需要进行较为专业的维护，也可以轻松使用。

随着车辆用电设备的不断增多，有些燃油车辆也用磷酸铁锂电池作为车辆的蓄电池，其输出电压高、安全性能好、有良好的高温性能、输出效率高、循环寿命高、方便快捷、对环境友好。

一般在轿车上使用的蓄电池电压为 12 V。带自动启停的车辆如果采用 12 V 蓄电池，则称此蓄电池为启停蓄电池，部分带自动启停的车辆采用 48 V 轻混配置，此时车辆可能会采用 48 V、12 V 两种蓄电池，也有车型可能只配置 48 V 蓄电池，此时车辆会配置 DCDC，输出 12 V 直流电供车载设备使用。启停电池和普通电池在外观、使用寿命、充放电次数、制作工艺、容量均有所不同，启停电瓶在外观上有专用的标号，普通的蓄电池没有专用的符号；启停电瓶比普通的电瓶使用次数更多、寿命更长，极板比普通的极板更硬，活性物质不容易脱落，适用于带启停模式的汽车；启停电瓶都是采用冲压工艺，技术要求较高；启停电瓶容量更大，可以快速充放电，普通的铅酸蓄电池无法在短时间内多次大电流放电，其隔板无法让电离子快速通过。

（二）蓄电池的作用

传统燃油汽车电源系统由蓄电池、发电机及电压调节器所组成，如图 2-1 所示。蓄电池与发电机作为汽车上的两个直流电源，为并联关系，相互协同向全车用电设备供电。蓄电池的作用如下。

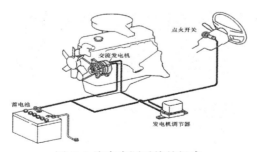

图 2-1 汽车电源系统的组成

（1）发动机起动时，向起动机、点火系等供电。

（2）发电机不发电时或发电电压较低时，向用电设备供电。

（3）当用电设备开启较多、发电机负荷较大时，协助发电机供电。

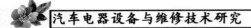
（4）当蓄电池存电不足时，发电机向蓄电池充电。

（5）蓄电池可作为电路中的一个大电容，吸收发电机和电路中形成的过电压，保护用电设备。

随着汽车技术的发展，燃油汽车能源类型出现了汽油发动机加48 V轻混系统。轻混系统中常见的是BSG电机和ISG电机。BSG电机技术英文全称为Belt-Driven Starter Generator，即利用皮带传动兼顾启动和发电的一体机，BSG电机位于发动机前端，根据工程界对于不同位置电机的命名，BSG电机位于P0位置，BSG电机位于发动机的前端，通过皮带传动的方式与发动机相连，皮带的柔性连接传递动力过程中不会产生机械震动。BSG电机还可以调控发动机的转速，从而使得车辆在启停、怠速、换挡、加速等方面平顺性得到极大的改善。在启动的过程中，BSG电机可以迅速的拉升发动机的转速，使其越过低速抖动区间再点火，明显改善了发动机的启动平顺性。在升档降档过程中，BSG电机可以通过皮带传动把发动机的转速拉升或者降低到与档位相匹配的转速，通过BSG电机控制发动机的转速，改善换挡的平顺性。ISG电机技术名称为集成启动/发电一体化电机技术，英文全称为Integrated Starter Generator，简称ISG。该技术发动机的转子与发动机曲轴输出端相连，同时取消了原有的飞轮。根据实际情况，ISG混合动力系统可在发动机与变速箱之间配备1~2个离合器。相比BSG而言，更为灵活，其功能也在BSG混合动力系统的基础上有所增加。根据其具体的结构和布置方式，ISG又可分为三种，电机布置在发动机后离合器前的单离合器结构方式，这种结构中的电机主要起助力、发电和启动发动机用，电机一般不能单驱动车辆运行；电机布置在离合器后变速箱前的单离合器结构方式，这种结构方式中电机可单独驱动车辆，也能助力发电，但不能启动发动机；电机布置在发动机和变速箱之间的双离合器结构，这种结构既可单独驱动车辆，也可启动发动机或独立对电池进行驻车发电。

（三）蓄电池的结构组成

蓄电池的结构如图2-2所示，主要由极板、隔板、壳体、电解液、铅连接条、极柱等部分组成。蓄电池一般分隔为3个或6个单格，每个单格电池的标称电压约为2 V，将3个或6个单格电池串联后制成一个6 V或12 V蓄电池总成。

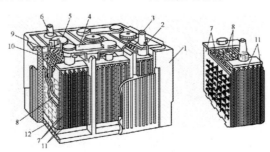

图2-2 蓄电池结构

1—蓄电池外壳；2—极柱衬套；3—正极柱；4—连条；5—加液孔盖；6—负极柱；7—负极板；8—隔板；
9—封料；10—护板；11—正极板；12—肋条

1. 极板与极板组

极板是蓄电池的核心，分为正极板和负极板，由栅架和活性物质组成。在蓄电池充、放电过程中，电能与化学能的转换正是通过正、负极板上的活性物质与电解液中的硫酸进行电化学反应来实现的。正极板上的活性物质是褐色的二氧化铅（PbO_2），负极板上的活性物质是青灰色海绵状铅（Pb）。目前，国产蓄电池极板厚度在 1.6 ～ 2.4 mm。

栅架的作用是容纳活性物质并使极板成形，一般由铅锑合金浇铸而成。加入锑是为了提高栅架的机械强度并改善浇铸性能。但铅锑合金耐电腐蚀性能比纯铅差，锑易从正极板栅架中解析出来，引起蓄电池的自放电和栅架的膨胀、溃烂。因此，栅架的生产材料将向低锑(由原来的 6% ～ 8.5% 降低至 2% ～ 3%)和铅—钙—锡合金栅架(无锑栅架)方向发展。

为了增大蓄电池的容量，将单格内的极板组由多片正、负极板相互嵌合并联而成，中间由隔板隔离，形成格内并联、格外串联的结构连接特点，如图 2-3 所示。在每个单格中，负极板的数量总比正极板多一片，这是因为正极板进行的电化学反应比负极板的活性物质比较强烈，且正极板上的活性物质比较疏松，为防止正极板放电不均匀，造成极板拱曲而使活性物质脱落，因此在制造时，要使正极板处于负极板之间。

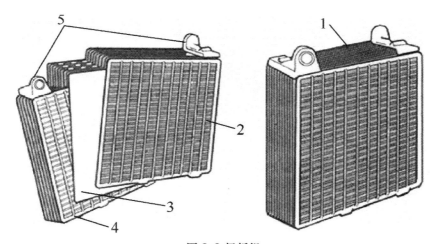

图 2-3 极板组

1—板组总成；2—负极板；3—隔板；4—正极板；5—极板连条

2. 隔板

为了减小蓄电池的内阻与尺寸，蓄电池单格内正负极板应尽量地靠近，但为了避免彼此接触而造成短路，正负极板之间要用隔板隔开。隔板的材料应具有多孔性且化学性能稳定，以便电解液渗透，并具有良好的耐酸性和抗氧化性。

常用的材料有木质、微孔橡胶、微孔塑料、玻璃纤维等，隔板厚度为 1 mm 左右。

木质隔板价格便宜，但耐酸性能差，已很少使用。微孔橡胶隔板性能好、寿命长，但生产工艺复杂、成本较高，故尚未推广使用。微孔塑料隔板孔径小、孔率高、薄而软、生产效率高、成本低，因此广泛使用。

近年来，袋式微孔塑料隔板广泛应用于免维护蓄电池，它将正极板紧紧地套在里面，起到了良好的分隔作用，既减小了蓄电池的尺寸，又增大了极板的面积，使蓄电池容量增大。

3. 电解液

电解液的作用是通过与极板上的活性物质发生电化学反应，进行电能和化学能的相互转换。通常由高纯度硫酸（密度为 1.84 g/cm³）与蒸馏水按一定的比例配制而成。电解液的密度一般为 1.24 ~ 1.30 g/cm³，使用时，应根据不同地区、气候条件和制造厂的要求来确定密度，如表 2-1 所示。

表 2-1 不同地区和气候条件下电解液的密度要求

气候条件	完全充足电的电蓄电池25 ℃时的密度 / (g·cm⁻³)	
	冬季	夏季
冬季温度低于 -40 ℃	1.310	1.250
冬季温度高于 -40 ℃	1.290	1.250
冬季温度高于 -30 ℃	1.280	1.250
冬季温度高于 -20 ℃	1.270	1.240
冬季温度高于 0 ℃	1.240	1.240

4. 壳体

蓄电池的壳体用于盛放电解液的极板组，由耐酸、耐热、耐振、绝缘性好且有一定机械强度的材料制成。早期生产的起动型蓄电池壳体大部分是采用硬橡胶制成，目前普遍采用聚丙烯塑料壳体。

壳体为整体式，壳内由间壁分成 3 个或 6 个单格，底部有突出的肋条，用来搁置极板组。肋条间的空隙用来积存脱落下来的活性物质，以防止在极板间造成短路。普通蓄电池壳体上部用加液孔螺塞密封，在每个单格的电池盖上都有一个加液孔，用于添加电解液和蒸馏水，也可用于检查电解液的液面高度与测量电解液密度。加液孔螺塞拧紧在加液孔上，以防止电解液溅出，螺塞上有通气孔，可使蓄电池化学反应产生的气体（H_2 和 O_2 等）随时逸出。

5. 连条

连条用于连接蓄电池各个单格极板组。传统的连条安装在蓄电池壳体的外部，不仅浪费材料、容易损坏，还导致蓄电池自放电，所以这种连接方式正被穿壁式连条所取代。采用穿壁式连条连接单格电池时，所用的连条尺寸很小，并设在蓄电池内部，如图 2-4 所示。

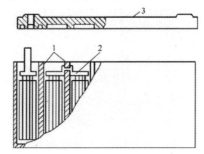

图 2-4 穿壁式连接结构

1—间壁；2—穿壁式连条；3—蓄电池盖

6．极柱

蓄电池各单格电池串联后，两端的正负极柱穿出电池盖，用于连接外电路。正极柱标"+"或涂成红色，负极柱标"–"或涂成蓝色或绿色等。蓄电池极桩用铅锑合金浇铸而成。

除传统铅酸蓄电池外，目前磷酸铁锂电池应用也较为广泛，这里做简单介绍，磷酸铁锂电池简称铁锂电池，图 2-5 所示为磷酸铁锂电池的结构图，可以看出磷酸铁锂电池主要由正极（铝箔）、负极（铜箔）、石墨、隔膜、电解液等组成，铁锂电池结构采用橄榄石结构的 $LiFePO_4$ 作为电池的正极，由铝箔与电池正极连接，中间是聚合物的隔膜，它把正极与负极隔开，但锂离子可以通过而电子不能通过，右边是由石墨组成的电池负极，由铜箔与电池的负极连接。电池的上下端之间是电解质电池由金属外壳密闭封装。电池在充电时，正极中的锂离子通过聚合物隔膜向负极迁移；在放电过程中，负极中的锂离子通过隔膜向正极迁移，锂离子电池就是因锂离子在充放电时来回迁移而命名的。

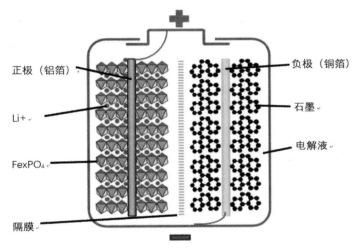

图 2-5 磷酸铁锂电池结构图

（四）蓄电池的型号

有关传统铅酸蓄电池型号的规定，全世界不同地域有多个标准，我国市场上最常见的有中国国标（GB）、美国汽车工程师学会（SAE）、日本工业标准（JIS）、德国标准化学会（DIN）和欧洲标准（EN）等。

虽然不同标准的规定方法不同，但其主要内容都包含蓄电池额定电压、额定容量、冷起动电流及类型、储备容量等。例如，有的蓄电池上面写着 CCA：700 CA：875 RC：106，表示冷起动电流 700 A，起动电流 875 A，储备容量 106 min；也有一些合资品牌蓄电池上同时标注 GB 和 DIN 或 EN 标准型号，如 6-QA-180，12 V 180·Ah 540 A（EN），表示额定电压 12 V，额定容量 180 A·h，冷起动电流 540 A。

在这里简要举例介绍中国的国标（GB）、日本工业标准（JTS）和欧洲标准（EN）对蓄电池型号的标定含义。

1. 中国标准（GB）

按《铅酸蓄电池名称、型号编制与命名办法》（JB/T 2599—2012）规定，国产蓄电池的型号共分为 3 段 5 部分，如表 2- 2 所示。

表 2- 2 GB 蓄电池型号规定

I	II		III	
串联单格电池数	蓄电池类型	蓄电池特征	蓄电池额定容量	蓄电池特殊性
用阿拉伯数字表示 3- 表示 3 个单格，额定电压为 6 V 6- 表示 6 个单格，额定电压 12 V	用大写汉语字母表示 Q- 起动用蓄电池 N-内燃机车用蓄电池 M- 摩托车用蓄电池	用大写汉语拼音字母表示 A- 干荷铅酸蓄电池 B- 湿荷铅酸蓄电池 S- 少维护铅酸蓄电池 J- 胶体式铅酸蓄电池	20 h 放电率的额定容量，单位为 A·h（安培·小时），单位可略去不写	用大写的汉语字母表示 G- 高起动率 D- 低温性能好 s- 塑料槽蓄电
如：6-QA-105 表示由 6 个单格电池组成，额定电压为 12 V，额定容量为 105 A·h 的起动型干荷铅酸蓄电池				

2. 欧洲标准（EN）

按欧洲标准规定，蓄电池的型号共分为 3 段 4 部分，如表 2- 3 所示。

表 2- 3 EN 蓄电池型号规定

I		II	III
蓄电池额定电压	蓄电池额定容量	蓄电池顺序号	冷起动电流
1~4 表示蓄电池电压为 6 V 5~7 表示蓄电池电压为 12 V	20 h 放电率的额定容量，单位为 A·h（安时）；如果蓄电池容量大于 100 A·h，则首字母加 1 由 5 变 6	表示蓄电池顺序号	根据 EN 标准的 1/10 冷起动测试电流
如：544059036 表示额定电压为 12 V，额定容量为 44 A·h，顺序号为 059 的冷起动电流为 360 A 的蓄电池			

3. 日本工业标准（JIS）

按日本工业标准(JIS)标准规定,分为 4 段,其含义如表 2- 4 所示。蓄电池 ID 代码如表 2- 5 所示。蓄电池的高度和宽度如图 2-6 所示。

表 2- 4 EN 蓄电池型号规定

第一部分	第二部分	第三部分	第四部分
蓄电池容量	蓄电池的宽度和高度	蓄电池的长度	端子的位置
蓄电池的性能，指示蓄电池中可以存储的电量（蓄电池容量）。数目越大，蓄电池可以存储的电量就越大。	蓄电池的宽度和高度组合是由 8 个字母中的一个表示的（A~H）。字符越接近 H，表示电池的宽度和高度越大	表示蓄电池的长度	用 LR 表示，L 表示负极端子的位置，即正确安装蓄电池时的负端子的位置。右侧为 R，左侧为 L
如：55B23RL 表示蓄电池容量为 48 A·h，长宽高为 230 mm×203 mm×127 mm 或 129 mm 的蓄电池			

表 2- 5 蓄电池 ID 代码

电池 ID 代码	蓄电池的容量 /Ah（5 h 充电率）
34B19R/L	27
46B24R/L	36
55B23R/L	48
80B26R/L	55

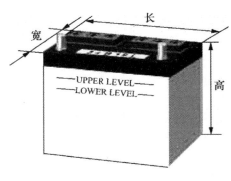

	宽 /mm	高 /mm
A	162	127
B	203	127 or 129
C	207	135
D	204	173
E	213	176
F	213	182
G	213	222
H	220	278

图 2-6 蓄电池的高度和宽度

需要强调的是在蓄电池选用上，尽量要求型号一致，若型号不一致，则要求：

（1）额定电压必须和原车额定电压相一致。

（2）额定容量必须满足汽车起动要求。

（3）尺寸应做到与原厂蓄电池尺寸一致。

（五）蓄电池的工作原理

铅酸蓄电池的工作原理就是化学能与电能相互转化的过程。充电过程是将电能转化为化学能储存在蓄电池中，放电过程是将化学能转变为电能供给汽车用电设备。

1．电动势的建立

当极板浸入电解液时，在负极板处，一方面活性物质铅（Pb）有溶解于电解液的倾向，因而有少量铅进入溶液生成 Pb^{2+}，在极板上留下两个电子（2e）使极板带负电；另一方面，由于正、负电荷的吸引，Pb^{2+} 有沉附于极板表面的倾向。当两者达到平衡时，溶解便停止，此时负极板具有负电位，约为 –0.1 V。

正极板处，少量 PbO_2 溶入电解液，与水生成 Pb（OH）$_4$，再分离成四价铅离子和氢氧根离子，即

$$PbO_2 + 2H_2O \rightarrow Pb（OH）_4$$

$$Pb（OH）_4 \rightarrow Pb^{4+} + 4OH^-$$

由于 Pb^{4+} 沉附于极板的倾向大于溶解的倾向，因而沉附在正极板上，使极板呈正电位。当达到平衡时，约为 +2.0 V。

因此，当外电路未接通时，一个充足电的蓄电池，达到相对平衡状态时，在静止状态下的电动势 E_j 为 $E_j = 2.0 - （-0.1） = 2.1$ V。

2．蓄电池的放电

当蓄电池接上负载后，在电动势的作用下，电流 I_f 从正极经过负载流往负极（即电子从负极到正极）。铅蓄电池的放电过程如图 2-7 所示。

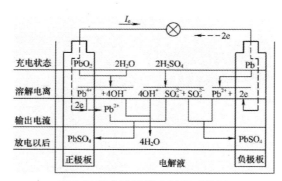

图 2-7 蓄电池的放电过程示意图

在正极板处，Pb^{4+} 和电子结合变成二价铅离子 Pb^{2+}，Pb^{2+} 与电解液中的 SO_4^{2-} 结合生成 $PbSO_2$ 沉附于极板上，即

$$Pb^{4+}+2e \rightarrow Pb^{2+}$$

$$Pb^{2+}+SO_4^{2-} \rightarrow PbSO_4$$

在负极板处，失去两个电子的 Pb 变为 Pb^{2+}，与电解液中的 SO_4^{2-} 结合也生成 $PbSO_4$ 沉附在负极板上，即

$$Pb-2e \rightarrow Pb^{2+}$$

$$Pb^{2+}+SO_4^{2-} \rightarrow PbSO_4$$

在电解液中，$PbSO_4$ 电离为 SO_4^{2-} 和 H^+，而 H^+ 与溶液中的 OH^- 结合生成水，即

$$H^++OH^- \rightarrow H_2O$$

故，总的放电化学方式为：

$$PbO_2+Pb+2H_2SO_4 \rightarrow 2PbSO_4+2H_2O$$

结论：在放电过程中，正负极板上的活性物质都转化为 $PbSO_4$，同时，电解液中的 H_2SO_4 转化为水，电解液的密度不断下降。

理论上放电过程应进行到极板上的活性物质全部变为硫酸铅为止，而实际上是不可能的，因为放电过程生成的 $PbSO_4$ 沉附于极板表面，电解液不能渗透到活性物质的内层。使用中，实际放完电的蓄电池对活性物质的利用率也只有 20% ~ 30%，因此采用薄型、增加极板的多孔性，可提高蓄电池的容量。

3．蓄电池的充电

充电时，应将蓄电池接直流电源（充电机）。当电源电压高于蓄电池电动势时，在电源电压作用下，电流从蓄电池正极流入、负极流出（外电路是电子从正极流向负极），其化学反应过程如图 2-8 所示。

正极板处，有少量的 $PbSO_4$ 进入电解液中，电解为 Pb^{2+} 和 SO_4^{2-}，Pb^{2+} 在电源作用下失去两个电子变为 Pb^{4+}，Pb^{4+} 和电解液中水离解出来的 OH^- 结合成 Pb（OH）$_4$，Pb（OH）$_4$ 又分解为 PbO_2 和 H_2O，而 SO_4^{2-} 与电解液中的 H^+ 结合生成硫酸。

正极板上的反应式如下：

$$PbSO_4 \rightarrow Pb^{2+}+SO_4^{2-}$$

$$4H_2O \rightarrow 4H^+ + 4OH^-$$

$$Pb_2 + -2e \rightarrow Pb^{4+}$$

$$Pb^{4+} + 4OH^- \rightarrow Pb（OH）_4$$

$$Pb（OH）_4 \rightarrow PbO_2 + 2H_2O$$

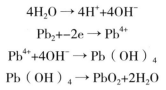

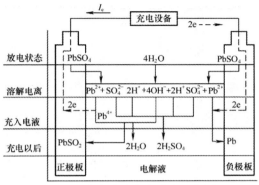

图 2-8 蓄电池的充电过程示意图

负极板处，有少量的 $PbSO_4$ 进入电解液中，离解为 Pb^{2+} 和 SO_4^{2-}，Pb^{2+} 在电源的作用下获得两个电子变为金属 Pb，沉附在极板上。而电解液中 SO_4^{2-} 与电解液中的 H^+ 结合，生成硫酸。

负极板上的反应如下：

$$PbSO_4 \rightarrow Pb^{2+} + SO_4^{2-}$$

$$Pb^{2+} + 2e \rightarrow Pb$$

因此可见，在充电过程中，正负极板上的 $PbSO_4$ 将逐渐恢复为 PbO_2 和 Pb，电解液中 H_2SO_4 逐渐增多而水逐渐减少，电解液相对密度上升。总的化学反应式如下：

$$2PbSO_4 + 2H_2O \rightarrow PbO_2 + Pb + 2H_2SO_4$$

由上分析，可得出如下结论。

（1）蓄电池在放电时，电解液中的硫酸逐渐减少，水逐渐增多，电解液密度下降；蓄电池在充电时，电解液中的硫酸将逐渐增多，而水将逐渐减少，电解液密度增加。因此通过测量电解液密度的方法，定性地判断蓄电池的放电程度。

（2）在充放电时，电解液密度发生变化，主要是由于正极板的活性物质发生化学应用的结果，因此要求正极板处的电解液流动性要好。所以在装配蓄电池时，应将隔板有沟槽的一面对着正极板，以便电解液流通。

（3）蓄电池放电终了时，极板上尚余有 70% ～ 80% 的活性物质没有起作用。因此，要减轻蓄电池的质量，提高供电能力，应该充分提高极板活性物质的利用率，在结构上提高极板的多孔性，减少极板的厚度。

磷酸铁锂电池的工作原理也可以简单分为电池充电和电池放电两个过程。电池充电的过程如图所示，充电时，锂离子在电场力的作用下，从磷酸铁锂晶体表面，进入电解液，穿过隔膜，再迁移到石墨晶体的表面，然后嵌入石墨晶格中。锂离子从磷酸铁锂脱嵌后，磷酸铁锂转化成磷酸铁,过程如图 2-9 所示。放电时,锂离子从石墨晶体中脱嵌出来,进入电解液,穿过隔膜,迁移到磷酸铁锂晶体的表面,然后重新嵌入到磷酸铁锂的晶格内。过程如图 2-10 所示。磷酸铁锂电池单体标称电压 3.2 V,单体充电电压为 3.7 V,放电终止电压为 2.5 V,电池模组由电池单体和电池管理系统(BMS)组成,通常由 15 节或 16 节单体串联组成电池模组。

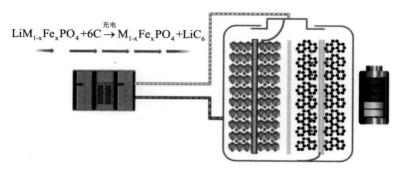

图 2-9 磷酸铁锂电池充电过程

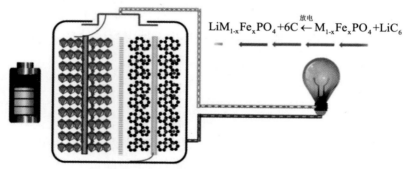

图 2-10 磷酸铁锂电池放电过程

(六) 蓄电池工作特性分析

蓄电池的工作特性包括静止电动势、内阻和充放电特性的变化规律。

1. 静止电动势

蓄电池内部工作物质运动处于静止状态(不充电也不放电)时,蓄电池的电动势称为静止电动势。

静止电动势主要取决于电解液的密度和温度。电解液相对密度为 1.05 ~ 1.30 g/cm³,蓄电池静止电动势可用下面的经验公式计算。

$$E_j = 0.84 + \rho_{25}$$

式中:E_j—蓄电池的静止电动势,单位 V;ρ_{25}—25 ℃时电解液的密度,g/cm³。

测量电解液密度时,如果其温度不是标准的 25 ℃时,则需要进行换算,换算公式为

$$\rho_{25} = \rho_t + \beta(t - 25)$$

式中:ρ_t—实测的电解液密度,g/cm³;β—密度温度系数,取 $\beta = 0.000\ 75$;t—测量时电解液温度。

2．蓄电池内阻

蓄电池内阻包括极板电阻、隔板电阻、电解液电阻和连条电阻等。极板电阻很小，其阻值随活性物质而变化。充电后电阻减小，放电后电阻增大。隔板电阻与材料有关，木质隔板多孔性差，其电阻值比微孔橡胶、微孔塑料隔板的阻值大。电解液的电阻随着密度、温度不同而变化。实验证明，电解液的密度在 1.20 g/cm^3（15 ℃）时，阻值最小，如图 2–11 所示。原因是该密度值时，H_2SO_4 离解出的 H^+ 和 HSO_4^- 的数量较多。温度降低时，离子活动能力差，电阻增大。

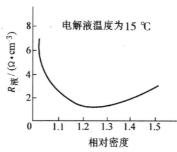

图 2-11 电解液电阻与密度的关系

一个技术状态良好的蓄电池的内阻只有 0.01 Ω 左右，因此在起动时可以输出较大电流，满足起动机的需要。

3．蓄电池的放电特性

蓄电池的放电特性是指充足电的蓄电池在恒流放电过程中，端电压 U、电解液密度 ρ 25 ℃随时间变化的规律。蓄电池以 20 h 放电率恒流放电的特性曲线如图 2–12 所示。

电解液密度是随着放电的进行按直线规律下降的。这是因为在恒流放电过程中，单位时间内消耗的硫酸和生成水的数量是一定的缘故。

端电压的变化规律是不均衡的。放电开始时，端电压下降较快，中间平缓，接近终了时，又迅速下降，当电压降到 1.75 V 时（若继续放电，电压将急剧下降到零），若切断放电电流，端电压又上升到一定值。

开始放电时，化学反应在极板孔隙内进行，首先消耗的是极板隙内的硫酸，因极板孔隙较小，所以极板内电解液密度迅速下降，电动势迅速下降，端电压迅速下降

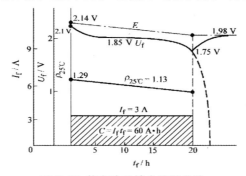

图 2-12 蓄电池的放电特性曲线

随着极板孔隙内电解液密度的不断下降，孔隙内外电解液的密度差不断增大，在密度差的作用下，硫酸向孔隙内渗透。当渗透到孔隙的硫酸与消耗的硫酸达到动态平衡时，孔隙内部的电解液密度将随着孔隙外电解液密度一起下降，端电压按近似直线规律缓慢下降。

在迅速下降阶段，由于极板表面和孔隙中生成的硫酸铅体积较大，孔隙变小，使孔隙外的电解液向内渗透困难，所以孔隙内已稀释的电解液很难与孔隙外的电解液混合，密度下降很快；同时，由于硫酸铅本身的导电性能差，放电时间越长，生成的硫酸铅越多，内电阻越大。

通常把端电压急剧下降的临界点，称为放电终了。当蓄电池达到放电终了时，必须停止放电。放电终了后再继续放电，称为过放电。由于极板孔隙被太大颗粒的硫酸铅堵塞，电解液无法渗入内部参加化学反应，极板孔隙内电解液密度急剧下降到零，端电压也将急剧下降到零，这将影响蓄电池使用寿命和容量。

停止放电后，由于放电电流为零，内阻上的电压降为零。随着孔隙外的硫酸向孔隙内逐渐渗入，孔隙内电解液密度缓慢上升，端电压可逐渐回升到 1.95 V。

放电终了的特征如下。

（1）单格电压降至放电终止电压（用 20 h 放电率的电流放电时，终止电压为 1.75 V，而用 10 h 放电率的电流放电时，终止电压则为 1.70 V）。

（2）电解液密度降低到最小许可值。

此外，放电所允许的终止电压与放电电流的大小有关，如表 2-6 所示，放电电流越大，放电时间则越短，允许的放电终止电压也越低。

4. 蓄电池的充电特性

蓄电池的充电特性是指恒流充电过程中，单格电池的端电压 U 和电解液密度 ρ 25 ℃随时间的变化规律。蓄电池以 20 h 放电率恒流充电的特性曲线如图 2-13 所示。因为充电电流恒定，单位时间内生成的硫酸数量是一定的，所以电解液密度随充电时间的增加而呈直线上升。

表 2-6 放电电流与终止电压的关系

放电电流 /A	0.05 C	0.1 C	0.25 C	1 C	3 C
连续放电时间	20 h	10 h	3 h	30 min	5.5 min
单格电池终止电压 /V	1.75	1.70	1.65	1.55	1.5

注：C 为蓄电池额定电容。

充电过程中，蓄电池端电压的变化规律是：开始充电阶段，电压迅速上升；进入稳定阶段，电压缓慢上升到 2.4 V，同时有气泡产生；接着电压又迅速上升到 2.7 V 左右稳定不变；切断充电电流，电压逐渐下降到一定值不再变化。

开始充电时，孔隙内迅速生成硫酸，使孔隙内电解液的密度增大，端电压迅速上升，当孔隙内生成硫酸的速度与向外扩散的速度达到动态平衡时，端电压随整个容器内电解液密度的上升而增大。

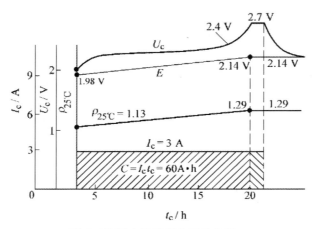

图 2-13 蓄电池的充电特性曲线

当电压达到 2.4 V 时,电解液中开始产生气泡,表明蓄电池已基本充足电,正、负极板上的硫酸铅已基本转变为二氧化铅和铅,部分电流用于电解水,产生了氢气和氧气,它们以气泡的形式出现,形成"沸腾"现象。

继续充电时,随着少量硫酸铅的继续转化,电解水的电流增大,产生的 H_2 以离子状态 H^+ 集结在电解液中的负极板处,来不及立即全部变成气泡放出,故在负极板周围聚积着大量的氢离子,从而在电解液与负极板间产生了约为 0.33 V 的附加电压,使得端电压上升至 2.7 V 左右。此时,应切断电源,停止充电,否则容易造成"过充电"。实际使用中,为了使蓄电池活性物质全部还原,往往再继续充电 2 h。

充电终了后再继续充电,称为过充。过充电产生大量的气泡从极板孔隙中冲出,导致活性物质脱落,使蓄电池的容量降低,使用寿命缩短,因此应避免长时间过充电。

停止充电后,内压降立即消失,积聚在负极板周围的氢离子形成氢气逸出,孔隙内的硫酸向外扩散,使电解液混合均匀,端电压下降到稳定的电动势值。

蓄电池充电终了的特征如下。

(1)电解液中产生大量气泡,呈"沸腾"现象。

(2)端电压上升到最大值(2.7 V)且 2 h 内不再增加。

(3)电解液密度上升到最大值,2 h 内不再增加。

5. 蓄电池的容量及影响因素

(1)蓄电池的容量。蓄电池的容量是指在规定的放电条件下,完全充足的蓄电池所能提供的电量。蓄电池的容量是衡量蓄电池对外放电能力、质量优劣,以及选用蓄电池最重要的指标。当蓄电池以恒流放电时,其容量 C 等于放电电流 I_f 和放电时间 t_f 的乘积,即:

$$C = I_f \times t_f$$

式中:C——蓄电池的容量,A·h;I_f——放电电电流,A;t_f——放电时间,h。

蓄电池的容量与放电电流的大小及电解液的温度有关,因此蓄电池的标称容量是在一定的放电电流、一定的终止电压和一定的电解液温度下确定的。标称容量分为额定容量和起动容量。

①额定容量。额定容量是检验蓄电池质量的重要指标之一。根据国标《起动用铅酸蓄电池技术条件》（GB/T 5008.1—2005）的规定，将充足电的新蓄电池，在电解液密度 ρ_{25} 为（1.28 ± 0.01）g/cm³，初始温度为（25 ± 5）℃的条件下，以 20 h 放电率的放电电流（0.05 倍额定容量的电流），连续放电至单格电压为 1.75 V 时输出的电量，称为蓄电池的额定容量，用 C20 表示，单位为 A·h。例如，105 A·h 充足电的蓄电池以 5.25 A（0.05×105）电流放电至 10.5 V（6×1.75），放电时间超过或等于 20 h 则合格。

选择合适型号的蓄电池很重要，如果选择容量较大的蓄电池，会导致充电不足，而容量较小的蓄电池，容易发生过度充放电循环，会导致蓄电池使用寿命降低。

②起动容量。起动容量表示蓄电池接起动机时的供电能力，有常温和低温两种起动容量。

常温起动容量：指电解液温度为 25 ℃时，以 5 min 放电率（3 倍额定容量的电流）连续放电至单格电压降到 1.5 V 时所输出的电量，其放电持续时间应在 5 min 以上。

低温起动容量：是指电解液温度 –18 ℃时，以 3 倍额定容量的电流连续放电至单格电压降到 1.5 V 时所放出的电量，其放电持续时间应在 2.5 min 以上。

（2）蓄电池容量的影响因素。蓄电池的容量与放电电流、电解液的温度、电解液的密度及产品的结构等因素有关。

①放电电流。放电电流过大时，化学反应作用于极板表面，电解液来不及渗入极板内部，就已被表面生成的硫酸铅堵塞，致使极板内部大量的活性物质不能参加化学反应，使蓄电池容量减小。

②电解液温度。温度低则容量减小，这是因为低温下电解液黏度增加，离子运动速度慢，电解液向极板孔隙内层渗入困难，极板孔隙内的活性物质不能充分利用。冬季用起动机起动汽车时，发动机内阻增加需要放电流大，而冬天温度低，使蓄电池容量减小，造成冬季起动时总感到较夏天动力差一些。

③电解液的密度。在一定范围内，适当加大电解液密度，可以提高电解液的渗透速度和蓄电池的电动势，并减小内阻，使蓄电池的容量增大。但相对密度超过某一数值时，由于电解液黏度增大使渗透速度减低，内阻和极板硫化增加，又会使蓄电池的容量减小。当电解液相对密度为 1.24 ~ 1.285 时，蓄电池的容量最大。

④产品的结构。极板有效面积越大、片数越多、极板越薄、极板间中心距越小、极板上活性物质的孔率越大则蓄电池的容量就越大。

第二节 发电机的技术分析

一、发电机的工作原理与特性分析

（一）交流发电机的分类

汽车发电机是传统燃油汽车电源系统的主要设备，其作用是在发动机怠速转速以上运转时，除向起动机以外的所有用电设备供电外，同时还向蓄电池充电。汽车用发电机可分为直流发电机和交流发电机，由于交流发电机在许多方面优于直流发电机，直流发电机已逐渐被淘汰。

交流发电机有多种分类方法，按照总体结构可以分为硅整流发电机、整体式交流发电机、带泵交流发电机、无刷交流发电机、永磁交流发电机五类，硅整流发电机最为常见，就是普通交流发电机，使用时需要配装电压调节器；整体式交流发电机是将发电机和调节器制成一个整体，如别克轿车的发动机上装配的是 CS 型发电机；带泵交流发电机是发电机除进行发电外，其轴同时还驱动真空泵转动，为没有真空的车辆提供真空；无刷交流发电机即没有电刷的发电机；永磁交流发电机指磁极为永磁铁制成的发电机。交流发电机按照整流器结构可分为六管交流发电机（如 JF1522，东风汽车用）、八管交流发电机（如 JFZ1542，天津夏利汽车用）、九管交流发电机（如日本三菱、马自达汽车用的发电机）、十一管交流发电机（如 JFZ1913Z，奥迪、桑塔纳汽车用）。交流发电机按磁场绕组搭铁形式分为内搭铁型交流发电机（磁场绕组的负极直接搭铁，即和壳体相联）、外搭铁型交流发电机（磁场绕组的一端（负极）接入调节器，通过调节器后再搭铁）两类。

（二）交流发电机的结构

目前，汽车上大多采用交流发电机。国内外生产的汽车用交流发电机的结构基本相同，最为经典的交流发电机结构是由一台三相同步交流发电机和一套六只硅二极管组成的整流器所构成。

图 2-35 所示为国产 JFZ1913Z 型整体式交流发电机的分解图，它由转子总成、定子总成、整流器总成、前后端盖、风扇与带轮、电刷与电刷架、充电指示灯等部件组成。

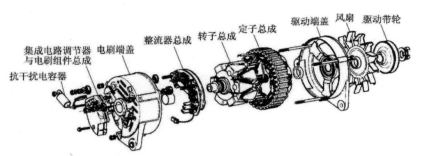

图 2-35 国产 JFZ1913Z 型整体式交流发电机的分解图

1. 转子

转子是交流发电机的磁场部分，主要由爪极、磁轭、励磁绕组、集电环（旧称滑环）及轴组成。两块爪极被压装在转轴上，内腔装有磁轭，并绕有励磁绕组。绕组两端的引线分别焊在与轴绝缘的两个集电环上，如图 2-36 所示。

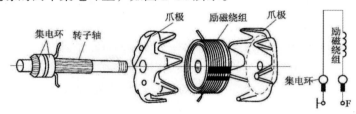

图 2-36 转子的结构及电路

2. 定子

定子是交流发电机产生感应电动势的部分，主要由定子铁芯（由硅钢片叠成）和三相对称绕组组成。三相绕组的接法有星形联结和三角形联结两种，现在一般采用星形联结，如图 2-37 所示。

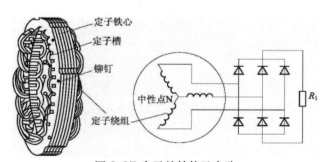

图 2-37 定子的结构及电路

3. 整流器

整流器的作用是将三相定子绕组输出的交流电，通过三相桥式整流电路变成直流电输出。整流器由正整流板和负整流板组成，其结构如图 2-38 所示。

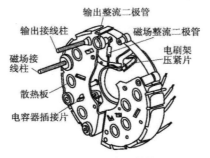

图 2-38 整流器结构

4．前后端盖

端盖的作用是支撑转子总成并封闭内部构造。它由铝合金制成，铝合金为非导磁性材料，可减小漏磁通，并且轻便、散热性好。后端盖内装有整流器。

5．风扇与带轮

风扇一般用低碳钢板冲压而成，其作用是在发电机工作时，对发电机进行强制通风冷却。带轮一般用铸铁或铝合金铸造而成，有单槽和双槽之分。

6．电刷与电刷架

交流发电机的两个电刷装在与端盖绝缘的电刷架内，通过弹簧使其与集电环保持接触。目前，国产汽车用交流发电机的电刷有两种结构：一种电刷的更换在发电机外部进行，称为外装式；另一种电刷的更换在电机内部进行，称内装式，如图 2-39 所示。两个电刷中的一个与外壳绝缘，称为绝缘电刷，其引线接到发电机后端盖外部的接线柱上，称为发电机的磁场（F）接线柱；另一个电刷是搭铁的，称为搭铁电刷。

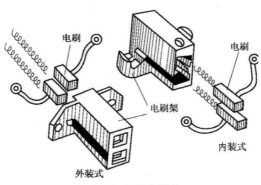

图 2-39 电刷的结构

（三）电压调节器

为保证汽车在使用过程中电压稳定，满足用电设备恒定电压的要求，传统燃油汽车的交流发电机必须配用电压调节器才能工作。

1．电压调节器的功能

发电机所用的调节器为电压调节器，其作用是在发电机的转速变化时，自动控制发电机的电压保持恒定。由于交流发电机的转子是由发动机通过皮带驱动旋转的，发动机和交流发电机的转速比为 1.7 ~ 3，交流发电机转子的转速变化范围非常大，这样将引起发电机的输出电压发生较大变化。

2. 电压调节器的分类

电压调节器的种类很多，主要可以按以下两种方法分类：

（1）按工作原理的不同可分为：触点式电压调节器（已淘汰）、晶体管式电压调节器、集成电路（IC）电压调节器、微机控制电压调节器。

（2）按搭铁方式的不同可分为：内搭铁型电压调节器和外搭铁型电压调节器。

（四）交流发电机的工作原理

根据汽车用交流发电机的结构特点，其工作原理可以从发电原理、整流原理、电压调节原理三方面进行阐述。

1. 发电原理

汽车用交流发电机的内部有一个电动机，当发电机工作时，由电动机带动转子旋转产生旋转磁场。旋转磁场使定子绕组切割磁感线产生感应电动势，这就是交流发电机的发电原理。

交流发电机电路如图 2-40 所示。由运动关系可知，定子绕组切割磁感线运动，在三相对称绕组内产生频率相同、幅值相等、相位互差 120° 电角度的感应电动势。每相绕组感应电动势的大小与串联的匝数、感应电动势的频率以及旋转磁场的转速成正比。其有效值可表示为：

$$E = C_e n \Phi$$

式中，C_e —电机常数。

n —转速。

Φ —磁通量。

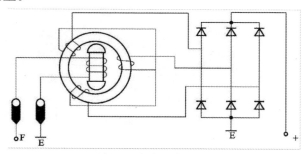

图 2-40 交流发电机电路

2. 整流原理

汽车的电器设备在工作时需要直流电，蓄电池充电时也需要直流电。而交流发电机发出的三相交流电并不满足汽车的需求，因此需要将交流电变成直流电来供汽车使用，这个过程称为整流。

如图2-41所示，在6管整流发电机中，整流器上6只二极管组成三相桥式整流电路，利用二极管的单向导电性实现整流。VD1、VD3、VD5为正二极管，正极的引出线分别接发电机三相绕组的首端，负极连接在一起。在某一瞬时，只有与电位最高一相绕组相连的正二极管导通。同样，VD2、VD4、VD6为负二极管，负极的引出线分别与发电机三相绕组首端相连，正极连接在一起。在某一瞬时，只有与电位最低一相绕组相连的负二极管导通。这样往复循环，6只二极管轮流导通，在负载两端便可得到一个较平稳的直流电压。

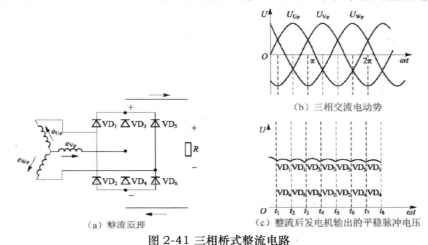

图 2-41 三相桥式整流电路

3．电压调节原理

发电机的输出电压取决于发电机定子线圈的匝数、发电机的转速和转子线圈产生磁场的强度，可以调节的是转子线圈产生磁场的强度。电压调节器通过控制转子线圈的通电电流来控制磁场的强度。

发电机调节器的发展经历了触点式、电子式的微机控制式三种。触点式利用机械触点控制转子线圈的接通和切断；电子式电压调节器利用三极管或集成电路控制转子线圈的接通和切断；而微机控制式由发动机控制单元或单独的电源管理系统控制转子线圈的接通和切断。电压调节器又分为外搭铁型电压调节器和内搭铁型电压调节器，内搭铁型电压调节器控制转子线圈的搭铁点在发电机内部；外搭铁型电压调节器控制转子线圈的搭铁点在发电机外部。

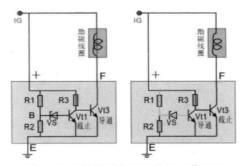

图 2-42 外搭铁型电子调节器工作原理

外搭铁型电子调节器的基本电路是由三只电阻 R1、R2、R3，两只三极管 VT1、VT3，一只稳压二极管 VS 组成（如图 2-42）。电阻 R1 和 R2 组成一个分压器，分压器 R1、R2 两端的电压为发电机电压。VT3 是大功率三极管（NPN 型），和发电机的磁场绕组串联，起开关作用，用来接通与切断发电机的励磁电路；VT1 是小功率三极管（NPN 型），用来放大控制信号；稳压管 VS 是感受元件，串联在 VT1 的基极电路中，电阻 R1 和 R2 选择与 VS 匹配：当发电机输出电压 UB 达到规定的调整值时（如桑塔纳为 14 V 时），R2 上电压正好等于稳压管 VS 的反向击穿电压。当发电机电压低于设定值时，VS 不能被反向击穿，三极管 VT1 没有基极电流，所以 VT1 截止；电阻 R3 为三极管 VT3 提供基极电流，三极管 VT3 导通，控制转子线圈的搭铁端接通，接通转子线圈电流。当发电机电压达到设定值时，VS 能被反向击穿，为三极管 VT1 提供基极电流，所以 VT1 导通；VT1 导通导致电阻 R3 直接搭铁，因为三极管 VT3 没有了基极电流，三极管 VT3 截止，控制转子线圈的搭铁端切断，切断转子线圈电流，使发电机输出电压下降。

电压调节器又称 IC 调节器（如图 2-43 所示），相对于传统的分散部件，电压调节器内部有一个集成控制芯片，实现了对转子线圈接通和切断的控制，还可以对仪表的充电指示灯进行控制。发电机电压检测电路的优点：发电机到检测电路距离近，可不用导线连接，直接接在发电机输出端，连接可靠，不致使检测电路检测不到信号。发电机电压检测电路的缺点：当发电机到蓄电池之间连接电阻大时，蓄电池充电电压会偏低，使蓄电池充电不足。该调节器（如图 2-43 所示）有 6 个接线端子 F、P、E 三个端子用螺钉直接和发电机连接，B 端用螺母固定在发电机的输出端子 "B" 上，IG、L 两个端子佣金属线引到调节器的外部接线插座上。磁场电流控制：VT2 是大功率三极管，和磁场串联，由集成片 IC 控制 VT2 的导通和截止，从而控制磁场电路通断，使发电机电压得到控制。充电指示灯：充电指示灯串接在 VT1 集电极上，VT1 导通充电指示灯亮，VT1 截止充电指示灯熄灭。在集成片 IC 中有控制 VT1 导通和截止的电路，控制信号由 p 点提供，p 点提供的是发电机单相电压的交流信号，其信号幅值大小可反映发电机输出电压高低。当发电机输出电压低于蓄电池电压时，IC 中控制电路使 VT1 导通，充电指示灯亮，当发电机输出电压高于蓄电池电压时，IC 中控制电路使 VT1 截止，充电指示熄灭。

图 2-43 电压调节器结构图

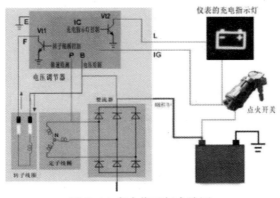

图 2-44 充电指示灯电路图

二、发电机应用检测

（一）拆解发电机

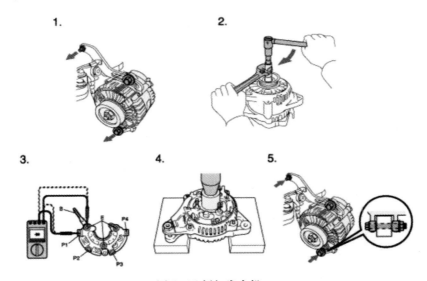

图 2-45 拆卸发电机

拆卸：拆卸传动皮带，然后从汽车上拆卸发电机。如图 2-45 所示。

分解：从发电机上拆下皮带轮，然后分解转子、整流器和励磁线圈。

检查：检查转子、整流器等部件是否导通。

重新组装：重新组装分解的转子、整流器和励磁线圈。

安装：将发电机装到汽车上，调整传动皮带的张紧度。

（二）检测发电机

1.总成检测

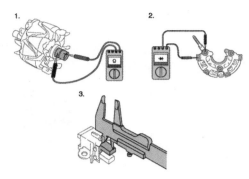

图 2-46 发电机总成检测

检查发电机转子总成,检查带整流器的发电机座,检查发电机电刷座（如图 2-45 所示）。

2.发电机转子检测

（1）目视检查检查滑环变脏或烧蚀的程度。维修提示：目视检查，旋转时滑环和电刷接触，使电流产生，电流产生的火花会产生脏污和烧蚀，脏污和烧蚀会影响电流，使发电机的性能降低。

（2）清洗用布料和毛刷，清洁滑环和转子。如果脏污和烧蚀明显，更换转子总成。

（3）检查滑环之间是否导通使用万用表，检查滑环之间是否导通。如图 2-47 所示，转子是一个旋转的电磁体，内部有一个线圈，线圈的两端都连接到滑环上，检查滑环之间是否导通可以用于探测线圈内部是否开路，如果发现在绝缘或者导通方面存在问题，更换转子。

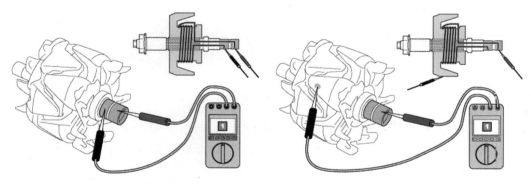

图 2-47 检测滑环

（4）检查滑环和转子之间的绝缘用万用表，检查滑环和转子之间的绝缘。在滑环和转子之间存在一个切断电流的绝缘状态，如果转子线圈短路，电流会在线圈和转子之间流动，检查滑环和转子之间的绝缘可以用来检测线圈内是否存在短路，如果发现在绝缘或者导通方面存在问题，更换转子。

（5）测量滑环用游标卡尺测量滑环的外径。如果测量值超过规定的磨损极限,更换转子,旋转时滑环和电刷接触，使电流产生流动，因此，当滑环的外径小于规定值时，滑环和电刷之间的接触不足，有可能影响电流环流的平稳，可能降低发电机的发电能力。

（三）检查带整流器的发电机座

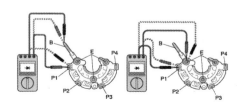

图 2-48 检测整流器

检查整流器的二极管。如图 2-48 所示，使用万用表的二极管测试模式。在整流器的端子 B 和端子 P1 到 P4 之间测量，交换测试导线时，检查是否只能单向导通。改变端子 B 至端子 E 的连接方式，测量过程同上。通过充电电路发电机产生交流电，但是由于汽车使用直流电，交流电必须转换成直流电。转换电流的装置就是整流器。整流器使用二极管将交流电转换成直流电，二极管单向导通电流。因此，用万用表或电路测试仪检查时，使电流通过测试仪的内部电池到达二极管，根据流过二极管的电流来检查二极管是否好坏。

（四）检查发电机电刷座

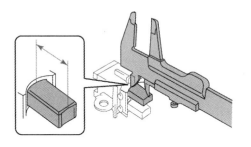

图 2-49 检测发电机电刷座

检查发电机电刷座用游标卡尺，测量电刷的长度，如图 2-49 所示，在电刷的中部测量（电刷的）长度，因为这个地方磨损最严重，滑环接触电刷，当自身旋转时接通成电流，因此，当电刷的长度短于规定值时，接触会恶化，影响电流的流动。因此，发电机的发电性能下降，如果测量值小于标准值，将电刷和电刷座一起更换。

第三节 电源系统常见故障的诊断与排除

电源系统的工作是否正常，可以通过充电系统的工作状况来判断。充电系统的常见故障主要有不充电、充电电流过小、充电电流过大和充电电流不稳。

一、不充电

1. 故障现象

发动机中、高速运转时，充电指示灯亮或电流表指示放电。

2. 故障原因

（1）蓄电池与发电机之间的接线断开或脱落。

（2）发电机不发电。

（3）调节器调整不当或有故障等。

3. 故障诊断步骤与排除方法

（1）检查发电机皮带的松紧度，若发电机皮带过松，应调整；检查发电机皮带是否打滑。

（2）检查充电线路各导线和接头有无断裂或松脱，检查发电机的接线是否正确、可靠。

（3）对于内搭铁型发电机，将发电机"F"接线柱取下，另用导线将"+"与"F"接线柱连接。若充电，说明调节器有故障；若不充电，说明发电机或充电线路有故障。对于外搭铁型发电机，将发电机"F"接线柱取下，另用导线将"F"接线柱搭铁。若充电，说明调节器有故障；若不充电，说明发电机或充电线路有故障。

（4）若发电机有故障，可用万用表测量各接线柱之间的电阻值，粗略判断故障所在。测量前，拆下发电机各接线柱上的导线，用万用表测量各接线柱间的电阻值，其阻值应符合规定，否则应对发电机进行拆检。

（5）若调节器有故障，对于晶体管式调节器，应更换；对于触点式调节器，应检查低速触点有无烧蚀或脏物，若有，应用砂纸或砂布条研磨或清洁，还应检查高速触点能否分离，若不能分离应修复。

二、充电电流过小

1. 故障现象

蓄电池在亏电情况下，发动机中速以上运转时，电流表会指示充电电流过小。即起动发动机时，起动机带动发动机曲轴转动很慢或根本带不动发动机曲轴转动。

2．故障原因

（1）充电线路或磁场线路接线端子松动而接触不良。

（2）发电机故障。

（3）调节器故障。

3．故障诊断步骤与排除方法

（1）检查发电机皮带的松紧度，如发电机皮带过松，应调整。检查充电线路各导线接头是否接触不良或锈蚀脏污。

（2）对于内搭铁型发电机，将发电机"F"接线柱取下，另用导线将"＋"与"F"接线柱连接。若充电量增加，说明调节器有故障；若充电量不变，说明发电机有故障。对于外搭铁型发电机，将发电机负极接线柱取下，另用导线将负极接线柱搭铁。若充电量增加，说明调节器有故障；若充电量不变，说明发电机有故障。

（3）若是发电机有故障，应进行解体检查。

（4）若是调节器有故障，对于晶体管调节器，应更换；对于触点式调节器，应拆下调节器盖进行检查。

三、充电电流过大

1．故障现象

汽车行驶时，充电电流始终保持在 10 A 以上且不减小。

2．故障原因

（1）电压调节器内部电路参数匹配不当。

（2）控制励磁电流的大功率三极管短路。

（3）调节器前级驱动电路断路造成发电机的电压失控。

3．故障诊断步骤与排除方法

（1）打开调节器盖进行调整和检修；

（2）对于晶体管调节器或集成电路电压调节器，应更换新品。

四、充电电流不稳

1．故障现象

发电机运转时，电流表指示充电，但指针左右摆动。

2．故障原因

（1）发电机驱动带过松、打滑，充电线路中接头松动。

（2）发电机内部接触不良，如电刷弹簧弹力过弱，绕组接头松动，滑环积污过多，电刷磨损过度等。

（3）调节器有故障，如触点脏污或烧蚀，电磁线圈或电阻各接头有接触不良现象，调节电阻断路等。

（4）晶体管调节器中元件虚焊、元件稳定性差等。

3.故障诊断步骤与排除方法

（1）拆下调节器的"＋"与"F"接线柱之间的接线，用试灯连接发电机"＋"与"F"接线柱，提高发动机的转速。

（2）若试灯不稳定发光，说明发电机有故障。

（3）若试灯稳定发光，则可能是调节器或充电系统电路有故障，应分别进行检查。

第三章 新能源汽车电源系统的技术研究

　　目前，新能源汽车在我国发展非常迅速，新能源汽车在我国的保有量也不断增长，随着新能源汽车的普及，新能源汽车技术也越来越成熟，新能源汽车电器设备也与传统燃油汽车有较大不同，尤其是其电源系统，和传统燃油汽车相比，有自己一套完整的体系，我国的新能源汽车目前主要为混合动力汽车、纯电动汽车和燃料电池电动汽车三种，三种新能源汽车都采用了动力电池作为车辆的电源储存系统，其中，混合动力汽车也可以同时采用传统汽车的电源系统，燃料电池电动汽车产生能量的方式尤为不同，后面进行单独介绍；因为有动力电池系统，所以新能源汽车都配备了动力电池能量管理系统，不同的新能源汽车动力电池能量管理系统控制策略稍有不同，但基本组成和功能类似；新能源汽车低压电源系统与传统汽车有重合的部分，同时又增加了 DC/DC 系统，可以将动力电池的高压电直接转化为低压电；纯电动汽车和插电式混合动力汽车可以通过充电枪与充电桩连接，为车辆进行充电。因此，本部分内容将从动力电池系统、动力电池能量管理系统、新能源汽车充电系统、新能源汽车低压电源系统、燃料电池五个方面进行详细介绍。

第一节 动力电池的技术分析

一、动力电池技术简介

（一）动力电池的发展

将化学能转换成电能的装置称为化学电池，通常简称为电池。电池放电后，能够用充电的方式使内部活性物质再生把电能储存为化学能；需要放电时，再次把化学能转换为电能，这类电池称为蓄电池，一般又称二次电池。电池的发展史由 1836 年丹尼尔电池的诞生到 1859 年铅酸电池的发明，至 1883 年发明了氧化银电池，1888 年实现了电池的商品化，1899 年发明了镍—镉电池，1901 年发明了镍铁电池，进入 20 世纪后，电池理论和技术处于一度停滞时期。但在第二次世界大战之后，电池技术又进入快速发展时期。首先，为了适应重负荷用途的需要，发展了碱性锌锰电池 1951 年实现了镍—镉电池的密封化。1958 年 Harris 提出了采用有机电解液作为锂一次电池的电解质，20 世纪 70 年代初期便实现了军用和民用。随后基于环保考虑，研究重点转向蓄电池。镍—镉电池在 20 世纪初实现商品化以后，在 20 世纪 80 年代得到迅速发展。

随着人们环保意识的日益增加，铅、镉等有毒金属的使用日益受到限制，因此需要寻找新的可代替传统铅酸电池和镍镉电池的可充电电池。离子电池自然成为有力的候选者之一，1990 年前后发明了锂离子电池，1991 年锂离子电池实现商品化，1995 年发明了聚合物锂离子电池（采用凝胶聚合物电解质为隔膜和电解质），1999 年开始商品化。

（二）动力电池的作用

动力电池的作用是接收和储存由车载充电机、发电机、制动能量回收装置或外置充电装置提供的高压直流电，并且为电动汽车提供高压直流电。动力电池是纯电动汽车的核心部件，也是新能源汽车上价格最高的部件之一。动力电池的性能好坏直接决定了这辆车的实际价值。

应用在电动汽车上的储能技术主要是电化学储能技术，即铅酸、镍、锂离子等电池储能技术。作为电动汽车的动力源，动力电池技术是电动汽车的核心技术，更是电气技术与汽车行业的关键结合点，一直制约着电动汽车的发展。近年来，随着电动汽车动力电池技术的研发受到各国能源、交通、电力等部门的重视，电池的多种性能得到了提高，如我国就在锂离子电池技术方面取得了突破性进展。

动力电池一旦失效，车辆就会处于瘫痪状态。动力电池属于高压安全部件，内部机构复杂，工作时需要很苛刻的条件，任何异常因素都将导致动力被切断，因此对动力电池的诊断与测试就需要丰富的动力电池的基础技术知识，对动力电池组的更换更需要专业规范的操作。

（三）动力电池的类型

新能源汽车上所使用的动力电池种类繁多，外形差别较大，按其工作性质和使用特征的不同，可分为一次电池、二次电池、储备电池和燃料电池等。其中储备电池和燃料电池属于特殊的一次电池。

1．一次电池（原电池）

次电池是放电后不能用充电的方法使它复原的电池。这种类型的电池只能使用次，放电后电池只能被遗弃。这类电池不能再充电的原因，或是电池反应本身不可逆，或是条件限制使可逆反应很难进行，如锌锰干电池、锌汞电池、银锌电池。

2．二次电池（蓄电池）

二次电池是放电后可用充电的方法使活性物质复原而能再次放电，且可反复多次循环使用的电池。这类电池实际上是一个化学能量储存装置，用直流电将电池充足，这时电能以化学能的形式储存在电池中，放电时，化学能再转换为电能，如铅酸电池、镍镉电池、镍氢电池、锂离子电池、锌空气电池等。

3．储备电池（激活电池）

储备电池是正、负极活性物质和电解液不直接接触，使用前临时注入电解液或用其他方法使电池激活的电池。这类电池的正、负极活性物质化学易变质或自放电，因与电解液的隔离而基本上被排除，从而使电池能长时间储存，如镁银电池、钙热电池、铅高氯酸电池。

4．燃料电池（连续电池）

燃料电池是只要活性物质连续地注入电池，就能长期不断地进行放电的一类电池。它的特点是电池自身只是一个载体，可以把燃料电池看成是一种需要电能时将反应物从外部送人的一种电池，如氢燃料电池。

需要说明的是，上述分类方法并不意味着某一种电池体系只能分属一次电池、二次电池、储备电池或燃料电池。某一种电池体系可以根据需要设计成不同类型的电池。如锌银电池，可以设计成一次电池，也可以设计成二次电池或储备电池。目前电动汽车上二次电池的主要类型有铅酸蓄电池、镍氢蓄电池、锂离子电池。

二、动力电池的工作原理与特性分析

（一）动力电池的组成部件及功能

动力电池系统主要由动力电池模组、电池管理系统、动力电池箱及辅助元器件等四部分组成。

1. 动力电池模组

（1）电池单体：构成动力电池模块的最小单元。一般由正极、负极、电解质及外壳等构成。可实现电能与化学能之间的直接转换。

（2）电池模块：一组并联的电池单体的组合，该组合额定电压与电池单体的额定电压相等，是电池单体在物理结构和电路上连接起来的最小分组，可作为一个单元替换。

（3）模组：由多个电池模块或单体电芯串联组成的一个组合体。

2. 电池管理系统（BMS）

（1）BMS的作用：电池保护和管理的核心部件，在动力电池系统中，它的作用就相当于人的大脑。它不仅要保证电池安全可靠的使用，而且要充分发挥电池的能力和延长使用寿命，作为电池和整车控制器以及驾驶人沟通的桥梁，通过控制接触器控制动力电池组的充放电，并向整车控制器VCU上报动力电池系统的基本参数及故障信息。

（2）BMS具备的功能：通过电压电流及温度检测等功能实现对动力电池系统的过电压、欠电压、过电流、过高温和过低温保护，继电器控制、SOC估算、充放电管理、均衡控制、故障报警及处理，与其他控制器通信等功能；此外电池管理系统还具有高压回路绝缘检测功能，以及为动力电池系统加热功能。

3. 动力电池箱

（1）动力电池箱：支撑、固定、包围电池系统的组件，主要包括上盖和下托盘，还有辅助元器件，如过渡件、护板、螺栓等，动力电池箱有承载及保护动力电池组及电气元件的作用。

（2）技术要求：电池箱体通过螺栓连接在车身地板下方，其防护等级为IP67，螺栓拧紧力矩为80~100 N·m。整车维护时需观察电池箱体螺栓是否有松动，电池箱体是否有破损严重变形，密封法兰是否完整，确保动力电池可以正常工作。

（3）外观要求：电池箱体外表面颜色要求为银灰或黑色，亚光；电池箱体表面不得有划痕、尖角、毛刺、焊缝及残余油迹等外观缺陷，焊接处必须打磨圆滑。

（4）辅助元器件主要包括动力电池系统内部的电子电器元件，如熔断器、继电器、分流器接插件、紧急开关、烟雾传感器等，维修开关以及电子电器元件以外的辅助元器件，如密封条、绝缘材料等。接触器位于线束和继电器模块内，用于控制高电压的通断。当接触器闭合时，高电压自电池组输出到车辆动力系统，接触器断开后，高电压保存在电池组内。

（二）常见车型动力电池的参数与结构组成

1. 比亚迪 E6 动力电池的参数与结构组成

比亚迪E6动力电池系统由11个动力电池模组、共96节电池单元组成。比亚迪E6采用了磷酸铁锂电池，每个电池单元的单体电压约为3.3 V，利用96节电池单元串联后，可以形成316.8 V左右的总电压。

2．荣威 E50 动力电池的参数与结构组成

（1）动力电池组电池模块。包含 5 个模块，其中 3 个大模块（27 串 3 并），2 个小模块（6 串 3 并）；电池共 93 个串联。

（2）动力电池组电池管理控制器。汇总内部控制器采集的电池信息，通过一定的控制策略，向整车控制器提供电池运行状态的信息，响应整车高压回路通断命令，实现对电池的充放电和热管理。

（3）动力电池组电池高压电力分配单元。通过不同高压继电器的通断，实现各个高压回路的通断。

（4）动力电池组电池检测模块。实现电流检测和绝缘检测等功能。

（5）动力电池组电池采集和均衡模块。实现电池电压和温度的采集，电池均衡功能；每个大模块由 2 个电池采集和均衡模块管理，每个小模块由 1 个电池采集和均衡模块管理。

（6）其他部件，如高低压线束及接插件，冷却系统附件：冷却板和冷却管路，外壳等。

（三）常见车型动力电池的安装位置、类型和特点

电动汽车的动力电池一般位于车辆底部前、后桥及两侧纵梁之间，安装在这些位置能使其具有较高碰撞安全性，可以降低车辆重心，车辆操控性更好。将电动汽车的动力电池安装在驾驶室后方的车架纵梁之上，不但使得拆装操作更加简单，避免了动力电池安装分散，减少动力电池之间高压连接线束的使用，避免了线路连接过多的问题，而且节约了成本。动力电池尽可能安装在清洁、阴凉、通风、干燥的地方，并避免受到阳光直射，远离加热器或其他辐射热源。动力电池应当正立安装放置，不可倾斜。动力电池组间应有通风措施，以避免因动力电池损坏所产生的可燃气体引起爆炸和燃烧。

北汽 E150EV 纯电动汽车的动力电池采用磷酸铁锂电池，安装在车辆底部；比亚迪 E6 动力电池，比亚迪 E6 是国内具有代表性的纯电动汽车，采用比亚迪自主知识产权的磷酸铁锂电池，E6 动力电池包安装在车辆底部，采用螺栓固定，比亚迪秦混合动力汽车的动力电池（磷酸铁电池）安装位置在车辆后备箱内；荣威 E50 纯电动汽车的动力电池（磷酸铁锂电池）及其他部件安装位置在车辆底盘部分；丰田普锐斯混合动力汽车的动力电池（全封闭的镍 – 氢电池）安装在车辆的后部；特斯拉 MODEL S 等车型的动力电池安装在车辆的底部。

（四）动力电池的存放与回收处理注意事项

对高压动力电池部件进行维修时，必须采取特别的防护措施，同时遵守与工作环境相关的所有高压安全防护措施，还需要佩戴个人防护用品。只允许将动力电池及其组件（例如电池模块）存放在带有自动灭火装置的空间内。此外必须装有火灾探测器，从而确保即使不在工作时间内也能识别出失火情况。原则上不允许将动力电池放在地面上，而是只能放在架子上或绝缘垫上。必须将各电池模块存放在可上锁的安全柜内。当动力电池单元故障但未损坏时，可像起动电池一样将其放在运输容器内。

出现以下情况时就会视为蓄能器损坏：

（1）动力电池单元带有可见烧焦痕迹。

（2）动力电池单元具体部位可见高温形成迹象。

（3）动力电池单元冒烟。

（4）动力电池单元外部面板变形或破裂。

必须将损坏的高电压蓄能器临时存放在户外带有特殊标记的容器内至少48 h，之后才允许进行最终废弃处理。存放位置必须与建筑物、车辆或其他易燃材料（例如垃圾）容器至少距离5 m。必须将外部损坏的高电压蓄电池单元放在耐酸且防漏凹槽内，以免溢出的电解液流入土壤。由于存在危险和污染环境，动力电池应由厂家或专门的机构回收处理。2016年12月1日，为加强新能源汽车动力电池回收利用管理，规范行业发展，工信部发布《新能源汽车动力蓄电池回收利用管理暂行办法（征求意见稿）》，该办法从设计、生产及回收责任、综合利用、监管管理等方面作出了明确的规定。该办法提出，工业和信息化部会同国家标准化主管部门制定动力电池回收利用相关拆卸、拆解、包装运输、余能检测、梯级利用、材料回收利用等技术标准，建立动力电池回收利用管理标准体系。

（五）动力电池的工作原理

常见的动力电池主要有铅酸蓄电池、镍氢蓄电池和锂离子电池。

1. 铅酸蓄电池

铅酸蓄电池，是一种电极主要由铅及其氧化物制成，电解液是硫酸溶液的蓄电池。铅酸蓄电池以稀硫酸性水溶液为电解质，铅蓄电池的正极为 PbO_2，负极为海绵状 Pb，故称为铅酸蓄电池。铅酸蓄电池使用了近百年，是目前唯一大量使用的车载动力电池。与其他动力电池相比，具有性能可靠、技术成熟、价格便宜；大功率性能优异、电压平稳、安全性好；维护简便或者免维护；适用范围广、原材料丰富；自回收技术成熟等优点。国内外的第一代电动汽车铅酸蓄电池车广泛使用了铅酸蓄电池，目前，已经有很多专业公司研制和开发了多种新型铅酸蓄电池，使得铅酸蓄电池的性能有了较大的提高。但由于其能量密度低、循环寿命短、质量大、过充过放性能差等缺点，不符合环保与高效的要求，今后将逐渐被淘汰。

铅酸蓄电池的基本单元是单体电池（Battery Cell），每个单体电池都是由正极板、负极板和装在正极板和负极板之间的隔板组成。每个单体电池的基本电压为2 V，然后将不同容量的单体电池按使用要求进行组合，装置在不同的塑料外壳中，来获得不同电压和不同容量的铅酸蓄电池。铅酸蓄电池总成经过灌装电解液和充电后，就可以从铅酸蓄电池的接线柱上引出电流。

有的铅酸蓄电池采用密封、无锡网隔板等技术措施，并在普通铅酸蓄电池的电解液中加入硅酸胶之类的凝聚剂。使电解质成为胶状物，形成一种"胶体"电解质，采用"胶体"电解质的铅酸蓄电池，使用起来更加方便。

典型的铅酸蓄电池是阀控式密封铅酸蓄电池（AGM 电池）。近年来，阀控式密封铅酸蓄电池被广泛地用于传动汽油车和一些低速纯电动汽车上。如果与小型的镉电池或镍氢电池等密封型电池比较，阀控式密封铅酸蓄电池则是一种阀门开启压力相当低的电池，在充电过程中利用负极吸收反应消耗正极上所产生的氧气并使之处于密封状态未能吸收完的剩余氧气将通过控制阀向外界排出，负极吸收反应是指充电过程中正极所产生的氧气与负极的铅发生反应生成氧化铅，氧化铅又与电解液中的硫酸起反应生成硫酸铅通过再次充电又被还原为铅的一整套循环。由于在整个充电过程中将持续进行这样的循环，因此能始终保持密封的状态。但是，液体式铅酸蓄电池中的电解液会阻碍氧气的移动，因此在阀控式密封铅酸蓄电池中采用了一种被称为 AGM 隔板的超细玻璃纤维隔板，电解液将限制该隔板所能吸收的氧气量并使氧气平稳地向负极移动，另外，因电解液的量受到了限制，因此即使蓄电池发生翻倒，电解液也不会泄露；而且由于极板群是被栅网状的隔板牢固压紧的，因此它还具有因正极难以老化而延长寿命的特点。玻璃微纤维蓄电池隔板是指用玻璃微纤维作为原料生产的蓄电池隔板，其不含任何有机黏结剂，用直径约 1 微米的玻璃微纤维采用湿法制造而成，玻璃微纤维隔板（AGM）是阀控式铅酸蓄电池的关键材料之一。国内普遍采用高碱和中碱玻璃纤维混合原料，而国外则一般使用高碱玻璃纤维作为原料。

阀控式铅酸蓄电池是一种免维护蓄电池，由于免维护铅酸蓄电池在使用中不会出现极板短路、活性物质脱落、水分损失等问题，从而提高了使用寿命。其结构特点主要有以下几点：

（1）免维护蓄电池的正极栅板架一般采用铅钙合金或低锑合金制作，而负极板架均用铅钙合金制作，以此来减小极板短路和活性物质脱落。

（2）隔板的材料一般为超细玻璃微纤维，或将其正极板装在袋式隔板内。

（3）采用紧装配结构的极板组。

（4）单格极板组之间采取内连式接法，正、负极桩位于密封式壳体的外部。

（5）壳体上部设有收集水蒸气和硫酸蒸气的集气室，待其冷却后变成液体重新流回电解槽内。

2. 镍氢蓄电池

氢蓄电池是由氢离子和金属镍合成，电量储备比镍镉蓄电池多 30%，比镍镉电池更轻，使用寿命也更长。

（1）镍氢蓄电池的原理

在实际电池中，正极和负极的反应生成物并不像上述反应式中那么简单，充电时，在正极氢氧化镍；被氧化生成羟基氧化镍和水。另一方面，水在负极被还原，在贮氢合金的表面生成氢原子，此氢原子被贮氢合金吸收发生反应，生成金属氢化物。放电反应则与之相反。

镍镉蓄电池的电池反应不同，在镍氢蓄电池中，充电时氢从正极向负极移动，放电时向反方向移动，其间并不伴随着电解液总量和浓度的增减。电解液中的 OH^- 虽然参与正极和负极的反应，但在电池反应中 OH 并没有增减。

（2）混合动力汽车镍氢电池结构

搭载在混合动力汽车的镍氢电池是将 84~240 个容量为 6~6.5 A·h 的单体电池以串联方式连接后使用的。迄今为止已开发出了圆形和方形的混合动力汽车用的镍氢电池，近年来其输出功率密度正在逐年上升。尽管混合动力汽车用镍氢电池的电能量（容量）还不到电动汽车用镍氢电池的 1/10，但是要求其具有与电动汽车相同的输出功率和再生恢复性能。因此，正在通过多种技术领域致力于对单体电池或电池模块（由多个单体电池以串联方式连接而成的电池组）的研究开发工作。

圆柱密封型镍氢电池的结构是将以隔板作为间隔层的镍正极板和贮氢合金负极板卷成涡旋形后放入用金属制成的外壳内，正极和负极分别采用烧结式（或非烧结式）的镍正极和膏状的贮氢合金负极。封口的固定方法是把以绝缘热圈作为间隔的且具有再恢复功能的安全的封口板预先固定在电解槽的外壳上。为了在即使有大电流流过的瞬间也能阻止电池电压的下降或发热，正极和负极的集电体采用了尽可能降低连接电阻值的设计方法。由于单体电池连接成的模块将搭载在车辆上，因此模块必须具有承受剧烈振动的能力，并必须以很低的连核电阻来承担单体电池之间的电气连接，另外，能牢固支承模块的结构体也很重要。

采用碟形的连接环对单体电池之间进行电气连接，由于这种连接环能够以最短距离和最大宽度的方式来完成连接，因此才使单体电池之间采用低电阻接线的设想成为可能。另外，经过精心研制，这种连接环不仅具有电气连接的功能，而且其结构体以强度和柔软性兼备的特点发挥出了重要的支承作用。为了防止在单体电池之间发生短路，专门嵌入了用树脂制作的绝缘环，从而保证了模块强度的强化和安全性。位于模块两端且能够被螺钉固定在模块之间的连接母线上的端子是通过焊接方式被固定的。

采用树脂电解槽的方形镍氢电池用的模块是一种具有 6 个电极群结构的电池，其电极群的结构是在由 6 个单体电池组成的整体式树脂型电解槽内，分别将多块镍正极板和贮氢合金负极板以隔板作为间隔层互相重叠而成，封口采用的是一种可再恢复安全阀的树脂型外盖下端部与电解槽上端部之间采用热焊进行密封焊接的结构。通过将设置在模块的电解槽表面的凸筋相互对接，便能在模块之间形成间隙，这样就可以使冷却气流从该间隙中穿过，从而获得更为均匀的冷却效果。对于这种方形的电池模块，以串联方式连接 20~40 个模块时，由于它比圆柱形模块更节省空间且减轻了质量，因此具有良好的搭载性。

（3）混合动力汽车用镍氢电池的特性

将电池封装体搭载在车辆上，不但要求它具有良好的耐振动特性和耐冲击性，而且在结构上应该保持其能把因大电流充放电时产生的电池热量迅速散发而使其冷却的性能。此外，因电池的特性随温度不同会有较大的变化，因此最好能够尽量减小封装体内电池温度的分散度。

①镍氢电池输出功率特性。当 SOC（荷电状态）到达 60% 左右时，其输出功率密度在 10S 输出以下具有优良的特性，而且在宽阔的 SOC 区域内几乎能获得相同的输出功率。

②镍氢电池充电恢复特性。混合动力汽车电池的使用方法与一般电池使用方法存在很

大的差异。即混合动力汽车用电池不进行完全充电和完全放电。车辆行驶时已被输出的电能始终以再生电能再度回收，以形成电能再收支的平衡。因此，对混合动力用镍氢电池的充电恢复能力具有很高的期望值。从已投入量产的镍氢电池来看，再生恢复特性大致可以达到与输出功率密度相等的数值。此外，它在高温下的脉冲充电恢复能力也很高，能确保90%以上的效率。利用再生制动能够将车辆在减速时的能量进行高效回收。

③镍氢电池寿命特性。对于混合动力汽车用电池，需要采用控制方式使它不进行完全充电和完全放电，并维持在一个电能可以随时进出的状态。根据这样的使用方式在各种不同的条件下对电池的寿命特性进行计算，其结果同样表明完全能够使混合动力汽车电池大致达到与车辆相同的寿命。

3．锂离子电池

（1）锂离子电池基本原理与结构。

锂电池（Lithium Battery）是指电化学体系中含有锂（包括金属锂、锂合金和锂离子、锂聚合物）的电池。锂离子电池是锂离子在电极之间移动而产生电能的，这种电能的存储和放出是通过正极活性物质中放出的锂离子向负极活性物质中移动完成的，并不伴随化学反应，这是锂离子电池的最大特点。锂离子电池反应的这种特点，使锂离子电池比传统的二次电池具有更长的寿命。此外，电极材料种类较大的选择空间也是锂离子电池的一大特点，再加上锂离子电池本身就具有小型化、轻量化和高电压化的特点，通过材料的选择和结构设计即能实现高输出功率和高容量，因此可以设计出与实际用途完全相符的结构及特性，这也是锂离子电池的优势。锂离子电池由作为氧化剂的正极活性物质、作为还原剂的负极活性物质作为锂离子导电的电解液以及防止两个电极产生短路的隔板组成，利用正极与负极之间锂离子的移动来进行充电和放电。

（2）锂离子电池的基本特性。

①电池的电能。电池输出的电能 E 等于从电池中所能取出的电量（电流 × 时间）Q 与电池电压 U 的乘积，即 $E = Q \times U$。

在充电上限电压到放电下限电压的范围内所放出的电量即为电池的容量。尽管提高上限电压将增加电池的容量，但是随着活性物质和电解液氧化还原反应的进行，一般会出现耐久性下降的倾向。多数情况下电池电压是用平均电压值来代替的，平均电压（额定电压）的定义是达到总电能 1/2 放电量时的电压值。例如，额定电压为 3.7 V、公称容量为 2.4 A·h 的 18650 规格（直径 18.3 mm×65 mm）的锂离子电池的总能量为 8.9 W·h，体积能量密度为 520 W·h/L、质量为 44 g 时的质量能量密度为 201 W·h/kg。

②剩余电量的估算。关于电池的充电状态，多数以 SOC 形式来表示，SOC 采用剩余容量与设计容量的比率表示，充电时电量达到充满状态时即为 SOC100%，放电容量与设计容量的比率采用放电深度（DOD）表示，DOD 和 SOC 的关系为：DOD=1 - SOC。

对于一般电池的 SOC 和 DOD，多根据电压值进行估算，但是对于锂离子电池而言，电压平坦域的具体观察将视不同的电极材料而定，有时难以根据电压来估算 SOC。

③小时率。一般情况下，充电时和放电时的电流值采用小时率（充/放电倍率）表示，

假设某种电池在 h 内以标称容量进行充电或放电时的电流值为 1C，那么第 10 h 的电流值将为 0.1C，因此，电流值 1C 将随电池容量的改变而发生变化，在表示电池的充放电性能时会被频繁地使用，而电池的标称容量并不包括内电阻所产生的影响，因此，采用以 0.1C 以下的低倍率充电到上限电压并以同一倍率放电到终止电压时的容量表示。

④充放电性能。由于对锂离子电池进行过度充电和过度放电会对其安全性和循环寿命的保持带来不良的影响，因此附带保护电路。当从 SOC0% 起开始充电时，一般采用先按恒定电流模式充电到上限电压，其后再在该模式下边降低电流边充电来防止发生过度充电的情况。为了缩短在恒定电流模式下的充电时间，有的情况下可以允许恒定电压在瞬间状态超过上限电压，并采用以矩形电流模式流动的脉冲充电方式进行充电。另外，通常放电是以恒定电流模式进行到达下限电压时为止。由于电池的内电阻会使电压以与电流成正比的速率下降，因此，当采用较高的倍率进行放电时，电压和容量均会下降，而且电解液中离子的导电性在低温时会发生下降，以致引起内电阻增加，从而使电压和容量下降。

（3）锂离子电池的常见类型。

①按照正极材料进行的分类：钴酸锂；锰酸锂；镍酸锂；磷酸铁锂；三元材料 [镍钴锰酸锂]。

②按照电解质分类：液态锂离子电池，简称 LIB（Liquid on battery）；聚合物锂离子电池，简称 LIP（polymer lithium ion battery）。

③其他性能对比如下：

a. 能量密度：18 650 电池（钴酸锂）＞磷酸铁锂＞锰酸锂

b. 价格优势：18 650 电池（钴酸锂）＞锰酸锂＞磷酸铁锂

c. 安全性：磷酸铁锂＞锰酸锂＞18 650 电池（钴酸锂）

d. 循环寿命磷酸铁锂＞锰酸锂＞18 650 电池（钴酸锂）

三、动力电池冷却系统的工作原理与特性分析

（一）新能源汽车冷却系统的作用

汽车的冷却系统是保证汽车动力驱动系统性能的重要部分，是动力驱动系统能够正常工作的重要基础，冷却系统的技术水平及工作状况直接影响汽车性能指标。汽车冷却系统控制受到了汽车行驶工况、行驶环境的多个因素影响，是较为复杂的控制对象，除了冷却系统的本体外，其控制方法的优劣也直接影响着冷却系统性能。新能源汽车（纯电动和混合动力汽车）的动力电池、电机、电机控制器等部件在工作中会产生大量的热量，部件的过热会严重影响其工作性能。另外，动力电池组最佳工作温度为 23 ~ 24 ℃，温度并非越低越好，在低温的环境下需要对动力电池组进行加热，保持合适的工作温度。因此新能源汽车与传统汽车一样也必须采用冷却系统。

（二）动力电池的生热机理与冷却系的作用

1. 动力电池的生热机理

动力电池作为电动汽车的动力能源，其充电、做功的发热一直阻碍着电动汽车的发展。动力电池的性能与电池温度密切相关。40~50 ℃及以上的高温会明显加速电池的衰老，更高的温度（如 120~150 ℃及以上）则会引发电池热失控。

镍氢电池电化学反应原理决定了镍氢电池在充放电过程中的生热。生热因素主要有 4 项：电池化学反应生热、电池极化生热、过充电副反应生热以及内阻焦耳热。如果把电池内部所有的物质（如活性物质、正极和负极、隔板等）假定为一个具有相同特性的整体，电池内部的热传导性非常好，使电池内部单元等温。但由于电池壳体基本不产生热量，因而其温度与电池内部的温度非常接近。电池经过变电流充放工况后，电池的最高温度和最低温度与电池平均温度之差在 4.2 ℃左右，电池的最高温度在 35.5 ℃左右。

2. 动力电池冷却系统的作用

动力电池组的工作状态包括：

（1）电池组在充、放电时会释放一定的热量，故需要对电池组进行冷却。

（2）在低温环境下，需要对电池组进行加热处理，以提高运行效率。

动力电池组采用冷却系统的作用是：通过对动力电池组冷却或加热，保持动力电池组较佳的工作温度，以改善其运行效率并提高电池组的寿命。热管理系统可以根据需要对电池组进行冷却或加热。目前国内常见的绝大多数新能源汽车的电机及控制器都采用冷却系统，但动力电池的冷却系统除了少数车型以外，基本上都没有专门的冷却系统，这是因为：一方面由于冷却系统增加了电池组的体积，或会消耗了电池的一部分能量；另一方面是国内车型对动力电池的材料进行改进，以及利用控制程序进行修正，对电池工作环境要求不高。当然，这会以损耗电池寿命为代价的。

（三）动力电池的冷却形式

目前应用在动力电池上的冷却方式有水冷和风冷两种。

1. 水冷动力电池冷却系统

水冷动力电池冷却系统结构主要部件包括散热器、膨胀壶、电子水泵、VCU（或HPCM2，混动车型）、冷却液控制阀、加热器和冷却管路等。水冷动力电池冷却系统优点是：电池平均能量效率高；电池模块结构紧凑；冷却效果优异；能集成电池加热组件，解决了在环境温度很低的情况下，加热电池的问题。缺点是：系统复杂，多了很多部件，如水泵、阀、低温水箱，成本增加。

2. 风冷动力电池冷却系统

冷却空气在动力电池模块中的流动有串行、并行通风等几种方式。

（1）串行通风结构。

风冷电池采用串行通风结构。在该散热模式下，冷空气从左侧吹入从右侧吹出。空气

在流动过程中不断地被加热，所以右侧的冷却效果比左侧要差，电池箱内电池组温度从左到右依次升高。

（2）并行通风结构

并行通风方式可以使得空气流量在电池模块间更均匀地分布。需要对进排气通道、电池布置位置进行很好的设计。其楔形的进排气通道使得不同模块间缝隙上下的压力差基本保持一致，确保吹过不同电池模块的空气流量的一致性，从而保证了电池组温度场分布的一致性。

（3）冷却风扇控制。双模式混合动力电池装备有一个冷却风扇和电池冷却通风导管，电池控制模块使用4个传感器探测电池温度，还有2个传感器探测空气温度，根据温度信号以及风扇转速信号，控制模块通过PWM信号来调节风扇转速，电池组工作温度超出正常范围时，系统启动电池冷却风扇。

（四）典型车型动力电池冷却系统的结构原理

荣威E50冷却系统分为2个独立的系统，分别是电源逆变器(PEB)/驱动电机冷却系统、动力电池冷却系统（ESS）。冷却系统利用热传导的原理，通过冷却液在各个独立的冷却系统回路中循环，使驱动电机、PEB和动力电池保持在最佳的工作温度。冷却液是50%的水和50%的有机酸技术(OAT)的混合物。冷却液要定期更换才能保持其最佳效率和耐腐蚀性。

1. 动力电池冷却系统结构组成

（1）冷却液泵。动力电池冷却液泵通过安装支架，并由2个螺栓固定在车身底盘上，经由其运转来循环动力电池冷却系统。

（2）冷却液软管。橡胶冷却在各组件间传送冷却液，弹簧卡箍将软管固定到各组件上。动力电池冷却系统（ESS）软管布置在前舱内和后地板总成下。

（3）膨胀水箱。动力电池冷却系统（ESS）配有卸压阀的注塑冷却液膨胀水箱，膨胀水箱安装在PEB托盘上，溢流管连接到电池冷却器出液管上，出液管连接到冷却水管三通上。膨胀水箱外部带有"MAX"和"MIN"刻度标示，便于用户观察冷却液液位。

（4）散热器和冷却风扇。散热器都是一个两端带有注塑水箱的铝制横流式散热器。散热器的下部位于紧固在前纵梁的支架所支承的橡胶衬套内。散热器的顶部位于水箱上横梁支架所支承的橡胶衬套内，支承了冷却风扇总成，空调（AC）冷凝器。空调（AC）冷凝器安装在散热器后部，由4个螺栓固定至冷却风扇罩上。冷却风扇和驱动电机总成及风扇低速电阻安装在空调（A/C）冷凝器后部的风扇罩上。"吸入"式风扇抽取空气通过散热器。

（5）冷却液温度传感器。冷却液温度传感器安装在散热器右侧前部，内含一个封装的负温度系数（NTC）热敏电阻，该电阻与PEB/驱动电机冷却系统冷却液相接触，是分压器电路的一部分。该电路由额定的5 V电源、一个PEB控制模块内部电阻和一个温度相关的可变电阻（传感器）组成。

（6）电池冷却器。电池冷却器（Chiller）是动力电池冷却系统的一个关键部件、它负责将动力电池维持在一个适当的工作温度，使动力电池的放电性能处于最佳状态。电池冷却器主要由热交换器、带电磁阀的膨胀阀（TXV）、管路接口和支架组成。热交换器主要用于动力电池冷却液和制冷系统的制冷剂的热交换，将动力电池冷却液中的热量转移到制冷剂中。

2．动力电池冷却系统控制

（1）电动冷却液泵控制。动力电池冷却系统（ESS）的电池能量管理模块（BMS）负责控制电动冷却液泵，电动冷却液泵会在动力电池温度上升到 32.5 ℃时开启，在温度低于 27.5℃时关闭，BMS 发出要求电池冷却器膨胀阀关闭和冷却液泵运转的信号。

（2）电池冷却器 – 膨胀阀控制 / 冷却液温度控制。空调控制模块（ETC）收到来自 BMS 的膨胀阀电磁阀开启的信号要求，ETC 首先打开电池冷却器膨胀阀的电磁阀，并给 ETC 发送启动信号。动力电池最适宜温度值为 20~30 ℃。正常工作时，当动力电池的冷却液温度在 30 ℃以上时，ETC 会限制乘客制冷量冷却液温度在 48 ℃以上，ETC 会关闭乘客舱制冷功能，但除霜模式除外。ETC 只控制冷却液温度。BMS 控制冷却液与 BMS 动力电池内部的热量交换。

（3）快速充电冷却必要条件。当车辆进入快速充电模式时，ETC 会被网关模块唤醒，此时动力电池冷却系统进入正常工作状态。

蓄电池（动力电池）在温度较高的时候，利用乘客舱内空调产生的冷空气对电池组进行冷却；当环境温度较低时，也会利用在低温情况下乘客舱内暖的空气对电池组进行保温。冷却空气通过后排座椅右侧的进气管流入，并通过进气风道进入行李舱右表面的蓄电池鼓风机总成，而且，冷却空气流过进气风道（将动力电池风机总成与若电池总成的右上表面相连接）并流向动力电池总成。冷却空气在蓄电池模块间从高处向低处流动。在对模块进行制冷后，它从动方电池总成的底部右侧表面排出。制冷后的空气通过行李舱右侧排气通道排出，并排放到车辆外部。电池管理模块使用电池温度传感器来检测动力电池总成的温度。根据该检测的结果，电池管理模块控制蓄电池鼓风机总成，当动力电池温度上升到预定温度时，蓄电池鼓风机总成将起动。

第二节　动力电池能量管理系统的技术分析

一、动力电池能量管理系统的功能

1．动力电池能量管理系统

动力电池管理系统（BMS）是电池保护和管理的核心部件，它的作用要保证电池安全可前的使用，控制动力电池组的充放电，并向 VCU 上报动力电池系统的基本参数及故障信息。动力电池管理系统是集监测、控制与管理为一体的、复杂的电气测控系统，也是电动汽车商品化，实用化的关键。

动力电池管理系统与电动汽车的动力电池紧密结合在一起，对动力电池的电压，电流、温度进行实时检测,同时还进行漏电检测、热管理、电池均衡管理、报警提醒,计算剩余容量、放电功率，报告 SOC（State of Charge 荷电状态）、SOH（Stale of Health 性能状态，也称健康状态），还根据动力电池的电压、电流及温度用算法控制最大输出功率以获得最大行驶里程，以及用算法控制充电机进行最佳电流的充电，通过 CAN 总线接口与车载控制器、电动机控制器，能量控制系统、车载显示系统等进行实时通信。

常见动力电池管理系统的功能主要包括数据采集、数据显示、状态估计、热管理数据通信、安全管理，能量管理（包括动力电池电量均衡功能）和故障诊断，其中前 6 项为动力电池管理系统的基本功能

（1）数据采集是动力电池管理系统所有功能的基础，需要采集的数据信息有电池组总电压、电流、电池模块电压和温度。

（2）电池状态估计包括 SOC 估计和 SOH 估计，SOC 提供电池剩余电量的信息，SOH 提供电池健康状态的信息，目前的动力电池管理系都实现了 SOC 估计功能，SOH 估计技术尚不成熟。

（3）热管理是指 BMS 根据热管理控制策略进行工作，以使电池组处于最优工作温度范围。

（4）数据通信是指电池管理系统与整车控制器、电动机控制器等车载设备及上位机等非车载设备进行数据交换的功能。

（5）安全管理是指电池管理系统在电池组的电压、电流、温度、SOC 等出现不安全状态时给予及时报警并进行断路等紧急处理。

（6）能量管理是指对电池组充放电过程的控制，其中包括对电池组内单体或模块进行电量均衡：故障诊断是指使用相关技术及时发现电池组内出现故障的单体或模块。

BMS 最基本的功能是监控与动力电池自身安全运行相关的状态参数（如动力电池的电压、电流和温度）测动力系统优化控制有关的运行状态参数（SOC、SOH）和相应的剩余行驶里程、进行与工作环境适应性有关的热管理等，进行动力电池管理以免出现过放电、过充电过热和单体电池之间电压严重不平衡现象，最大限度地利用动力电池存储能力和循环寿命。

通常在车辆运行过程中，能够通过传感器直接测量得到的参数仅有动力电池端电压 U、动力电池工作电流 I、动力电池的温度 7，而车辆动力系统控制需要用到的物理量包括电池当前的 SOC、电池当前的 SOH 最大可充放电功率等。在车载动力电池管理系统中，热管理技术、准确的荷电状态（SOC）和性能状态（SOH）在线实时估计技术具有较大的难度，是其核心技术。

电池管理的核心问题就是 SOC 的预估问题，电动汽车电池 SOC 的合理范围是30% ~ 70%，这对保证电池寿命和整体的能量效率至关重要。电动汽车在运行时，电池的放电和充电均为脉冲工作模式，大的电流脉冲很可能会造成电池过充电（超过 80%SOC）、深放电（小于 20%SOC）甚至过放电（接近 0%SOC），因此电动汽车的控制系统一定要对

电池的荷电状态敏感，并能够及时做出准确的调整，这样电池管理系统才能根据电池容量决定电池的充放电电流，从而实施控制，根据各只电池容量的不同识别电池组中各电池间的性能差异，并以此做出均衡充电控制和电池是否损坏的判断，确保电池组的整体性能良好，延长电池组的寿命。

电池管理系统的具体功能是：①保护电池；②估算剩余电量；③计算电池寿命；④故障诊断。其最为重要的功能是监测电池电压与温度，以及判断电池自身故障，以保护电池。因此，事先在电池管理系统核心的电池管理单元中添加了与所使用的电池化学系统相匹配的各类控制信息。电池保护功能有：

（1）防止过充电功能。过充电是指超过各单体电池具有的上限充电电压充电。过充电不仅会引起电池性能下降，有时甚至会引起发热或冒烟等。因此，需要监视各单体电池电压，控制充电电流和再生电流不超越上限电压，杜绝过充电

（2）防止过放电功能。过放电是指低于单体电池内部使用的化学物质具有的固有下限电压放电。出现过放电时，电池内部会发生异于常态的化学反应，导致内部物质不可逆变化，之后电池就无法再继续使用。因此，必须避免行驶时各单体电池电压低于下限电压，需要实施抑制输出电流的控制。此外，电池在剩余容量少的状态下长期放置时，会自放电，也可能导致过放电，所以点火开关在关闭状态，不在电池管理系统控制之下时，充分确保单体电池自身安全至关重要。

（3）电压均衡功能。如前所述，把若干单体电池串联连接使用的电动汽车十分常见。这种情况下，各单体电池的电压不均衡时，电压最低的单体电池会影响整体性能，电池组无法获得应有性能。为改进这种情况，通常多数会在模块管理单元和电池管理单元等中设置电压均衡电路，主要使用以下方式

①消耗电阻方式。相对于各单体电池，借助开关功能，并联电阻，使电压高的单体电池电流流过这个电阻，产生消耗，从而与电压最低的单体电池匹配方式。虽然此方式能做到电路结构紧凑和控制简单，但是另一方面，电能消耗会使充电效率下降。

②转移电能型变压器方式。此方式是指并联连接到整个电池组的线圈为1次侧送电电压，并联连接到各单体电池的线圈为2次侧送电电压的变压器电路，把电压高的电池电能转移到1次侧送电变压器电路，之后2次侧送电变压器电路重新把电能转移到电压低的电池，使各单体电池电压均衡。此方式不仅释放了电压高的电池电能，还能够将电能转移给电压低的单体电池，实现高效率化，但是另一方面，也造成电路尺寸的大型化和控制复杂等不利因素。

③转移电能型电容器方式。此方式是指电容器相对于各单体电池并联连接，通过切换电路可以使电容器与相邻电池连接，电能从电压高的电池转移至电压低的电池，实现均衡。此方式，与转移电能型变压器方式一样，可有效利用电能，但也存在转移电池范围受限的缺点。此外，单体电池本身发生故障，产生电压差时，需要立刻进行处理，确保安全，所以监控和判断各单体电池电压差也成为重要功能。

（4）防止过热功能。该功能是指防止各单体电池超过推荐使用的温度范围上限值的功

用最大输出功率连续行驶和快速充电时，单体电池因自身内部电阻而发热。如果超过温度，不仅会使电池容量和输出性能下降，还会发生电池鼓胀等问题。模块管理单元监测各单体电池或是电池模块的温度。此外，为难免超过上限温度，在输出电和充电电流的同时，需要借助后述电池冷却系统强制降低温度。

二、动力电池能量管理系统的工作原理与特性分析

（一）动力电池管理系统的采集内容

在功能上，动力电池能量管理系统主要包括：数据采集、电池状态计算、能量管理、安全管理热管理、均衡控制、通信功能和人机接口等。

1. 数据采集

电池管理系统的所有算法都是以采集的动力电池数据作为输入，采样速率、精度和前置滤波特性是影响电池系统性能的重要指标。电动汽车电池管理系统的采样速率一般要求大于 200 Hz（50 ms）。

2. 电池状态计算

电池状态计算包括电池组荷电状态（State of Charge，SOC）和电池组健康状态（State of Health，SOH）两方面。SOC 用来提示动力电池组剩余电量，是计算和估计电动汽车续驶里程的基础。SOH 用来提示电池技术状态，预计可用寿命等健康状态的参数。

3. 能量管理

能量管理主要包括以电流、电压、温度、SOC 和 SOH 为输入进行充电过程控制，以 SOCSOH 和温度等参数为条件进行放电功率控制两个部分。

4. 安全管理

监视电池电压、电流、温度是否超过正常范围，防止电池组过充电、过放电。现在，在对电池组进行整组监控的同时，多数电池管理系统已经发展到对极端单体电池进行过充电过放电过热等安全状态管理。

5. 热管理

在电池工作温度超高时进行冷却，低于适宜工作温度下限时进行电池加热，使电池处于适宜的工作温度范围内，并在电池工作过程中总保持电池单体间温度均衡、对于大功率放电和高温条件下使用的电池，电池的热管理尤为必要。

6. 均衡控制

由于电池的一致性差异导致电池组的工作状态是由最差电池单体决定的。在电池组各个电池之间设置均衡电路，实施均衡控制是为了使各单体电池充放电的工作情况尽量一致，提高整体电池组的工作性能。

7. 通信功能

通过电池管理系统实现电池参数和信息与车载设备或非车载设备的通信，为充放电控

制整车控制提供数据依据是电池管理系统的重要功能之一，根据应用需要，数据交换可采用不同的通信接口，如模拟信号、PWM 信号 CAN 总线或 2C 串行接口。

8．人机接口

根据设计的需要设置显示信息以及控制按键、旋钮等。电池管理系统的主要工作原理可简单归纳为：数据采集电路采集电池状态信息数据后，由电子控制单元（ECU）进行数据处理和分析，然后电池管理系统根据分析结果对系统内的相关功能模块发出控制指令，并向外界传递参数信息。

（二）动力电池管理系统的主要数据采集参数

动力电池管理系统包括电池、温度传感器、电流传感器、电池平衡器单元、电池监控单元和电池管理单元。在电池组中一共有 12 个串联的模块，其中每个模块由 4 个电池串联组成。电池监控单元检测所有电池的电压和模块的温度。电池管理单元负责与电池系统中的其他单元进行通信并控制它们，同时显示电池系统的状态给车辆其他系统。

电池管理系统的主要功能是监测电压、电流、温度，计算 SOC 和最大功率，控制电流接触器来保证电池是否正确，并识别故障情况，监测绝缘状况，并与车辆网络进行通信。早期的电池管理系统仅仅进行电池一次测量参数（电压、电流、温度等）的采集，之后发展到二次参数（SOC、内阻）的测量和预测，并根据极端参数进行电池状态预警。现阶段，电池管理系统除完成数据测量和预警功能外，还通过数据总线直接参与车辆状态的控制。

1．单体电压采集方法

电池单体电压采集是动力电池组管理系统中的重要一环，其性能好坏或精度高低决定了系统对电池状态信息判断的准确程度，并进一步影响了后续的控制策略能否有效实施。常用的单体电压检测方法有 5 种。

（1）继电器阵列法

基于继电器阵列法的电池电压采集电路由端电压传感器、继电器阵列、D 转换芯片、光耦、多路模拟开关等组成。如果需要测量 n 块串联成组电池的端电压，就需要将 $n+1$ 根导线引入电池组中各节点。测量第 m 块电池的端电压时，单片机发出相应的控制信号，通过多路模拟开关，光耦合继电器驱动电路选通相应的继电器，将第 m 和 $m+1$ 根导线引入到 A/D 转换芯片。通常开关器件的电阻都比较小，配合分压电路之后由于开关器件的电阻所引起的误差几乎可以忽略不算，而且整个电路结构简单，只有分压电阻和模数转换芯片还有电压基准的精度能够影响最终结果的精度，通常电阻和芯片的误差都可以做得很小。所以，在所需要测量的电池单体电压较高而且对精度要求也高的场合最适合使用继电器阵列法

（2）恒流源法。

恒流源电路进行电池电压采集的基本原理是，在不使用转换电阻的前提下，将电池端电压转化为与之呈线性变化关系的电流信号，以此提高系统的抗干扰能力。在串联电池组中，由于电池端电压也就是电池组相邻两节点间的电压差，故要求恒流源电路具有很好的

共模抑制能力，一般在设计过程中多选用集成运算放大器来达到此种目的。出于设计思路和应用场合的不同，恒流源电路会有多种不同形式，它是由运算放大器和绝缘栅型场效应晶体管组合构成的减法运算恒流源电路。

由运算放大器的结构可知，该电路是具有高开环放大倍数并带有深度负反馈的多级直接耦合放大电路，其输入级采用差动放大电路，并集成在同一硅片上，故两者的性能匹配非常好，且中间级具有很高的放大能力。由差动电路原理可知，这种电路具有很强的共模信号抑制能力，所以在用运算放大器对电池组的单体电压进行测量时，由于高的共模抑制性和放大能力，测量精度将会得到提高。绝缘栅型场效应晶体管是利用输入回路的电场效应来控制输出回路电流的一种半导体器件，当其工作在可变电阻区时，输出量漏极电流，与输入量漏源电压 U。呈线性关系，且管子的栅、源间阻抗很高，造成的漏电流很小，而漏、源间导通电阻很小，造成的导通压降很低。

（3）隔离运放采集法

隔离运算放大器是一种能够对模拟信号进行电气隔离的电子元件，广泛用作工业过程控制中的隔离器和各种电源设备中的隔离介质。一般由输入和输出两部分组成，两者单独供电，并以隔离层划分，信号经输入部分调制处理后经过隔离层，再由输出部分解调复现。隔离运算放大器非常适合应用于电池单体电压采集电路中，它能将输入的电池端电压信号与电路隔离，从而避免了外界干扰而使系统采集精度提高，可靠性增强。

（4）压/频转换电路采集法。

当利用压/频转换电路实现电池单体电压采集功能时，压/频变换器的应用是关键，它是把电压信号转换为频率信号的元件，具有良好的精度、线性度和积分输入等特点该采集方法中，电压信号直接被转换为频率信号，随即就可以进入单片机的计数器端口进行处理，而不需 AD 转换。此外，为了配合压/频转换电路在电池单体电压采集系统中的应用，相应选择电路和运算放大电路也需加以设计，以实现多路采集的功能。这种方法所涉及的元件比较少，但是压控振荡器中含有电容器，而电容器的相对误差一般都比较大，而且电容越大相对误差也越大。

2．电池温度采集方法

电池的工作温度不仅影响电池的性能，而且直接关系到电动汽车使用的安全问题，因此，准确采集温度参数显得尤为重要。采集温度并不难，关键是如何选择合适的温度传感器。目前，使用的温度传感器很多，比如，热电偶、热敏电阻、热敏晶体管、集成温度传感器等。

（1）热敏电阻采集法。热敏电阻采集法的原理是利用热敏电阻阻值随温度的变化而变化的特性，用一个定值电阻和热敏电阻串联起来构成一个分压器，从而把温度的高低转化为电压信号，再通过 AD 转换得到温度的数字信息。热敏电阻成本低，但线性度不好，而且，制造误差一般也比较大。

（2）热电偶采集法。热电偶的作用原理是双金属体在不同温度下会产生不同的热电动势，通过采集这个电动势的值就可以通过查表得到温度的值。由于热电动势的值仅和材料有关，所以热电偶的准确度很高。但是由于热电动势都是毫伏等级的信号，所以需要放大，

外部电路比较复杂。一般来说金属的熔点都比较高，所以热电偶一股都用于高温的测量

（3）集成温度传感器采集法。由于温度的测量在日常生产、生活中用得越来越多，所以半导体生产商们都推出了很多集成温度传感器。这些温度传感器虽然很多都是基于热敏电阻式的，但都在生产的过程中进行校正，所以精度可以媲美热电偶，而且直接输出数字量，很适合在数字系统中使用。

3．电池工作电流采集方法

常用的电流检测方式有分流器、互感器、霍尔元件电流传感器和光纤传感器4种。其中，光纤传感器昂贵的价格影响了其在控制领域应用；分流器成本低、频响应好，但使用麻烦，必须接入电流回路：互感器只能用于交流测量；霍尔传感器性能好，使用方便。目前，在电动车辆动力电池管理系统电流采集与监测方面应用较多的是分流器和霍尔传感器。

（三）动力电池管理系统的工作模式

动力电池管理系统采用高压接触器结构，动力电池管理系统可工作于下电模式、准备模式、放电模式、充电模式和故障模式5种工作模式。

1．下电模式

下电模式是整个系统的低压与高压处于不工作状态的模式。在下电模式下，动力电池管理系统控制的所有高压接触器均处于断开状态；低压控制电源处于不供电状态。下电模式属于省电模式。

2．准备模式

在准备模式下，系统所有的接触器均处于未吸合状态。在该模式下，系统可接受外界的点火开关、整车控制器、电动机控制器、充电插头开关等部件发出的硬线信号或受CAN报文控制的低压信号来驱动控制各高压接触器，从而使动力电池管理系统进入所需工作模式。

3．放电模式

动力电池管理系统监测到点火开关的高压上电信号（Key–ST信号）后，系统首先闭合B一接触器，由于电动机是感性负载，为防止过大的电流冲击，B– 接触器闭合后即闭合预充接触器进入预充电状态；当预充两端电压达到母线电压的90%时，立即闭合B接触器并断开预充接触器进入放电模式。目前汽车常用低压电源由12 V的铅酸蓄电池供，不仅可为低压控制系统供电，还需为助力转向电动机、刮水器电动机、安全气囊及后调节电动机等提供电源。为保证低压蓄电池能持续为整车控制系统供电，低压蓄电池需有充电电源，而直流转换器接触器的开启即可满足这一需求，因此，当动力电池系统处于放电状态时，B+接触器闭合后即闭合直流转换器接触器，以保证低压电源持续供电。

4．充电模式

动力电池管理系统检测到充电唤醒信号（Charge Wake Up）时，系统即进入充电模式。在该模式下，B– 接触器与车载充电器接触器闭合，同时为保证低压控制电源持续供电，直

流转换器接触器仍需处于工作状态。在充电模式下，系统不响应点火开关发出的任何指令，充电插头提供的充电唤醒信号可作为充电模式的判定依据。对于磷酸铁锂电池，由于其低温下不具备有很好的充电特性，甚至还伴随有一定的危险性，因此基于安全考虑，还应在系统进入充电模式之前对系统进行一次温度判别。当电池温度低于 0 ℃时，系统进入充电预热模式，此时可通过接通直流转换器接触器对低压蓄电池进行供电，并为预热装置供电以对电池组进行预热；当电池组内的温度高于 0 ℃时，系统可进入充电模式，即闭合 B-接触器。

无论在充电状态还是在放电状态，电池的电压不均衡与温度不均衡将极大地妨碍动力电池性能的发挥。在充电状态下，极易出现电压温度不均衡的状态，充电过程中可通过电压比较及控制电路使得电压较低的单体电池充电电流增大，而让电压较高的电池单体充电电流减小，进而实现电压均衡的目的。温度的不均匀性会大大降低动力电池组的使用寿命，因此，当电池单体温度传感器监测出各单体电池温度不均衡时，可选择强制风冷的方式，实现电池组内气流的循环流动，以达到温度均衡的目标。

5. 故障模式

故障模式是控制系统中常出现的一种状态。由于车用动力电池的使用关系到用户的人身安全，因而系统对于各种相应模式总是采取"安全第一"的原则。动力电池管理系统对于故障的响应还需根据故障等级而定，当其故障级别较低时，系统可采取报错或者发出报警信号的方式告知驾驶人；而当故障级别较高，甚至伴随有危险时，系统将采取断开高压接触器的控制策略。低压蓄电池是整车控制系统的供电来源，无论是处于充电模式、放电模式还是故障模式，直流转换器接触器的闭合都可使低压蓄电池处于充电模式，从而保证低压控制系统工作正常。

（四）动力电池的均衡管理

为了平衡电池组中单体电池的容量和能量差异，提高电池组的能量利用率，在电池组的充放电过程中需要使用均衡电路根据均衡过程中对所传递的能量的处理方式不同，均衡电路可以分为能量耗散型均衡和非能量耗散型（即无损均衡）。国外有些文献又分别称之为被动均衡（Passive Balancing）和主动均衡（Active Balancing）能量耗散型均衡主要通过令电池组中能量较高的电池利用其旁路电阻进行放电的方式损耗部分能量，以期达到电池组能量状态的一致。这种均衡结构以损耗电池组能量为代价并且由于生热问题导致均衡电流不能过大，适用于小容量电池系统以及能量能够及时得到补充的系统，如混合动力汽车。宝马公司 Activee 混合动力汽车即采用了由 Prehgmbh 公司提供的带有能量耗散式均衡系统的 BMS。

1. 能量耗散型均衡管理

能量耗散型是通过单体电池的并联电阻进行分流从而实现均衡的。这种电路结构简单，均衡过程一般在充电过程中完成，对容量低的单体电池不能补充电量，存在能量浪费和增

加热管理系统负荷的问题。能量耗散型一般有两类

（1）恒定分流电阻均衡充电电路。每个电池单体上都始终并联一个分流电阻。这种方式的特点是可靠性高，分流电阻的值大，通过固定分流来减小由于自放电导致的单体电池差异。其缺点在于无论电池充电还是放电过程，分流电阻始终消耗功率，能量损失大，一般在能够及时补充能量的场合适用。

（2）开关控制分流电阻均衡充电电路。分流电阻通过开关控制，在充电过程中，当单体电池电压达到截止电压时，均衡装置能阻止其过充电并将多余的能量转化成热能。这种均衡电路工作在充电期间，特点是可以对充电时单体电池电压偏高者进行分流。其缺点是由于均衡时间的限制，导致分流时产生的大量热量需要及时通过热管理系统耗散，尤其在容量比较大的电池组中更加明显。例如，10 A·h 的电池组，100 mV 的电压差异，最大可达 500 mA·h 以上的容量差异，如果以 2 h 的均衡时间，则分流电流为 250 mA，分流电阻值约为 14 Ω，则产生的热量为 2 W·h 左右。能量耗散型电路结构简单，但是均衡电阻在分流的过程中，不仅消耗了能量，而且还会由于电阻的发热引起电路的热管理问题。由于其实质是通过能量消耗的办法限制单体电池出现过高或过低的端电压，所以，只适合在静态均衡中使用，其高温升等特点降低了系统的可靠性，不适用于动态均衡。该方式仅适合小型电池组或者容量较小的电池组。

2. 非能量耗散型均衡管理

非能量耗散型电路的耗能相对于能量耗散型电路小很多，但电路结构相对复杂，可分为能量转换式均衡和能量转移式均衡两种方式。

（1）能量转换式均衡。

能量转换式均衡是通过开关信号，将电池组整体能量对单体电池进行能量补充，或者将单体电池能量向整体电池组进行能量转换。其中单体能量向整体能量转换，一般都是在电池组充电过程中进行。该电路是检测各个单体电池的电压值，当单体电池电压达到一定值时，均衡模块开始工作。把单体电池中的充电电流进行分流从而降低充电电压，分出的电流经模块转换把能量反馈回充电总线，达到均衡的目的。还有的能量转换式均衡可以通过续流电感，完成单体到电池组的能量转换。

电池组整体能量向单体转换，这种方式也称为补充式均衡，即在充电过程. 首先通过主充电模块对电池组进行充电，电压检测电路对每个单体电池进行监控。当任一单体电池的电压过高，主充电电路就会关闭，然后补充式均衡充电模块开始对电池组充电。通过优化设计，均衡模块中充电电压经过一个独立的 DC/DC 变换器和一个同轴线变压器、给每个单体电池上增加相同的次级绕组。这样，单体电压高的电池从辅助充电电路上得到的能量少，而单体电压低的电池从辅助充电器上得到的能量多，从而达到均衡的。此方式的问题在于次级绕组的一致性难以控制，即使次级绕组匝数完全相同、考虑到变压器漏感以及次级绕组之间的互感，单体电池也不一定获得相同的充电电压。同时，同轴线网也存在一定的能量耗散，并且这种方式的均衡只有充电均衡，对于放电状态的不均衡无法起作用。

能量转换式电路是一种通过开关电源来实现能量变换的电路。相对于能量转移式均衡

电路来说，它的电路复杂程度降低了很多，成本也降低了。但对同轴线圈，由于绕组到各单体之同的导线长度和形状不同，变压比有差异，导致对每个单体电池均衡的不一致，有均衡误差。另外同轴线圈本身由于电磁泄漏等问题，也消耗了一定的能量。

（2）能量转移式均衡。

能量转移式均衡是利用电感或电容等储能元件，把能量从电池组中容量高的单体电池通过储能元件转移到容量比较低的电池上，该电路是通过切换电容开关传递相邻电池间的能量，从而达到均衡的目的。另外，也可以通过电感储能的方式，对一相邻电池间进行双向传递。此电路的能量损耗很小，但是均衡过程中必须有多次传输，均衡时间长，不适于多串的电池组。改进的电容开关均衡方式，可通过选择最高电压单体与最低电压单体电池间进行能量转移，从而使均衡速度增快。能量转移式均衡中能量的判断以及开关电路的实现较困难。

能量转移式均衡是一种电池容量补偿的方法，就是从容量高的电池取出一些电量来补偿容量低的电池。这个方法虽然可行，但是由于在实际电路中需要对各个单体电池电压进行检测判断，电路会很复杂，且体积大、成本高。另外，能量的转移是通过一个储能媒介来实现的，存在一定的消耗及控制问题。该均衡方式一般应用于中大型电池组中除上述均衡方法外，在充电应用过程中，还可采用滑流充电的方式实现电池的均衡。这是最简单的方法，不需要外加任何辅助电路。其方法是对串联电池组持用用小电流充电。由于充电电流很小，这时过充电对满充电池所带来的影响并不严重。由于已经充饱的电池没办法将更多的电能转换成化学能，多余的能量将会转化成热量。而对于没有充饱的电池，却能继续接收电能，直至到达满充点。这样，经过较长的周期，所有的电池都将会达到满充状态，从而实现了容量均衡。但这种方法需要很长的均衡充电时间，且消耗相当大的能量来达到均衡。另外，在放电均衡管理上，这种方法是不能起任何作用的。

（五）动力电池的热管理

1. 动力电池热管理系统的功能

由于过高或过低的温度都将直接影响动力电池的使用寿命和性能，并有可能导致电池系统的安全问题，并且电池箱内温度场的长久不均匀分布将造成各电池模块、单体间性能的不均衡，因此，电池热管理系统对于电动车辆动力电池系统而言是必需的。可靠、高效的热管理系统对于电动车辆的可靠安全应用意义重大。

电池组热管理系统有如下5项主要功能：

（1）电池温度的准确测量和监控。

（2）电池组温度过高时的有效散热和通风。

（3）低温条件下的快速加热。

（4）有害气体产生时的有效通风。

（5）保证电池组温度场的均匀分布。

2．电池内传热的基本方式

电池内热传递方式主要有热传导、对流换热和辐射换热 3 种方式。电池和环境交换的热量也是通过辐射、传到和对流 3 种方式进行。热辐射主要发生在电池表面，与电池表面材料的性质相关。热传导是指物质与物体直接接触而产生的热传递。电池内部的电极、电解液、集流体等都是热传导介质，而将电池作为整体，电池和环境界面层的温度和环境热传导性质决定了环境中的热传导。热对流是指电池表面的热量通过环境介质（一般为流体）的流动交换热量，它也和温差成正比。对于单体电池内部而言，热辐射和热对流的影响很小，热量的传递主要是由热传导决定的。电池自身吸热的大小是与其材料的比热容有关，比热容越大，散热越多，电池的温升越小。如果散热量大于或等于产生的热量，则电池温度不会升高。如果散热量小于所产生的热量，热量将会在电池体内产生热积累，电池温度升高。

3．电池组热管理系统形式

按照传热介质，可将电池组热管理系统分为空冷、液冷和相变材料冷却 3 种。考虑到材料的研发以及制造成本等问题，目前最有效且最常用的散热系统是采用空气作为散热介质。

（六）动力电池的电安全管理

电安全管理系统主要包括烟雾报警、绝缘检测、自动灭火、过电压和过电流控制、过放电控制、防止温度过高、在发生碰撞的情况下关闭电源等功能。电动汽车动力电池系统电压常用的有 288 V，336 V、384 V 以及 544 V 等，已经大大超过了人体可以承受的安全电压，因此，电气绝缘性能是电安全管理重要的内容，绝缘性能的好坏不仅关系到电器设备和系统能否正常工作，更重要的是还关系到人的生命财产安全现阶段电池包外壳多采用金属材料制成，电池包正极和负极与金属外壳之间的绝缘电阻应大于 10 MΩ。

动力电池在电动车辆上安装应用，因此，必须满足车辆部件的耐振动、耐冲击、耐跌落、耐烟雾等强度和可靠性要求，保证可靠应用。为满足防水、防尘要求，电池包应满足规定的 IP 防护等级，根据车辆的总体要求，一般的 IP 防护等级要求不低于 IP55。在极端工况下，通过电池安全管理系统应能实现电池包的高压断电保护、过电流断开保护、过放电保护、过充电保护等功能。

第三节　新能源汽车充电系统的技术分析

一、新能源汽车充电系统

新能源汽车对电能依赖很强，除混合动力汽车可以在某些工况采用内燃机进行驱动外，混合动力汽车、纯电动汽车、燃料电池电动汽车几乎一直都是在用电能进行工作，因此，新能源汽车充电技术对新能源汽车必不可少，充电系统是新能源汽车主要的能源补给系统，就如同是传统燃油汽车的燃油系统。

新能源汽车的充电系统可以分为车内系统和车外系统两部分。如图 3-1 所示，为某车型的充电系统示意图。新能源汽车充电系统车内系统主要由车载充电器、高压控制盒、动力电池 DC/DC 转换器、低压蓄电池以及各种高压线束和低压控制线束等组成，车外系统一般是充电桩或充电站、充电线束、充电枪、充电交互系统等组成。

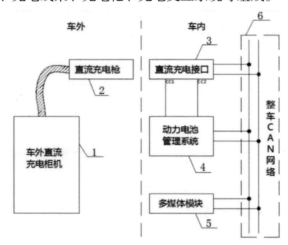

图 3-1 是新能源汽车充电系统示意图

新能源汽车充电系统中比较重要的组成部分为：充电桩、充电枪和车载充电器。充电桩作为新能源汽车充电系统的配套设施，有交流充电桩和直流充电柱之分，交流充电柱俗称"慢充"，固定安装在电动汽车外，与交流电网连接，为电动汽车车载充电器提供交流电源的供电装置，交流充电柱只提供电力输出，没有充电功能，需连接车载充电器为电动汽车充电。相当于只是起了一个控制电源的作用；直流电动汽车充电柱，俗称"快充"，固定安装在电动汽车外，与交流电网连接，可以为非车载电动汽车动力电池提供直流电源的供电装置。直流充电桩的输入电压采用三相四线 AC380 V，频率 50 Hz，输出为可调直流电，直接为电动汽车的动力电池充电。充电枪作为新能源汽车和充电桩或充电站连接的装置，它与充电桩或充电站连接后，可自动识别是充电桩还是充电站，还能识别电压，然后将信号反馈给新能源汽车控制单元，保证新能源汽车顺利完成充电。车载充电器也称车载充电机，是充电系统的重要组成部件，其主要作用是将 220 V 交流电转化为动力电池的直流电，实现电池电量的补给。

二、新能源汽车充电技术分析

新能源汽车的充电技术，最关键的问题是如何能实现高效率的快速充电。这关系到充电器的容量和性能、电网的承载能力和动力电池的承受能力等。随着动力电池本身充放电速度的不断提高，充电系统的性能也在不断地改进，以满足在多种不同应用情况下的快速充电需求。由于电力的储运和使用比汽油方便得多，充电设备的建造也呈现出多样性和灵活性，既可以为集中式的充电站，也可以设置在道路边停车场、购物中心等任何方便停车的地方。除了固定充电装置以外，电动汽车还带有车载充电器，可以在夜间利用家里的市电插座进行充电，甚至还可以在用电高峰期把电力逆变后返送回电网。目前，根据不同的汽车动力电池电压和容量、充电速度要求，以及电网供电容量等因素的考量，固定充电器的容量一般在 15～100 W，输出电压一般为 50～500 V。车载充电器容量则在 3 kW 左右。

目前，世界各国都在研制电动汽车的快速充电技术。欧洲已研发出充电 10 min 可行驶 100 km 的快速充电系统。美国也已经研发出充电 6 min 可以行驶 100 km 的超快速充电系统。这些系统都采用国际通用的快速充电标准接口，输入电源可以用交流电，也可以用直流电。由于快速充电系统需要强大的瞬时功率，所以在快速充电设施中电网的承载能力是一个关键的制约因素。如果想要把充电速度进一步提高，从普通电网直接供电基本上不可能。为了解决这个矛盾，技术人员正着手研发新一代带有储能缓冲环节的超快速充电系统。这项技术目前还处于早期发展阶段，但已经有示范系统展示。汽车在行驶中充电叫作在线充电。这也是技术人员将要研究和开发的技术之一。这种技术一旦实施，车载的电池容量将可以降低。随着电动汽车市场的迅速发展，这些技术一定会得到广泛的应用并产生巨大的经济效益。

新能源汽车动力电池充电的方法主要有快速充电（直流快充）和常规充电（交流慢充）以及更换电池的方式等，直流快充和交流慢充的区别是：直流充电（快充）主要是通过充电站的充电桩将直流高压电直接通过直流充电口给动力电池充电。交流充电（慢充）主要是通过家用电源插头和交流充电桩接入交流充电口，通过车载充电器将 220 V 交流电转为 330 V 直流电给动力电池进行充电。

（一）快速充电

常规蓄电池的充电方法一般时间较长，给实际使用带来诸多不便。快速充电电池的出现，为纯电动汽车的商业化提供了技术支持。快速充电又称直流快充或应急充电，是以较大直流电流在电动汽车停车的 20 min～2 h 的短时间内，为其提供充电服务，一般充电电流为 150~400 A 快速充电模式的优点是充电时间短。但是，相对常规充电模式，快速充电也存在一定的缺点。

1."快充"实际并不快，而且降低动力电池使用寿命

由于受电池技术影响，目前电动汽车使用最多的就是锂电池。锂元素是比钠还要活跃的金属元素之一，快充易使钾元素太过活跃，从而使电池中的电解液发生沉淀，产生气泡现象、也就是平常人们所看到的电池身上易凸起"小包"，摸上去有手感发热等情况，严重的会导致电池爆炸等安全事故。因此充电电流不宜过大。目前，市面上各大厂商都在宣传其电动汽车快速充电时间在 10 min 左右，实际上以目前技术来看都不现实。以比亚迪 E6 纯电动汽车为例，这款电动汽车采用磷酸铁锂电池，其快速安全充电模式的充电时间仍然需要 2 h 电动汽车充电快慢与充电器功率、电池充电特性和温度等紧密相关。当前电池技术水平下，即使快充也需要 30 min 才能充电到电池容量的 80%，超过 80% 后，为保护

电池安全充电电流必须变小，充满电的时间将较长。此外，在冬天气温较低时，电池要求充电电流变小，充电时间会变得更长些。传统加油站汽车加油整个流程为 5~8 min，充电站如果无法提供 15 min 以内的快充服务，基本就失去了社会基础建设的功能性。

2．充电站成本较高，盈利模式值得商榷

目前，直流充电方式的充电价格在 2 元/W 左右。以一个充电站 1000 W 的容量计算，加上送变电设施、铺设专用电缆以及新建监控系统等（不包括建设用地成本），一个充电站的成本在 300 万~500 万元。这样的高成本，在电动汽车还没完全普及的情况下，是难以维持充电站的运营的。

直流充电关键技术如下：

（1）高性能直流充电器技术：效率、谐波、使用寿命。

（2）直流充电环境适应性技术：宽的温度范围、户外使用时凝露、风沙防护等。

（3）安全防护技术：漏电、短路防护、误插拔防护、断线防护、倾倒防护、防误操作、防止带电插拔等。

（4）充电器的高互换性技术；物理接口，电气接口、通信协议的高度容互换。

（5）直流充电与电网的接口，有序充电以及与电网的互动技术。

（二）常规充电

蓄电池在放电终止后，应立即充电（在特殊情况下也不应超过 24 h）。常规充电电流相当低，均为 15 A，这种充电叫作常规充电（交流慢充或慢速充电）。常规蓄电池的充电方法都采用小电流的恒压成恒流充电，一般充电时间为 5~8 h，甚至长达 10~20 h 这种充电方式是利用车载充电器，接 20 V 交流电即可。

常规慢充方式的适用情况主要有：

（1）用户对电动汽车的行驶里程要求相对较低、车辆行驶里程能满足用户 1 天的使用要，利用晚间停运时间可以完成充电。

（2）由于常规慢充电流相充电功率比较小因此在居民区、停车场和公共充电站都可以进行充电。

（3）较大的集中充电站，能够同时为多辆电。

常规充电模式的优点如下：

（1）尽管充电时间较长，但因为所用功率和电流的额定值并不是关键问题，因此，充电器价格和安装成本比较低，目前，国内厂商提供的交流充电桩价格在每个 2.5 万元左右，一旦市场形成规模化，成本可以控制在每个 5000 元以内。

（2）可充分利用电力低谷时段进行充电，降低充电成本

目前，我国发电量和装机容量均已居世界第二位，电力装机容量达到 8 亿 kW 以上，电网高峰负荷增长很快，峰谷差逐年拉大，造成发电资源的很大闲置，电动汽车依靠充电桩在夜间低谷充电（北京电网峰谷差达 40%），有利于改善电网运行质量，减少电网为平衡峰谷差投入的费用，可以说基本上不增加电网的负荷。

（3）可提高充电效率和延长电池的使用寿命。

与快速充电相反，常规充电的充电电流小，有利于提高充电效率和延长电池的使用常规充电模式的主要缺点为充电时间过长，难以满足车辆紧急运行的需求。此外，我国城市的建筑密度也无法满足电动汽车对充电桩的需求，我国城市的建筑结构以高楼为主，地面停车场数量有限，这样会造成有的车充不上电。这种充电模式通常适用于续驶里程大的电动汽车且利用晚间停运时间进行充电即可，可满足车辆第二天运营需要的情况。

交流充电关键技术如下：

（1）各种恶劣环境的适应性技术：高低温、高热、高湿、风沙、凝露，雨水；露天／市内使用等。

（2）充电安全防护技术：漏电、短路、误插拔防护、断线防护、倾倒防护、防误操作等。

（3）充电桩高互换性技术：物理接口、电气接口、通信协议等，实现充电桩和电动汽车充电的兼容互换。

（4）灵活的计量计费技术：与各种不同运营模式的结合。

（5）友好方便的人机交互技术：适应不同层次、不同水平的操作者。

（6）充电桩的运行管理与综合监控。

（7）有序充电及与电网的互动技术。

（三）更换电池方式

充电难、充电时间长、续航里程短的问题，一直困扰着新能源汽车用户。北汽新能源提出"嫌充电慢不如去换电"的想法，与中国石油化工股份有限公司北京分公司签订战略合作协议，双方合作开展新技术、新产业在企业生产和管理中的应用。第一步就是利用加油站场地资源建设换电站，最先受益的是北京电动出租车。现在国内运营的电动出租车续航里程在 150~250 km，但充满一次电需要 1 h 以上，部分车辆甚至需要 2 h，严重影响了出租车的运营效率。北汽新能源开发的 C5OEB 换电出租车换块充满电的电池仅需要 3 min，比普通燃油车加油还快，而且换一次电池可以行驶 200 km，不仅可以提高运营效率，还可以实现出租车的双班运营，提高出租车公司的效益。此次大力推广换电模式出租车运营是解决出租车电动化的最佳途径，驾驶员收入增加、出租车公司实现双班运营、换电服务公司发展了新的业务、新能源汽车得到了发展并带动了下游产业链的发展、电网实现了低谷电的有效利用、燃油补贴减少实现绿色财政，真正实现了全产业链的共。直接更换电动汽车的电池组时需要考虑的是：由于电池组质量较大，更换时的专业化要求较高，故需配备专业人员借助专业机械来快速完成电池的更换、充电和维护。

采用这种模式，具有如下优点：

（1）电动汽车用户可租用充满电的蓄电池，更换需要充电的蓄电池，有利于提高车辆使用效率，也提高了用户使用的方便性和快捷性。

（2）对更换下来的蓄电池，可以利用低谷时段进行充电，降低了充电成本，提高了车辆运行经济性。

（3）从另一个侧面来看，也解决了充电时间乃至蓄存电荷量、电池质量、驾驶里程不足价格高等难题。

（4）可以及时发现电池组中单元电池的故障，对于电池的维护工作将具有积极意电池组放电深度的降低也将有利于提高电池的寿命。

应用这种模式面临的几个主要问题是：电池与电动汽车的标准化；电动汽车的设计改进、充电站的建设和管理，以及电池的流通管理等。

三、新能源汽车充电系统工作原理

新能源汽车充电系统的充电方式有快速充电和慢速充电，快速充电可以解决新能源里程焦虑，但一般只能在充电站完成，慢速充电更适合家用和普通上班族，下面将较详细介绍相关系统工作原理。

（一）充电系统低压设计的功能

纯电动汽车充电系统低压部分主要是用于低压供电及控制信号。车载充电器相关低压部分主要有：12 V 电源（低压蓄电池）供电：供充电过程中 BMS、VCU 仪表等用电、CAN 通信：BMS 通过 CAN 通信控制车载充电器工作状态、CAN 网络系统；DC/DC 转换器低压部分接收整车控制单元的信号对 DC/DC 转换器的工作进行控制，经 DC/DC 转换器转换的 12 V 电源提供整车低压系统用电；还有其他相关的低压部分，如充电接口相关低压部分等。

（二）慢充和快充控制策略

1. 充电系统控制过程

作为纯电动汽车的核心，动力电池的充电过程由 BMS 进行控制及保护，车载充电器工作状态及指令均由 BMS 发出的指令进行控制，包括工作模式指令、动力电池允许最大电压充电允许最大电流、加热状态电流值，快充和慢充的流程均为：采用恒流—恒压充电方法，在不同温度范围内以恒定电流充电至动力电池组总电压达到或最高单体电压达到此温度条件下的规定电压值，以恒定电压充电至电流小于 0.8 A 后停止充电。慢充控制顺序一般为连接充电枪，接通 220 V 电源，220 V 上电完成后，车辆的其他充电准备也完成后，BMS 系统被唤醒，通过 12 V 低压控制电路对车载充电器发送指令，车载充电器接收指令，确认充电电压，对电池进行加热，为顺利充电做准备，在充电过程中，BMS 会实时检测动力电池温度，及时将信息反馈给整车控制器，当温度超过范围时，整车控制器会控制车载充电器断电，及时终止充电流程，当车辆充电完成后，整车控制器终止车载充电器工作，然后充电桩完成充电结算，充电结束。

2. 充电温度与充电电流的要求

快速充电采用地面充电桩充电，快充充电温度与充电电流要求较慢充要高，不同温度对应的充电电流也不同，当温度小于 5 ℃，大于 45 ℃时，不执行充电操作，当温度在 5 ℃到 15 ℃之间时，充电电流一般为 20 A，当温度在 15 ℃到 45 ℃之间时，充电电流可为 50 A。

慢充充电是通过充电桩或便携式随车充电器完成，两者区别是慢充充电桩充电电流一般为 10~32 A，家用便携式充电器充电电流为 3~8 A。

（三）快充模式充电系统组成和原理

1．组成

在快充模式下，充电系统主要由充电（直流快充）快充接口、高压控制盒、动力电池、整车控制器、高压线束和低压控制线束等组成。

2．快充模式充电系统工作原理

整车控制器是快速充电功能的主控模块。将快速充电接口由充电桩连接至车辆快充接口以后，整车控制器通过 CC 线判断充电接口已经正确连接，并启用线路唤醒车辆内部充电系统电路及部件。整车控制器通过输出高压接触器接通指令至高压控制盒，实现快速充电桩与动力电池之间高压电路的接通。接通并实现充电时，整车控制器向仪表输出正在充电的显示信息。

3．充电条件要求

（1）充电线连接确认信号正常

（2）BMS 供电电源正常（12 V）

（3）充电唤醒信号输出正常（12 V）

（4）充电桩、VCU、BMS 之间通信正常（主继电器闭合、发送电流强度需求）

（5）动力电池电芯温度在 5 ℃到 45 ℃之间

（6）单体电池最高电压与最低电压差 <0.3 V（300 mV）

（7）单体电池最高温度与最低温度差 <15 ℃

（8）绝缘性能 >20 MΩ

（9）实际单体最高电压不大于额定单体电压 0.4 V

（10）高、低压电路连接正常（远程开关关闭状态）

（四）慢充模式充电系统组成和原理

1．组成

在慢充模式下，充电系统主要由供电设备（充电桩）、慢充接口，车载充电器、高压控制盒、动力电池、整车控制器（VCU）、高压线束和低压控制线束等组成。

2．慢充模式充电系统工作原理

充电枪连接通过车载充电机（充电器）反馈到整车控制器，再唤醒仪表显示连接状态（负触发）；充电机同时唤醒整车控制器和动力电池管理模块（正触发），整车控制器唤醒仪表起动显示充电状态（负触发）；正、负主继电器由整车控制器发出指令，并由动力电池管理模块控制闭合。慢充模式充电系统工作电路中，充电桩通过 CC 连接确认信号后，把 Sl 开关从 12 V 端切换到 PWM 端；当检测点 1 电压降到 6 V 时，充电桩 KI/K2 开关闭合输出电流。

3.充电控制流程

充电控制过程如下

（1）交流供电。

（2）充电唤醒。

（3）BMS 充电需求。

（4）BMS 给车载充电机发送工作指令并闭合继电器。

（5）车载充电机开始工作，进行充电。

（6）电池检测充电完成后，给车载充电机发送停止指令。

（7）车载充电机停止工作。

（8）电池断开继电器。

4.充电条件要求

（1）充电线连接确认信号正常。

（2）充电机供电电源正常（含 220 V 和 12 V）及充电机工作正常。

（3）充电唤醒信号输出正常（12 V）。

（4）充电机、VCU、BMS 之间通信正常（主继电器合、发送电流强度需求）。

（5）动力电池电芯温度在 0 ℃到 45 ℃之间。

（6）单体电池最高电压与最低电压差 <0.3 V（300 mV）。

（7）单体电池最高温度与最低温度差 <15 ℃。

（8）绝缘性能 >20 MΩ。

（9）实际单体最高电压不大于额定单体电压 0.4 V

（10）高低压电路连接正常（远程控制开关关闭状态）。

第四节 新能源汽车低压电源系统的技术分析

一、新能源汽车低压电源系统技术简介

（一）新能源汽车低压电源系统

　　无论是传统汽车、混合动力汽车，还是纯电动汽车，都离不开蓄电池。蓄电池是将化学能直接转化成电能的一种装置，并且可以通过可逆的化学反应实现再充电。蓄电池已有 100 多年的历史，广泛用作燃油汽车的起动动力电源。蓄电池也是成熟的电动汽车动力电源，它可靠性好、原材料易得、价格便宜；比功率也基本上能满足电动汽车的动力性要求。新能源汽车虽然有动力电池，但是新能源汽车的电器系统和传统燃油汽车的电器系统并没有很大差别，因此，新能源汽车的低压电源系统也是采用 12 V 的低压电源系统，同时，新能

源汽车低压电源与传统燃油也有一些不同之处。

（二）新能源汽车12 V低压蓄电池的特点与类型

常见的低压蓄电池有两大缺点：一是比能量低，所占的质量和体积太大，且一次充电行驶里程较短；另一个是使用寿命短，使用成本高。以常见的铅酸蓄电池为例，采用填满海绵状铅的铅基板栅作负极，填满二氧化铅的铅基板栅作正极，并用密度1.26～1.33 g/mL的稀硫酸作电解质。铅酸蓄电池在放电时，金属铅是负极，发生氧化反应，生成硫酸铅；二氧化铅是正极，发生还原反应，生成硫酸铅。铅酸蓄电池能反复充电、放电，在用直流电充电时，两极分别生成单质铅和二氧化铅。移去电源后，又恢复到放电前的状态，组成化学电池。常见的蓄电池单体电压是2 V，可以由一个或多个单体构成电池组。如汽车上用的蓄电池（俗称电瓶）是6个铅酸蓄电池单体串联成的12 V电池组。常用的12 V蓄电池主要分为四类，分别为普通蓄电池、干荷蓄电池、湿荷蓄电池和免维护蓄电池，而目前为止汽车上使用的基本都是免维护电池。

新能源汽车，特别是纯电动汽车，12 V蓄电池不需要给起动机提供起动时的大电流，因此其容量变小，此外它的结构和类型也与传统汽车有所区别。如比亚迪秦12 V蓄电池与传统汽车用的蓄电池主要区别是：

（1）用于发动机的起动正极与其他用电器的供电正极分开了。

（2）蓄电池内部具有智能控制模块（BMS），用于对蓄电池进行智能控制。例如蓄电池电压低时，关闭多媒体系统的电源。

（三）新能源汽车12 V电源系统与传统汽车的区别

传统燃油汽车的电源是蓄电池和发电机，发动机未起动或起动时由蓄电池供电，起动以后则由发电机供电，同时为蓄电池充电。电动汽车的电源分为主电源和辅助电源。主电源为驱动汽车行驶的高压电源；辅助电源（低压的铅蓄电池）是为车载各种仪表、控制系统供电的直流低压电源。电动汽车电源模块是整个系统稳定运行的保障。电源的可靠性对于整个系统的性能起着至关重要的作用电动汽车设计和选择电源时要考虑配电方案、布局、搭铁回路等，以实现对负载良好的供电，达到高电压调整精度、低噪声，同时避免系统中电路之间的干扰、振荡以及过热等问题的出现。传统燃油汽车的交流发电机利用发动机的旋转发电，发出的电能提供给用电器并为蓄电池充电。混合动力汽车及电动汽车采用DC/DC转换器之后，可省去交流发电机。电动汽车的动力电池容量很大。因此，以动力电池为电源，能够利用DC/DC转换器为低压蓄电池充电，从而可以省去原来的交流发电机。传统燃油汽车，当发动机转速低时，如果同时使用空调、音响及车灯等，有时"电池的电量会用尽"。即使发动机仍在运行，有些条件下（如用电器全开）也会出现电力不足现象而混合动力汽车和纯电动汽车使用动力电池和DC/DC转换器，便可不必考虑发动机的转速而使用电力。

混合动力汽车和电动汽车理论上可以省去低压蓄电池，但实际上还是将其保留，这样做主要有两个原因：一是保留低压蓄电池更能够降低车辆的成本，二是确保电源的冗余度。蓄电池能在短时间内向空调、刮水器及车灯等释放大电流。如果省去蓄电池而将高压动力电池的电力用于空调及刮水器等，DC/DC 转换器的尺寸势必就要增大，从而使整车成本增加。蓄电池价格便宜，因此，目前将蓄电池取消在成本上没有优势。蓄电池还具有确保向辅助类电器供电的冗余度的作用。DC/DC 转换器出现故障停止供电时，如果没有蓄电池，辅助类电器就会立即停止运行。如夜间车灯不亮、雨天刮水器停止运行等，将会影响驾驶。如果有蓄电池，便能够将汽车就近开到家里或者工厂。部分混合动力车型，发动机保留了发电机，低压电器系统由 12 V 蓄电池、DC/DC 和发电机三个电源共同提供。

二、DC/DC 转换器的工作原理

（一）DC/DC 转换器

目前新能源汽车一般都有动力电池储存电能，但动力电池是高压电，而新能源汽车车身电器基本与传统燃油汽车电器系统一致，仍然采用 12 V 低压电源系统，因此，就需要有直接的转换设备完成动力电池高压电到 12 V 低压电的转换，于是就有了 DC/DC 转换器。DC/DC 转换器是转变输入电压并有效输出固定电压的电压转换器，其实在许多需要进行直流电压直接变换的电路中都有应用，DC/DC 转换器分为三类：升压型 DC/DC 转换器、降压型 DC/DC 转换器以及升降压型 DC/DC 转换器，根据需求可采用三类控制，PWM，即脉冲宽度调制方式，开关脉冲的频率一定，通过改变脉冲输出宽度，使输出电压达到稳定，PWM 控制型效率高并具有良好的输出电压纹波和噪声；PFM，即脉冲频率调制方式，开关脉冲宽度一定，通过改变脉冲输出的频率，使输出电压达到稳定 PFM 控制型即使长时间使用，尤其小负载时具有耗电小的优点，PWM/PFM 转换型小负载时实行 PFM 控制，且在重负载时自动转换到 PWM 控制，DC-DC 转换器广泛应用于手机、MP3、数码相机、便携式媒体播放器等产品中，在电路类型分类上属于斩波电路。图 3-6 所示为新能源汽车 DC/DC 转换器实物图。

图 3-6 新能源汽车 DC/DC 转换器

（二）DC/DC 转换器的功能

DC/DC 转换器是新能源汽车一个非常重要的部件。DC/DC 到底是什么呢？将一个不受控制的输入直流电压转换成为另一个受控的输出直流电压，称为 DC/DC 转换。目前，DC/DC 转换器在计算机、航空、航天、水下航行器汽车、通信及电视等领域得到了广泛的应用，同时这些应用也促进了 DC/DC 转换技术的进一步发展。

DC/DC 转换器在新能源汽车上的应用已经非常普遍，在传统的燃油汽车中，发动机装上发电机给车上的设备供电，那么新能源汽车中的 DC/DC 转换器就是取代了传统燃油汽车中的发电机，将动力电池的高压直流电转化为整车低压 12 V 直流电，给整车用电系统供电及为铅酸蓄电池充电。

如比亚迪秦混合动力汽车就将 DC/DC 转换器与驱动电机控制器安装在一起。在纯电模式下，DC/DC 转换器的功能替代了传统燃油汽车挂接在发动机上的 12 V 发电机，和蓄电池并联给各用电器提供低压电源。DC/DC 转换器在高压（500 V）输入端接触器吸合后便开始工作，输出电压标称 13.5 V；发动机原地起动，发电机发出 13.5 V 直流电，经过 DC/DC 升压转换成 500 V 直流电给动力电池包充电。如图 3-7 所示是 DC/DC 转换器的控制原理框图

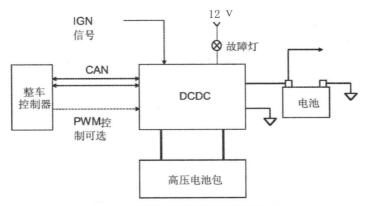

图 3-7 DC/DC 转换器的控制原理框图

（三）DC/DC 转换器的类型

目前，在新能源汽车中 DC/DC 转换器有三种类型：

1. 高低压转换器（辅助功率模块）

此模块主要作用是取代传统燃油汽车的 12 V 发电机，在混合动力车辆中，发动机输出的动力直接驱动高压继电器直接给电池系统补充电力，传统的 12 V 用电负荷就完全依靠 DC/DC 供给，功率范围从 1～2.2 kW。

2.12 V 电压稳定器

12 V 电压稳定器主要用在部分起停系统，在起动中避免电压波动对一些电感的负载造成影响或损坏，例如用户可见的负载，车内照明、收音机和显示屏等，电压稳压器的功率

等级随着用电器负荷而定，一般是 200～400 W。

3. 高压升压器

为了提高动力系统的效率选用一个升压器来提高逆变输入的电压，这个部件是动力总成的一部分，集成在动力总成中。如果采用锂电池作为动力电池，那么升压器就是一个十分重要的部分。

（四）新能源 DC/DC 电路原理

在纯电动汽车中 DC/DC 电路原理有许多采用的是全桥电路。全桥电路在较宽的范围内都有比较好的稳定特性，但是控制比较复杂，需要用到较多的 MOSFET（金属氧化物半导体场效应晶体管）和驱动单元，如驱动光耦合智能功率模块（IPM）的结合应用。ACPL-K43T 为采用八引脚微型封装的单通道耐高温、高 CMR（共模抑制）、高速数字车用级 IPM 光电耦合器，专门用于汽车。ACPL-K4T 为 ACPL-K43 的同类双通道光电耦合器。两款产品均采用扩展型 SO-8 封装结构，符合 8 m 的电气间隙和爬电距离要求，设计上兼容标准的表面贴装工艺。这款数字 TPM 光电合器在发光二管与集成型光子探测器之间设置绝缘层，为输入和输出电路提供电气绝缘。光电二极管偏置电路与输出晶体管集电极的单独接线，可以降低基极到集电极电容，将速度提高至传统光晶体管耦合器的百倍以上。ACPL-K43T 和 ACPL-K4TPM 光电合器的共模瞬变抑制能力在扩展级温度范围内有所提高，可确保其在 VCM=1500 V 时至少达到 30 kV 典型值。

ACPL-N 采用双路设计，一个 ACPL-K4T 可以有两路驱动信号，为布板带来了便利，降低了成车。它们的主要特点：-40-125 ℃高温度范围和可的低速度，超低的驱动电流为 0.8 mA 或 1.5 mA，在 1500 V 时具有 30 kV 高共模抑制，通过 AECQ100 一级测试，最高传输速度为 1MBd，在 10 mA 时超低的传输时延，最大为 1 s，世界范围内的安全认证；另外在外围电路上不需要较多的元器件，成本上有较大的降低，同时还有多路产品的选择，一个花片可以支持上下管的开关，成本和 PCB（印制电路板的布局上）有很多便利对于产量日益增加的新能源汽车，以及对其核心部件的要求越来越严格、成本要求越来越低，ACPK43T/K4T 作为 DC/DC 的 IPM 照动，在应用上具有极大的优势。

三、新能源低压电源系统检测与故障分析

（一）新能源汽车 12 V 电源管理系统的结构

以北汽新能源 EV 系列纯电动汽车为例，其 12 V 电源管理系统由低压电源管理单元（PMU）控制，主要的低压部件为：低压电池管理单元，熔断丝盒蓄电池。下面简单介绍低压电池管理单元及低压电源系统功能及工作模式。

1. 低压电池管理单元

PMU 用胶带捆绑固定在蓄电池负极电缆，控制单元（模块）本身包含电压、电流、温度传感器，这些传感器用来采集蓄电池的工作状态。PMU 通过传感器采集蓄电池电压、电

流、温度信息，对蓄电池状态进行计算，并且获得整车的用电器工作状态和 DC/DC 工作状态，实现整车供电系统对蓄电池的动态电能平衡节能模式、智能充电等功能。

2. 动态电量平衡功能

如具用电器全开（概率较小，但是存在），在这种情况下，蓄电池会不断放电，最终导致电池亏电，造成下次无法起动。针对电动汽车，更加会造成电子转向系统（EPS）、电子真空乘（EVP）等瞬间大功率工作的安全性电器无法得到稳定的供电。通常情况下，只通过增加电（DC/DC）的轴出能力来实现供电和用电的平（电平衡），但是这样会造成零件成车上升很多。动态电量平衡是指在上述情况下，由 PMU 发出电源风等信号，部分用电收到信号后，相据等级自动降低部分功率，使供电和用电达到平衡，实现动态的电量平衡。

3. 节能模式

对于传统汽车而言，发电机输出的电压是固定值，一般在 14.5 V 左右。对于纯电动汽车而言，PMU 具有的节能模式，能够在蓄电池电量较足、不需要充电的情况下将 DC/DC 转换器的供电电压降到 13 V 左右（对蓄电池而言是略高于满电状态时的电压），降低整车供电电压，从而可以降低部分用电器工作电流和功率（例如 14.5 V/100 A 变成 13 V/95 A，功率降低 15%）；蓄电池充电电流几乎为零，对于 DC/DC 转换器来说，供电的功率降低（例如从 14.5 V/110 A 降低到 13 V/7 A，功率降低 21%）。

4. 智能充电模式与蓄电池运作

智能充电模式是指给蓄电池的充电电压，会根据蓄电池的状态不同而变化，当蓄电池电量较低时，为了保证下次顺利起动和供电电压的平稳，会适当提高充电电压，加快充电进程，在蓄电池电量较高时，会适当降低充电电压，降低整车功耗，经营处于小电度充电，于延长蓄电池的使用寿命有一定好处。

电池使用"钙膨胀"技术，它的正负极是可胀的铅钙合金格，此技不进了板组的机械完整性和极耐久性，且与以前的技术相比降低了水分损失电池是完全密封的，但是顶盖上有通风孔允许需电池过量充电时产生的氧气和氢气排出，以降低蓄电池内部压力。如果在排除外因并判定为蓄电池内部损坏的情况下，不要试图充电、不使用蓄电池起动车辆。

（二）12 V 蓄电池亏电对纯电动汽车的影响

新能源汽车，不管是强混、插电/增程式混合动力，还是纯电动汽车，整个系统构架上都用 DC/DC 转换器来取代原有的发电机，用高压的电机直接驱动车辆，整个 12 V 电气架构的改变，使得原有 12 V 蓄电池的使用特性产生了改变，只作为一个辅助能量单元，而不需要供瞬时的高功率。在较早的普锐斯 HEV 车型上，12 V 电池就已经转换为 AGM。

DC/DC 转换器由于本身是电子控制部件，对电流和电压均可进行较精确的控制，所以可以实现对 12 V 电池的能量管理，在这样的条件下，某些整车企业已经用 12 V 锂电池代替原有的铅酸电池。实际上，正是由于新能源汽车整个系统结构相，特别是控制结构相对传统车要复杂一些使得 12 V 总线上的模块较多。

（1）电子控制模块较多，假定传统的模块设定为 1~5 mA，总体的静态电流较大。

（2）电子控制模块较多，CAN 网络的睡眠唤醒机制较为复杂，特别是充电（快充和慢充）的时候，导致 12 V 的蓄电池在传统停置的时候，需要给电较多。

（3）模块的控制逻辑，特别是因为接入车联网的监控需求、使得车辆电子系统的逻辑跳转变得相对脆弱，可能在某些状态下没办法完全让车辆休眠。

根据这些判断以及国外车辆在使用过程中的投诉，有些问题出现的可能性较高，如车辆一段时间不使用（几天或者一周以上），即使在动力电池满电的情况下，车辆却可能起动不了。究其原因，主要是因为，控制模块正常工作电压通常是 9 ~ 16 V，亏电的铅酸 / AGM 电池一旦输出电流，电压就会持续下降，而 DC/DC 转换器给电池补电的通路本身就需要 12 V 电池来吸合控制继电器的线圈来维持触点闭合。所以按照以往的经验，可用外接蓄电池实现"跨接起动"，但待车辆起动起来，蓄电池移走以后，车辆控制系统又会全部继续掉电关闭，这是因为高压蓄电池维持输出需保证接触器有足够的保持电压和电流供给，一旦蓄电池供电继续不足，这个系统还是无法正常工作。

当发生故障的时候，用外接蓄电池给车辆供一段时间的电能，以起动车辆高压系统让 DC/DC 转换器对电池进行一段时间的补电。利用车联网系统进行监控，当它给工作后台发送信息的时候，可以加入 12 V 电压信息，如果出现电压降低可以通知车主。一般传统汽车在设计时，新电池能满足 90 天以上的长期停放要求，而纯电动汽车因为耗电量大，可能达不到这个时间要求。在车辆设计的时候，还需要做静态电流控制和系统验证，以避免电力不足的情况发生。德国的一些汽车厂家为 48 V 电源系统配置了强制充电模式，这值得车辆设计时借鉴。

（三）新能源汽车 12 V 电源管理系统故障诊断与检修

1.12 V 电池故障

（1）故障现象

车辆点火开关置于 ON 挡，仪表显示蓄电池故障，系统故障灯点亮。

（2）诊断思路

可能原因：蓄电池本身储电性能故障、DC/DC 转换器低压电源故障、DC/DC 转换器内部故障或 DC/DC 转换器与蓄电池连接电路故障。

（3）检查与排除方法

①检查蓄电池电压值为 9 V 表明蓄电池亏电。

②检查低压熔断丝盒内 DC/DC 的熔断丝是否正常

③检查 DC/DC 转换器电源正负极供电电路是否正常

④检查高压控制盒对接 8 芯插件的 A 脚与 DC/DC 转换器高压 2 芯插件的 B 即是否导通，高压线束与高压控制盒对接 8 芯插件的 G 脚与 DC/DC 转换器高压 2 芯插件的 A 脚电路是否正常。

⑤检查 DC/DC 转换器输出端的搭铁线负极插件端子

（4）故障分析

关于蓄电池故障主要有两个原因：

①蓄电池本身故障，导致储能下降。蓄电池的检测比较简单，只要有专用检测仪或高频放电计就可以确定蓄电池的性能

②DC/DC 系统故障无法给蓄电池充电。新能源汽车是利用动力电池的高压直流电通过 DC/DC 转换器转换成低压直流电给其他低压电器供电，同时给蓄电池充电。当整车电器使用的功率大于 DC/DC 转换器输出功率时，蓄电池协助 DC/DC 转换器供电而满足电能的需求。从以上检查过程可以看出，DC/DC 转换器的检查，主要是看其本身是否能正常工作其次检查高压直流电源输入和低压输出的电路。

2.DC/DC 故障

DC/DC 发生故障，利用故障检测仪器读取控制单元存储的 DTC（故障代码），会读取到："P1792DC/DC 故障"和"P1796DC/DC 驱动通道对电源短路故障"等故障代码。

（1）P1792DC/DC 故障检测步骤

①使用电动汽车专用故障检测仪清除故障码。

A. 是，车辆重新起动，故障消失，车辆恢复正常。

B. 否，进行第②步。

②将点火开关转到 ON 挡、使用万用表电压挡测量检查 DC/DC，输出电压是否异常（正常输出电压 13，2～13.5 V）。

A. 是，修复或更换 DC/DC 转换器。

B. 否，进行第③步

③检测高压控制盒中的 DC/DC 高压熔断丝是否熔断

A. 是，更换高压熔断丝，车辆恢复正常

否，进行第④步

④检测高压熔断丝至 DC/DC 之间的插头及线束是否异常。

A. 是，维修或更换线束及插头。

B. 否，进行第⑤步

⑤检查 DC/DC 低压输出线至低压蓄电池之间的线束是否正常。

A. 是，更换 DC/DC，车辆恢复正常

B. 否，维修或更换线束及插头。

（2）P1796DC/DC 驱动通道对电源短路故检测步骤

①检查 DC/DC 控制插头 14 中的针脚 1 至低压熔断丝盒中的 DC/DC 控制继电器中的 23 号线束是否导通。

A. 是，进行第 B 步。

B. 否，修复线束。

②检查 DC/DC 控制插头 14 中的针脚 2 至仪表 12 针脚、整车控制器 24 针脚 60 之间的线束是否导通

A. 是，更换 DC/DC，车辆恢复正常。

B. 否，修复线束

（3）DC/DC 转换器本体检查

经过以上检修以后，使用电动汽车专用故障检测仪清除故障码。

①是，重新起动，车辆恢复正常

②否，更换 DC/DC

3．故障检修注意事项

（1）禁止未参加该车型高压系统知识培训的维修人员拆卸高压系统，包括手动警告修开关、动力电池、驱动电机、电力电子箱、高压配电单元、高压线束、空调压缩机、交流充电口及交流充电线束、快速充电口、电加热器、慢充充电器。

（2）车辆火后每间隔 90 h PDU 会起动 DC/DC 模块检测低压蓄电池，并给低压蓄电池充电，检修 PDU 时务必先断开 PDU 低压线束插头，以免检修 PDU 时，突然起动高压电发送危险。

（3）在进行高压相关操作前，维修人员必须穿戴好劳保用品，戴好绝缘手套，穿好高压绝缘鞋。在戴绝缘手套前，必须要检查绝缘手套是否有破的地方，确保手套无绝缘失效。

第五节 燃料电池的技术分析

一、燃料电池技术简介

（一）氢能源与燃料电池

氢在地球上属于最丰富的元素之一，但是它不能以其自然形式存在，例如在大气中，氢是和氧共同作用形成水存在的。在很多化合物中也能找到氢，例如天然气、甲醇、原油等。要把氢存储起来用作燃料，必须进行一系列工序把这些物质分离出来。燃料电池就是氢动力电池，氢是一种优质燃料。与等量的化石燃料相比，它的比能非常高。1 kg 氢的能量是 1 kg 汽油能量的 3 倍，燃料电池是一种把氢氧化学能转化成电能的电化学装置。在燃料电池内发生的化学反应与水的电解过程刚好相反，电解是通过施加电流将水分解成其组成成分为氢和氧的过程，在电解时需要消耗能量。

（二）燃料电池的优点

燃料电池产生电能，并且由于氢和氧提供电能给燃料电池，所以燃料电池本身不会产生任何碳排放，排放的只有水和热量。燃料电池的能量效率也比一般内燃机高，由内燃机提供动力车辆的能量效率只有 15% ~ 20%，而燃料电池汽车的能量效率能达到 40% 以上。此外，如果利用燃料电池作为汽车，其运动部件非常少，稳定性更强。

（三）燃料电池应用于汽车存在的问题

虽然目前很多汽车制造商开始设计和研发燃料电池汽车，并致力于提高燃料电池系统的设计，但是没有一款由燃料电池提供动力的汽车能够量产化生产。原因主要是成本高、缺少加燃料的基础设施、无安全保障、汽车续驶里程不足，以及不能够经久耐用和冷起动问题等。这些都影响和制约了燃料电池汽车的发展。

（四）燃料电池的类型

燃料电池的类型很多，主要的区别在于所用的电解质种类不同。有些电解质常温下运行效果很好，而有些需要在温度高达 90℃ 的情况下才能正常工作。最合适汽车使用的燃料电池是 PEM 电池，也称为质子交换膜电池。PEM 燃料电池必须用氢作为能源，可以是直接存储在车辆上的氢，或是由另一种燃料生成的氢。

（五）氢气的存储

1．背景

燃料电池汽车面临的一个难题是怎样在车上存储足够的氢气来让汽车能有合理的行驶里程。氢气的能量比很好，但是它的能量密度小于传统的液体燃料，即使在高压情况下，其物理密度也很小。例如，早期的通用汽车的一款燃料电池汽车使用了 3 个储氢罐。

2．改进存储方式

（1）高压压缩气体

目前大多数燃料电池汽车使用压缩氢气，它以高压气体的形式存储在储氢罐内。一般设计是用多个小存储罐代替一个大存储，这种方式的优点是能把存罐分散布置在车辆的多个狭小空间中；其缺点是占用辅助空间大，相对氢气存储量小。高压储氢罐一般是由几层碳纤维铝套筒包起来制作而成的，罐外层是一层纤维玻璃。与传统汽车的加油过程不同，燃料电池汽车用一个特殊的高压配件给压缩氢气存储罐加氢气。

（2）液氢

使氢气液化以达到提高其能量密度的目的，但是这要求液氢存储在 −253℃ 的低温罐内。这样能够提高汽车的续驶里程，但是降低了总的工作效率，因为液化氢气需要大量的能量，存储时还存在蒸发现象。

（3）固态氢

目前发现以固态形式存储氢的一种方法是以金属氢化物的形式存储，与镍金属电池的工作方式相似。

二、燃料电池的工作原理

（一）PEM 燃料电池

质子交换膜燃料电池发电过程不涉及氢氧燃烧，能量转换率高，发电时不产生污染，发电单元模块化，可靠性高，组装和维修都很方便，工作时也没有噪声。所以，质子交换

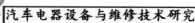
膜燃料电池是一种清洁、高效的绿色环保电源。在燃料电池内部，质子交换膜为质子的迁移和输送提供通道，使得质子经过从阳极到达阴极，与外电路的电子转移构成回路，向外界提供电流。因此，质子交换限的性能对燃料电池的性能起着非常重要的作用，其性能的好坏，直接影响电池的使用寿命。

1. 工作原理

在原理上，质子交换膜燃料电池相当于电解水的"逆"装置。其单电池由阳极、阴极和含催化剂涂层的质子交换限构成，阳极为氢燃料发生氧化的场所，阴极为氧化剂还原的场所两极都含有加速电极电化学反应的催化剂，质子交换膜作为电解质。工作时，相当于一个直流电源，其阳极即电源负极，阴极为电源正极。氢气直接被输送到负极，氧气直接被输送到正极。氢以分子的形式被输送至负极，在有催化剂的情况下氢气被分解成 H^+ 离子（质子）。通过外电路输送氢原子的电子（e^-）产生用于进行工作的电。然后，这些相同的电子被送到正极，通过膜返回的 H^+ 离子在有催化剂的情况下，在正极与氧发生化学反应产生水和热量。

2. 燃料电池堆

单个燃料电池本身没有多少用途，因为它产生的电动势小于 1 V。运用在汽车上的燃料电池通常是把数百个燃料电池组合在一起做成个燃料电池堆。在这种布置中，燃料电池串联在一起，这样的电池堆的总电压是每个单电池电压的总和。电池堆中的燃料电池是首尾连接，汽车中的燃料电池堆含有约 400 多个电池。燃料电池堆的总电压由组成该电池堆的电池数量决定。然而电池堆的产电能力由电极的表面积决定。由于燃料电池堆的输出功率与电压和电流都有关系，所有增加电池数量或者增大电池的表面积都能提高输出功率。根据车辆所需要的输出功率及空间限制，有些燃料电池车使用多个电池堆。

3. 甲醇燃料电池

由于采用氢作为燃料电池燃料时，存储氢需要使用的高压汽缸的成本和安全性均不是很理想。因此，另一种改进的 PEM 燃料电池方法是用液态甲醇替代氢气。制造甲醇最常用的方法是用天然气合成甲醇，甲醇的化学式是 CH_2OH。它比气态氢的能量密度更高，因为常温下它以液态形式存在，无需使用压缩机或其他高压设备。使用液态燃料取代高压气体给燃料汽车添加燃料，添加过程将更加简单，几乎类似于燃油汽车添加汽油。但是．甲醇本身具有腐蚀性，不能存储在现有的燃油箱中，需要一个专门的装置单独处理和存储甲醇。此外，在甲醇燃料电池中，甲醇穿过膜装置会降低电池的工作性能。直接甲醇燃料电池的结构中也需要大量的催化剂，这些问题导致其成本升高。

（二）PEM 燃料电池汽车的结构与工作原理

燃料电池汽车是指以氢气或甲醇等为燃料，通过化学反应产生电流，依靠电动机驱动的汽车。燃料电池车辆是无污染汽车，燃料电池的能量转换效率比内燃机要高 2～3 倍，从能源的利用和环境保护方面而论，燃料电池汽车是一种理想的车辆。燃料电池汽车的主要结构是上述的燃料电池堆及相应的附属装置，其组成部件及功能如下。

1. 增湿器

增湿器位于燃料电池系统盒内，在通往电池堆阴极的空气管道里面。PEM 燃料电池的水管理系统非常重要，水太多会妨碍氧气与正极接触，水太少会让电解质变干，降低其电导性。燃料电池内水的多少及其位置对确定燃料电池的起动温度有很大影响，因为水在燃料电池内会结冰阻碍电池的起动。增湿器的作用是通过让正在阴极蒸发的水分循环给燃料电池提供充足的水分。

2. 燃料电池冷却系统

正常工作过程中燃料电池会产生热量。余热会导致聚合物电解质膜损坏，所以必须用液体冷却系统把余热从燃料电池堆中带走。燃料电池产生的热属于低品位热能，在冷却液与周围空气之间的温度差别很小，这种情况下，热转移会很慢，必须用表面积非常大的散热器。有些情况下，如果前机舱位置不够，散热器也会被安装在其他位置，例如在本田的FCHV 车型中，该车下面装了一个辅助散热器来提高冷却系统的散热能力。

3. 空气泵

在所有行驶条件下，必须以适当压力和流速给燃料电池堆送风使电池堆正常工作。车载空气泵把大气压缩后输送给燃料电池的正极就能达成此功效。

4. 二次电池

混合动力汽车设计能提高带传动机构汽车的数率，因为制动及其他正常运行过中损失的能量存储起来以后可以供高压电池或超级电容器使用。在燃料电池汽车中设计二次电池，可以提高汽车的驾驶性能。因为电存储设备能够立即提供能量给驱动电机，并能克服燃料电池部分的加速滞后情况。

（1）高压电池

大多数燃料汽车设计中用镍氢电池作为二次电池，通常安装在汽车后部。二次电池的结构与燃料电池堆相似，由很多单个电池串并联构成一个高压电池组。

（2）超级电容器

电池中存储电能的另一种形式是超级电容器。电容器是一种能阻止直流电、允许交流电通过的电器设备。然而，电容器也能利用正负电荷之间的静电吸引存储电能。超级电容器与传统电容器的构造大不相同。超级电容器是建立在双电层理论基础上的一种全新电容器，其中两个活性炭电极浸在有机电解液里。电极的表面积非常大，被膜隔开，允许离子移动但是能阻止两个电极接触。由于离子在电解液内移动，所以发生充电和放电情况、但是并没有发生化学反应。超级电容器能够快速、高效地充放电，这个特点使得超级电容器很适合使用在燃料电池汽车上作为辅助二次电池用。用于燃料电池汽车的超级电容器由多个并联在一起的圆柱形电池组成，这样的效果是电容等于各个单电池电容的总和。例如，10 个并联在一起的 1.0 F 的电容器的总电容是 10.0 F。电容越大，表示存储电能力越强，从而给燃料电池汽车内的电动机辅助力就越大。

5．燃料电池驱动电机

用于燃料电池汽车的驱动电机与目前混合动力汽车内的驱动电机非常相似，普通驱动电机以交流同步设计为基础，有时也用直流无刷电机。交流电机不使用换向器或者电刷，取而代之的是三相定子和永磁转子。用逆变器产生电机需要的三相高压交流电。虽然电机本身结构简单，单独起动和控制系统却相对复杂。

6．驱动桥

除氢燃料外，燃料电池汽车的高效纯节能还体现在电传动技术上。燃料电池汽车使用的驱动电机，只能简单地减小它们的最终传动，需要用一个差速器把动力输送到主动轮。无须换挡，完全取消了如液力变矩器、离合器等机构。也不用倒车挡，只给驱动电机反向供电即可以实现倒车。用于燃料电池汽车的驱动桥非常简单，几乎没有运动件，因而结构稳定耐用，运转平稳无噪声。

7．电源控制单元（PCU）

燃料电池汽车的传动机构由电源控制单元（PCU）控制，它控制燃料电池的输出功率，并给各部件供电。PCU的作用之一是充当逆变器，把燃料电池堆输出的直流电转变成三相交流电，给汽车的驱动电机供电，再生制动过程中，驱动电机充当发电机，将汽车的动能转变成高压电池组充电的电能PCU又将电机发出的三相交流电压转变成直流电压输送给燃料电池，燃料电池输出的直流电也通过PCU的控制给高压电池组充电。

三、燃料电池应用分析

（一）本田燃料电池汽车

本田FCX自1999年首次发布"FCX-V1"燃料电池试验车后，先后经过了"FCX-V2FCX-V3""FCX-V4"和"CX"五代艰苦的开发历程。2002年"FOX"世界首次取得美国政府认定：同年9月"FCX"世界首次获得美国环境保护斤（EPA）"零污染车辆"认定2002年12月2日，本田同时向日本政府和美国洛杉矶市政府交付了首批FCX，成为世界上第一家实现商品化销售的燃料电池车生产厂家。

1．FCX主要组成部件及位置

（1）动力控制单元（PCU）。PCU结构更加的紧凑，置于电动机之上。这样装置，在前部受到撞击时，可以保护一些高压的部件。

（2）集成的电动机和变速器装配。紧凑的设计，让这套组合进入到小型车内成为可能。

（3）超级电容。位置微斜置于后座位之后，确保足够的行李舱空间。

（4）后车架结构。双段式后车架，包含一个副车架，可以在撞击时有效地保护储氢罐。

（5）散热器。由于采用了紧的电动机和变速器，因此可以使用一个更大的燃料电池系统散热器，微斜置于车头的两侧还安装了稍小的激热器，供驱动系统散热。

（6）燃料电池系统外箱。外箱包括燃料电池堆及其他动力生成部件，位于地板之下，以保证足够的车舱空间。

（7）高压储氢罐。位于后座之下，以确保足够的行李舱空间。

（8）后悬架，悬架的安装与高压储氢罐和副车架保持一致，易于安装。

（9）组合仪表。本田 FCX 的仪表与传统汽车相比，主要增加有超级电容容量显示和超级电容充电显示、并同时显示出动力输出显示。

2．本田 FCX 的运行模式

（1）起步和加速时。输出由燃料电池堆和超级电容提供。超级电容在极短的时间内辅助燃料电池达到最大的性能。

（2）轻微加速和巡航时，输出只由燃料电池提供。燃料电池负责给电动机提供必需的动力，电容不用辅助。

（3）减速时，能量被回收存储在超级电容里。超级电容能回收在制动时产生的能量，有效地提高能源效率。

（4）停车时，自动息速停车系统将切断从燃料电池输送过来的输出，以节省燃料消耗。系统在感应到驾驶员操纵的起步信号后，可迅速由燃料电池和超级电容协同提供所需的动力。

（二）奔驰 B 级 F-Cel 燃料电池车

在 2005 年的日内瓦车展上，当年的戴姆勒·克莱斯物勒作为燃料电池驱动的先行者，发布了新一代燃料电池汽车：奔驰 B 级燃料电池车，从而将燃料电池汽车家族的车型范围拓展到运动旅行车。作为一款适合旅行、家庭和休闲的汽车，B 级 F-Cell 燃料电池车采用了奔驰创新的夹层式车身结构这种独特的设计，非常便于应用燃料电池动力系统。B 级 F-Cell 燃料电池车的高转矩电动机，能输出超过 100 W 的功率，比前一代 A 级燃料电池车的功率高出 35 kW。在这惊人的技术数据背后，暗示着 B 级 F-Cdl 燃料电池车充满活力的驾驶感受与零排放运行的完美融合。在减少了燃料消耗并进一步提高了存储容量之后，B 级 F-Cel 燃料电池车的续驶里程已达约 400 km。2009 年底，B 级 F-Cel 燃料电池车型正式投入批量生产，首批 200 台于 2010 年初交付欧洲和美国消费者。

（三）通用燃料电池汽车车型

基于欧宝赛飞利的"氢动三号"燃料电池汽车，由 200 块相互串联在一起的燃料电池单元组成的燃料电池堆产生电力。燃料电池堆所产生的电能传递给电动机后，通过功率为 60kW 的三相异步电动机驱动车辆行驶，几乎不产生任何噪声。"氢动三号" 0~100 km/h 的加速时间约为 16，最高时速达到 150 km/h。氢储存罐分为两种，一种罐为内储存的是温度为 -253 ℃ 的液态氢，另一种罐为内储存的是承受最高压力可达 70 MPa（700 bar）的压缩氢。次充气行驶里程分别可达 400 km 和 270 km。

第四章 起动系统及点火系统的技术研究

第一节 起动系统的技术分析

一、起动系统组成及拆解分析

直流电动机按励磁方式，可分为永磁式和电磁式两大类；电磁式按励磁绕组与电枢绕组的连接关系又可分为并励式、串励式和复励式三种，如图4-1所示。几种电动机的机械特性如图4-2所示。电动机的机械特性是指电动机输出转速与电磁转矩之间的关系。

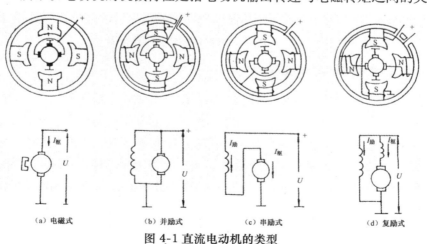

(a) 电磁式　　　(b) 并励式　　　(c) 串励式　　　(d) 复励式

图 4-1 直流电动机的类型

永磁式直流电动机磁极的磁通在工作时保持不变。并励式直流电动机的励磁绕组与电枢绕组并联在同一电源上，若外电压不变、励磁电阻不变，则每极磁通也基本不变。故永磁式、并励式电动机转速与转矩之间的关系基本相同，转速将随转矩的增加而近似地按线性规律下降，但下降很小。即它们具有较"硬"的机械特性，适应性能较差。永磁式、并励式直流电动机常用于减速型启动机。

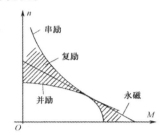

图 4-2 直流电动机机械特性的比较曲线

串励式直流电动机的励磁绕组与电枢绕组相串联。串励式直流电动机绕组的导线粗，匝数少，电阻小，电压降及损耗较小。串励式直流电动机的电枢电流等于励磁绕组电流，并与总电流相等。串励式电动机具有启动转矩大、轻载转速高、重载转速低、短时间内能输出最大功率等特点，具有较"软"的机械特性，因此特别适合应用于直接驱动式启动机。

复励式电动机的磁极上有两个励磁绕组，一个与电枢串联，另一个则与电枢并联。复励式电动机在空载运行的情况下与并励式直流电动机相似，加了负载后，串励绕组的磁场将随负载的增加而加强，运行情况接近于串励式直流电动机，因此它的机械特性比并励式"软"，较串励式"硬"。复励式直流电动机被一些大功率启动机所采用。

（一）启动系统的组成与启动机的正确解体

1．启动系统的组成

汽车发动机为内燃机。启动系统的作用是供给内燃机曲轴启动转矩，使内燃机曲轴达到必需的启动转速，从而使内燃机进入自行运转状态。常见发动机最低启动转速如表 4-1 所示。

表 4-1 常见发动机最低启动转速

发动机形式	汽 油 机	柴 油 机	
		直 喷 式	分 隔 式
最低启动转速（r/min）	50~70	100~150	100~250
稳态启动电流（A）	120~250	250~400	
制动电流(A)	400~600	700	

汽车发动机常用的启动方式有人力启动和电力启动两种。人力手摇启动方式最简单，但不方便，目前仅在部分汽车上作为后备启动方式而保留。电力启动方式采用点火开关控制启动机，由于操作轻便、启动迅速可靠、重复启动能力强，因此为现代汽车广泛采用。

电力启动系由蓄电池、启动机、启动继电器、点火开关等部件组成。

启动机在点火开关及启动继电器的控制下，将蓄电池的电能转化为机械能，带动发动机飞轮齿圈使曲轴转动。为增大转矩，便于启动，启动机与曲轴的传动比是：汽油机一般为 13 ~ 17，柴油机一般为 8 ~ 10。启动机驱动齿轮的齿数一般为 5 ~ 13 齿。

2. 启动机的结构

启动机（俗称"马达"）一般由直流电动机、单向传动机构、操纵机构三大部分组成。

启动机有三个组成部分，电动机部分一般没有本质的差别，按照所用直流电动机的形式可分为普通启动机和永磁启动机；控制装置和传动机构则有很大差异，因此一般是按控制装置和传动机构的不同来分类的。

（1）按控制装置分类

① 直接操纵式启动机。它是由脚踏或手拉杠杆联动机构直接控制启动机的主电路开关来接通或切断主电路，也称机械式启动机。这种方式虽然结构简单、工作可靠，但由于要求启动机、蓄电池靠近驾驶室，因受安装布局的限制，操作不便，已很少采用。

② 电磁操纵式启动机。它是由按钮或点火开关控制继电器，再由继电器控制启动机的主开关来接通或切断主电路，也称电磁控制式启动机。这种方式可实现远距离控制，工作方便，在现代汽车上广泛采用。

（2）按传动机构的啮合方式分类

① 惯性啮合式启动机。启动机旋转时，其啮合小齿轮靠惯性力自动啮入飞轮齿环，启动后，小齿轮又借惯性力自动与飞轮齿环脱离。这种啮合机构结构简单，但不能传递较大的转矩，而且可靠性较差，已经很少采用。

② 单向传动式启动机。在发动机启动时，驱动小齿轮与飞轮齿圈啮合，将启动机电磁转矩传递给曲轴；在发动机发动后，驱动小齿轮和直流电动机之间通过单向离合器的作用切断动力传递路径；启动完毕时，驱动小齿轮与飞轮齿圈自动脱离啮合，启动机保持静止状态。减速型启动机单向传力机构还带有齿轮式减速机构，起减速增矩的作用。

不同类型的汽车上使用的启动机尽管形式不同，但其直流电动机部分基本相似，主要的区别就在于传动机构和控制装置各有差异。直流串励电动机的作用是将蓄电池输入的电能转换为机械能，产生电磁转矩。传动机构又称启动机离合器、啮合器。传动机构的作用是在发动机启动时使启动机轴上的小齿轮啮入飞轮齿环，将启动机的转矩传递给发动机曲轴；在发动机启动后又能使启动机小齿轮与飞轮齿环自动脱开。控制装置又称启动机开关。控制装置的作用是用来接通和断开电动机与蓄电池之间的电路，同时还能接入和切断点火线圈的附加电阻。

3. 典型启动机的解体与装复

（1）解放 CA1092 汽车用直接传动式启动机

具体分解步骤如下：

① 拆下电磁开关与电动机接线柱之间的连接铜片。

② 拆下电磁开关与驱动端盖的紧固螺钉，取下电磁开关。

③ 拆下启动机防护罩。

④ 用电刷钩取出四只电刷。

⑤ 旋出两支穿心连接螺栓，使驱动端盖（连转子）、定子与电刷端盖分离，注意转子换向器处止推垫圈片数。

⑥ 拆下中间支撑板螺钉、拆下拨叉销轴，从驱动端盖中取出转子（带中间支撑板和单向离合器）。

⑦ 拆下转子驱动端锁环，取下挡圈，拿下单向离合器和中间支撑板。

（2）五十铃 N 系列汽车用外啮合式减速型启动机

外啮合式减速型启动机的具体分解步骤如下：

① 拆开电动机与电磁开关的连接导线。拆下两只穿心连接螺栓，取下电动机总成。

② 拆下电动机电刷，取下电刷架、转子。

③ 拆下驱动端盖紧固螺栓，取下驱动端盖，取出单向离合器与被动齿轮总成、中间齿轮、轴承。

④ 取出被动齿轮孔中的钢球与电磁开关中的复位弹簧。

（3）奥迪 100 型轿车五缸增压发动机用永磁行星齿轮减速器式启动机的具体分解步骤如下：

① 拆下电刷端盖上轴端小盖固定螺钉，取下密封圈，拆下弹性挡圈，取下调整垫圈。注意调整垫圈的准确数目，因为它决定轴的轴向间隙。

② 拆下穿心连接螺栓，拆下电刷端盖。

③ 拆下接线柱螺母，取下电磁开关上的磁场绕组连线。

④ 做好电刷架的位置标记，从机壳和电枢上拆下电刷架。

⑤ 拆出 3 个固定螺钉，从驱动端盖上拆下电磁开关，把电磁开关从拨叉上摘下。

⑥ 从驱动端盖上撬下拨叉盖的垫。

⑦ 从行星齿轮减速器上拆下转子。

⑧ 拆下行星齿轮减速器，从单向离合器上取下拨叉。

⑨ 用金属管推开轴端挡环，使它离开弹性挡圈，拆下弹性挡圈，取下挡环。

⑩ 从转子或行星齿轮减速器上拆下单向离合器。

（4）启动机的装复

启动机的装复顺序与解体时的顺序相反。

解放 CA1092 型汽车用启动机装复顺序：

① 将中间支撑板单向离合器和挡圈套回转子轴上，装上轴端锁环。

② 先将拨叉套入单向离合器的拨叉套中，然后将带中间支撑板和单向离合器的转子装入驱动端盖中，最后旋紧中间支撑板螺钉。

③ 在转子整流器端的轴上安装止推垫圈，将定子及电刷端盖按拆时标示的对位记号套入转子（已装入驱动端盖上），旋紧两只连接螺栓。

④ 安装启动机电刷。

⑤ 安装启动机防护罩。

⑥将电磁开关活动铁芯拉杆套入驱动端盖的拨叉上端，旋紧电磁开关安装螺钉。

⑦将连接片接回电磁开关与电动及连接线柱上，旋紧接线片紧固螺母。

（5）启动机解体和装复时的注意事项

①从车上拆下启动机前应首先切断点火开关，拆下蓄电池搭铁电缆，以防止操作时产生电火花，避免损坏电子元件。

②若启动机与发电机之间装有薄金属垫片，在装配时应按原样装回。

③不同型号的启动机其解体与组装顺序有所不同，应按厂家规定的操作顺序进行。

④部分组合件无故障时不必彻底解体。如电磁开关、定子铁芯及绕组。

组装时各螺栓应按规定转矩旋紧。应检查调整各部分间隙。

⑤部分启动机组装时接合面应涂密封剂。如奥迪 100 轿车用启动机在各接合面规定使用 D3 密封剂。

⑥各润滑部位应使用厂家规定的润滑剂润滑。例如，奥迪 100 轿车用启动机的减速器与单向离合器均用 MOS2 润滑脂润滑；挡圈与锁环应使用 MOS2 润滑脂轻微润滑；更换新衬套时，应在压入之前将衬套在热润滑油中浸泡 5 min。

（二）普通车型的启动系统

通过本部分的学习，可以了解、掌握不同车型启动系统的电气控制电路，以典型车的启动系统电路图为标准，对照汽车电器实验台或者实验汽车的实用电路进行。

1.321 型启动系统

321 型电磁啮合式启动系统装于 BJ212 型越野汽车上。它的保护装置为滚柱式单向离合器，并联了一个启动继电器，启动继电器是用来控制启动机电磁开关的。工作电路如图 4-3 所示。

启动时，将点火开关转到启动位置，接通附加继电器。其电路为：蓄电池正极→启动机开关接线柱 4→电流表→点火开关→启动继电器点火接线柱→线圈 2→搭铁→蓄电池负极。

于是启动继电器的线圈 2 通电，产生吸力，使触点 1 闭合，接通启动保持线圈和吸引线圈。这时吸引线圈、保持线圈的电路为：

蓄电池正极→接线柱 4→启动继电器的电池接线柱 21→磁轭→触点 1→启动机接线柱 6→保持线圈 9→搭铁（电池负极）。吸引线圈 8→连接片→接线柱 5→电动机激磁绕组→电枢绕组→搭铁（蓄电池负极）。

在吸引线圈和保持线圈产生的电磁力的吸引下，活动铁芯 10 被吸动，传动又逆时针摆动，使小齿轮 18 啮飞轮齿圈。与此同时，活动铁芯推动接触盘 14，接通触头 12 和 13，蓄电池随即为电动机提供强大的电流，产生转矩，带动发动机启动。启动机的主电路为：

蓄电池正极→接线柱 4→触头 12→接触盘 14→触头 13→接线柱 5→电动机励磁绕组→电枢绕组→搭铁（蓄电池负极）。

触头 12 与 13 未接通之前，吸引线圈的电流流入电枢绕组和激磁绕组，也产生了一个小的转矩，使小齿轮旋转啮合，避免了顶齿现象。主电路接通后，吸引线圈被短接，活动铁芯的位置由保持线圈的吸力保持。主电路接通的同时，接线柱7上的金属片也被接入电路，使点火线圈的附加电阻短接，提高了点火电压。

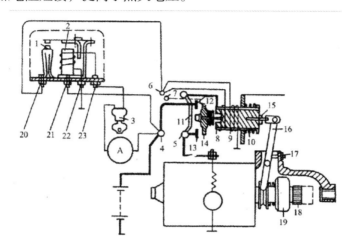

1—启动继电器触点；2—启动继电器线圈；3—点火开关；4、5—启动机开关接线柱
6—启动机接柱；7—点火线圈附加电阻接线柱；8—吸引线圈；9—保持线圈；
10—活动铁芯；11—连接片；12、13—触头；14—接触盘；15—调节螺钉；
16—传动叉；17—调整螺钉；18—驱动小齿轮；19—滚柱式单向离合器；
20—启动接线柱；21—电池接线柱；22—电枢接线柱；23—点火开关接线柱

图 4-3 启动系统电路

2.QD124 型启动系统

QD124 型启动系统装于 EQ1000 汽车上，它采用电磁啮合式启动机，带一只启动继电器。其电路如图 4-4 所示。

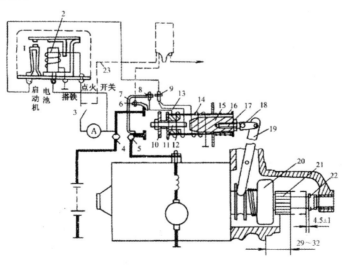

1—启动继电器触点；2—启动继电器线圈；3—点火开关；4,5—主接线柱；6—辅助接线柱
7—导电片；8—吸引线圈接线柱；9—电磁开关接线柱；10—接触盘；11—活动杆；
12—固定铁芯；13—吸引线圈；14—保持线圈；15—电磁铁芯；16—回位弹簧；
17—螺杆；18—连接头；19—拨叉；20—滚柱式单向离合器；21—驱动齿轮；22—止推螺母；
23—点火线圈附加电阻线（白色，1.7Ω）

图 4-4 QD124 型启动系统电路

启动发动机时，将点火开关 3 旋至启动位置，启动继电器线圈通电，电流由铅蓄电池正极经主接线柱 4、电流表、点火开关启动触点、启动继电器的点火开关接线柱、线圈和搭铁流回蓄电池负极。启动继电器触点 1 闭合，接通电磁开关电路。电磁开关的电流由蓄电池正极经主接线柱 4、启动继电器的电池接线柱、触点 1、启动继电器的启动机接线柱、电磁开关接线柱 9、吸引线圈 13、导电片 7、主接线柱 5、启动机和搭铁流回蓄电池负极，同时电流由电磁开关接线柱 9 经保持线圈 14 和搭铁流回蓄电池负极。两个线圈的电流相同方向产生合成电磁力，将电磁铁芯 15 吸入，在启动机转动下，拨叉 19 推出滚柱式单向离合器 20，使驱动齿轮 21 平滑地啮入飞轮齿圈。当齿轮啮合约一半时，电磁铁芯 15 顶动活动杆 11 而移至极限位置，此时齿轮已全部啮合好，接触盘 10 同时将辅助接线柱 6 和主接线柱 4、5 相继接通。启动机在短接了附加电阻 23 的有利条件下产生较大启动转矩，启动发动机。较大的启动电流直接从铅蓄电池正极经主接线柱 4、接触盘 10、主接线柱 5、启动机搭铁流回蓄电池负极。电磁开关闭合后将吸引线圈 13 短接，齿轮的啮合靠保持线圈 14 产生的电磁力维持在工作位置。此时的保持线圈工作电路为：

蓄电池正极→主接线柱 4 →启动继电器电池接线柱→触点→启动继电器启动机接线柱→电磁开关接线柱 9 →保持线圈 14 →搭铁→蓄电池负极。

发动机启动后离合器开始打滑，松开点火开关，启动继电器线圈断电，触点 1 跳开，使电磁开关两个线圈串联，吸引线圈 13 流过反向电流，加速电磁力的消失。电路为：

蓄电池正极→主接线柱 4 →接触盘 10 →主接线柱 5 →导电片 7 →接线柱 8 →吸引线圈 13（电流反向）→接线柱 9 →保持线圈 14 →搭铁→蓄电池负极。

由于电磁开关线圈电磁力迅速消失，因此电磁铁芯 15 和活动杆 11 在回位弹簧的作用下返回。接触盘 10 先离开主接线柱 4、5，触头切断了启动机电源，点火线圈附加电阻也随即接入点火系统。之后，拨叉将打滑的离合器拨回，驱动齿轮便脱离了飞轮齿圈，启动机完成启动工作。

为了改善启动性能，东风汽车使用的启动机由 QD124 型改为 QD1212 型，额定功率由 1.5 kW 提高为 1.84 kW，安装尺寸和控制电路不变。解放 CA1411090 型汽车使用的 QD124H 和 QD124A 两种型号的电磁啮合式启动机，其总成结构与 QD124 型启动机相同，额定功率也为 1.5 kW，但其加装了启动保护装置。所谓启动保护是指启动机将发动机启动后能自动停止工作，能在发动机运转工况下防止其自动停止工作，而且还能在发动机运转工况下防止启动误接入。启动机保证装置可确保启动机安全可行地运行。这种具有启动保护功能的电磁啮合式启动机，采用 JD171 型组合式继电器。该组合式继电器是由启动继电器和充电指示灯继电器组合而成的继电器总成，电路如图 4-5 所示。组合继电器中的电磁线圈 1 和常开触点构成启动继电器，电磁线圈 2 和常闭触点则组成充电指示灯电器。

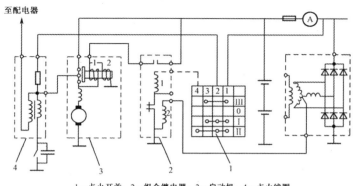

至配电器

1—点火开关；2—组合继电器；3—启动机；4—点火线圈

图 4-5 JD171 型组合继电器电路

本启动系统具有启动保护功能的电磁啮合式启动机，启动控制原理与 QD124 型启动机基本一致，但它具有以下工作特点。

启动发动机时，将点火开关旋至启动位置，组合继电器中的电磁线圈 1 通电，电流回路为：蓄电池正极→保险器→电流表→点火开关→电磁线圈 1→充电指示灯继电器常闭触点→搭铁→蓄电池负极。使启动继电器的常开触点闭合，接通了电磁开关电路。

电磁开关电路接通，电流由蓄电池正极经启动继电器触点、吸引线圈 1、电动机和搭铁流回蓄电池负极。同时电流由启动继电器触点经保持线圈和搭铁流回蓄电池负极。

发动机启动后，滚柱离合器打滑，点火开关自动返回正常点火挡位，电磁线圈 1 断电，触点打开，切断了电磁开关的电路，电磁开关复原，停止启动机工作。

如发动机启动后，没能及时松开点火开关钥匙，虽然离合器打滑可防止"飞车"事故，但启动机却处于空载工况，此时转速可升至 5000 r/min，严重危及启动机的安全。这时，组合继电器中的充电指示灯线圈 2 承受硅整流发电机中性点的电压，使常闭触点打开，自动地切断启动继电器电磁线圈 1 的电路，触点跳开，使电磁开关断电，启动机便自动停止工作。

在发动机运转时或错误地将启动机投入使用，由于组合继电器的充电指示灯线圈 2 总加有硅整流发电机中性点电压，常闭触点处于打开状态，即使将点火开关错误地旋至启动位置，但电磁线圈 1 的电路不通，电磁开关也不会动作，因而起到了保护作用。

（三）启动系统的正确使用与故障维修

1．启动系统使用与保养

（1）正确的使用操作

由于启动机启动时电流可达到几百安培，连续长时间启动会产生大量的热量，容易烧毁电动机绝缘而造成短路，因此使用时应注意。

① 启动时间尽量短。每次启动时间不超过 5 s，若第一次不能启动，应停歇 10 ~ 15 s 再进行第二次启动。

② 蓄电池亏电或冬季低温情况下启动，应对发动机和蓄电池进行预热，对发动机"盘

车"后再启动。

（2）正确的保养

由于启动机工作时间短，因此启动机使用频率的高低决定保养间隔里程，一般使用情况下所需的保养工作不多。如需要保养应注意以下几点：

①平时注意保持启动机外部清洁，保证连接导线连接牢固。

②注意检查蓄电池充电是否充足。

③汽车每行驶 5000 ~ 6000 km，应检查碳刷的磨损情况及弹簧，发现其不符合标准时应及时更换。

④条件准许的情况下，检查启动机的轴承润滑。

2. 启动机故障检查

（1）启动机不启动或启动运转无力

故障原因：

①蓄电池严重亏电。

②启动机线路接触不良。

③启动机开关接触不良。

④启动机激磁绕组或电枢绕组有短路、断路或搭铁现象。

⑤碳刷与整流器接触不良。

⑥电磁开关线圈短路或断路。

⑦控制线路有故障。

故障检查：

①首先检查蓄电池电量。其方法是打开大灯或按喇叭，如果灯光明亮、喇叭响亮，说明蓄电池正常；否则说明故障在蓄电池。

②检查启动机的电动机部分运转是否正常。短接启动机开关接线柱，利用短接瞬间的火花强弱判断故障。火花强烈说明启动机内部有搭铁，火花微弱说明其内部接触不良。

③检查电磁开关。将电磁开关接线柱和开关上的接线柱短接，如果启动机运转无力，说明开关接触不良；短接接线柱时火花过强或过弱，则说明其线圈有搭铁或断路。

④检查启动附加断电器。首先将电源接线柱和电动机接线柱短接，启动机能启动说明启动机与继电器的连接线路正常，再将电源接线柱和点火开关接线柱短接，启动机能启动则说明继电器正常，故障在点火开关电路上。如果在短接时听到其内部有"嗒嗒"的声响，说明触点烧蚀接触不良；无声响则说明线路断路或相应的电路上有断路的地方。

（2）发动机启动时有强烈的轮齿撞击声响

故障原因：

①发动机飞轮齿圈、启动机小齿轮严重磨损。

②启动机开关调整不当。

故障检查：

①调整启动机开关和拨叉连接机构。

②拆下启动机，检查发动机飞轮齿圈和启动机小齿轮。

（3）发动机启动时启动机高速空转

故障原因：启动机的单向离合器打滑。

（4）发动机启动时启动机内部有撞击声响

故障原因：

①启动机轴弯曲。

②启动机轴严重磨损。

③启动机磁极松动。

④启动机电枢线圈脱落。

（5）启动时启动机开关接通，发动机启动不成功，松开点火开关后启动机电磁开关不回位，启动机小齿轮也不回位

故障原因：

①传动机构卡死。

②蓄电池严重亏电。

3．启动系统故障检修

（1）碳刷检测

碳刷在使用中磨损较快，检修时应重点检查其磨损情况。碳刷的高度应不低于新碳刷高度的2/3，若磨损过多，必须及时更换。安装时应使碳刷与整流器的接触面积不小于75%，否则应予以研磨。碳刷的测量位置及测量标准如图4-6所示。

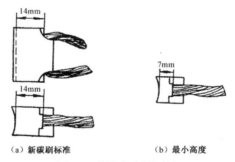

（a）新碳刷标准　　　　　（b）最小高度

图4-6 碳刷高度的测量

（2）碳刷弹簧检修

弹簧在使用中弹力会减退，应检查其弹力是否符合规定。安装时避免用力过大使其变形，保证弹簧压在碳刷的正中间。碳刷弹簧弹力的测量方法、刷架绝缘性能的检查及弹簧安装位置的检查，如图4-7、图4-8和图4-9所示。

图 4-7 刷架弹簧弹力的测量

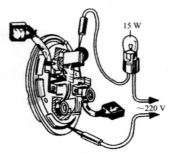

图 4-8 刷架绝缘性能的检查

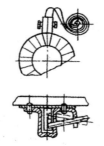

图 4-9 弹簧安装位置检查

（3）激磁绕组检修

激磁绕组导线截面的面积较大，使用中电流过大，会烧毁绝缘，导致搭铁或匝间短路。一般情况下直观检查就可以发现其故障部位。如果匝间短路，可拆除外表面的纱带，剔除烧坏的绝缘纸，重新镶嵌新的绝缘纸，再用纱带包扎浸漆烘干；如果线圈只出现了搭铁故障，则只需用新纱带重新包扎浸漆烘干即可。

（4）电枢检修

电枢导线的截面尺寸较大，一般故障可直观检查。断路故障多发生在与换向器的连接处，而短路搭铁故障多发生在线槽中。有条件的情况下可用电枢感应仪或万用表确定搭铁部位。其修理方法多为更换绝缘纸；如果条件不具备，可剔出搭铁导线，通常情况下不影响使用。

（5）换向器检修

换向器的故障多为表面烧蚀、云母层突出等。轻微烧蚀用 0 # 砂纸打磨光滑即可，严重烧蚀或失圆应进行精车加工。换向器的剩余厚度不得低于 2 mm，否则应予以更换。

（6）电枢轴检修

对于发生"扫膛"故障的启动机，应重点检查测量电枢的弯曲度，如图 4-7 所示。其铁芯表面的径向跳动应小于 0.15 mm，中间轴颈径向跳动应小于 0.05 mm，否则应予以校正。

（7）啮合器检查

啮合器的检测可以用扭力扳手在台钳上进行

（8）电磁式启动开关检修

开关接触盘和接线柱有烧蚀可用砂纸打磨光滑。电磁线圈散热条件差，连续长时间使用会烧毁。线圈烧毁一般情况下可予以更换，特殊情况下可重新绕制。

（9）轴与轴承配合检修

轴与轴承的配合间隙是否合适，直接关系到启动机的输出特性，是检修工作最重要的环节。

4. 检修后试验

启动机的试验操作。

（1）空转试验

空转试验如图 4-10 所示。通过测量启动机的空转转速和电流，并与标准值相比较，可以判断启动机的机械故障和电气故障。如果测得的电流超过标准值，而转速低于标准值，其主要是因为启动机装配过紧、电枢轴弯曲、轴承不同心、电枢绕组或激磁绕组与壳体短路以及绕组匝间短路等故障所致；如果测得电流和转速都小于标准值，则说明其内部接触不良。

空转试验时间不能超过 1 min，否则启动机会因过热而损坏。

（2）全制动试验

全制动试验用于测量启动机最大输出扭矩，判断其是否有电气和机械故障。全制动试验如图 4-11 所示。若测得的扭矩小于标准值，而电流超过标准值，说明启动机内部有短路故障；若扭矩值和电流值均低于标准值，则说明其内部接触不良；若驱动小齿轮锁死后电枢轴仍在转动，说明离合器打滑。

全制动试验时，每次接通电路的时间不应超过 7 s。

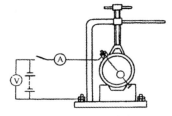

图 4-10 空转试验

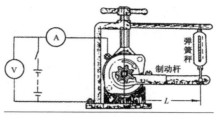

图 4-11 全制动试验

5．启动机调整

启动机的调整是指启动机工作时，驱动齿轮的啮合与启动开关接通时刻配合的调整。除检修后应进行调整外，正常使用中若发生啮合不良、有冲撞现象、启动困难等，均应做必要的调整。

（1）驱动齿轮与止推垫圈间隙的调整

① 直接啮合式启动机。将拨叉压到极限位置，驱动齿轮与止推垫圈的间隙值应为（2±0.5）mm，如图 4-12 所示。如果间隙过大，可将后端盖上的齿轮行程限位螺钉做逆时针旋动；如果间隙太小，则做顺时针旋动，直到调整合格为止。调整以后，用改锥顶住螺钉，紧死锁止螺母，复测不变时为合格。

② 电磁啮合式启动机。将电磁开关的活动铁芯推至使接触盘刚好接通的位置，并保持稳定，驱动齿轮与止推螺母端面的气隙值应在 4 ～ 5 mm 范围内。否则，可适当夺入或旋出拨叉与铁芯的连接螺杆进行调整，然后再将活动铁芯顶至极限位置，该间隙值应减小到 1.5 ～ 2.5 mm。如果不符，可调整后端盖上的行程限位螺钉，直到合格为止，如图 4-13 所示。

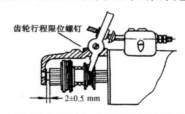

图 4-12 驱动齿轮与止推垫圈的间隙调整

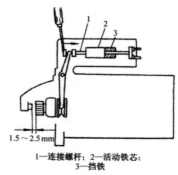

1—连接螺杆；2—活动铁芯；
3—挡铁

图 4-13 驱动齿轮间隙调整

在调整进口汽车的电磁啮合式启动机间隙时，除采取调整连接螺杆的方法以外，还有其他调整方法。一种是旋动拨叉与活动铁芯相连的叉形接头，另一种则是在电磁开关线圈的端面增、减垫圈。

（2）启动开关接通时刻调整

① 机械式启动开关的调整。如图 4-14 所示，慢慢压动拨叉的同时观察试灯，当试灯1 和 2 先后亮时，稳住拨叉不动，测量驱动齿轮与止推垫圈之间的气隙，应在 45 mm 范围内。否则，可拧动拨叉杆上的顶压螺钉进行调整。一般要求试灯 1 比试灯 2 稍微早亮些，同时亮也可。如果试灯 1 比试灯 2 后亮，则应检查调整接触盘的弹簧，或用加减垫圈的方法做适当的调整，也可以稍微弯曲辅助触点调准。

② 电磁式启动开关的调整。一般为电磁开关，都是利用主接线柱触头前面的辅助接触片短接点火线圈附加电阻，因此调整接通时只需将辅助接触片适当地弯曲或调直即可。

（3）启动继电器调整

启动继电器在汽车出厂时已调准，并对闭合电压值和断开电压值做出相应的规定。如果电压值发生变化，应做必要的调整。其方法如下：按图 4-15 所示接好调试线路，先将可变电阻调到最大值，然后逐渐减小电阻，继电器触点刚闭合时的电压表读数即为闭合电压值，此值应符合原制造厂规定。也可以按以下标准调整：额定电压为 12 V 的启动继电器闭合电压为 6 ~ 7.6 V，24R 的启动继电器为 14 ~ 16 V。在触点闭合时，再将电阻慢慢增大，触点刚跳开时的电压表的读数即为断开电压值，此值应符合原厂规定。或以参考数据调准：额定电压为 12 V 的启动继电器断开电压为 3 ~ 5.5 V，24 V 的启动继电器断开电压为 4.5 ~ 8 V。其调整部位与三联调节器中的断流器相同。

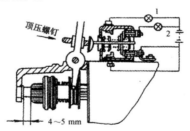

图 4-14 机械式启动开关的调整

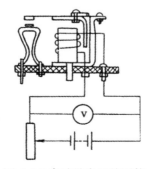

图 4-15 启动继电器的调整

驱动齿轮端面与后端盖凸缘面之间距离调整。

东风 EQ140 汽车启动机规定此值应在 29 ～ 32 mm 范围内，北京 BJ212 汽车用 321 型启动机规定此值应在 32.5 ～ 34 mm 之间。否则，可调整后端盖上的限位螺钉。

二、起动系统的工作原理与特性分析

（一）传动机构

在对照结构图的基础上，了解各传动部件的具体结构。

1.齿轮啮合装置

常见启动机驱动小齿轮与飞轮的啮合靠拨叉强制拨动完成，其结构如图 4-16 所示。

启动机不工作时，驱动齿轮处于图 4-16（a）所示位置。当需要启动时，拨叉在人力或电磁开关的作用下，将驱动小齿轮推出与飞轮齿圈啮合，如图 4-16（b）所示。待驱动齿轮与飞轮齿圈接近完全啮合时，启动机主开关接通，启动机带动发动机曲轴运转，如图 4-16（c）所示。发动机发动后，驱动小齿轮仍处于啮合状态时，单向离合器打滑，小齿轮在飞轮带动下空转，电动机处于空载下旋转的状态。启动完毕后，启动机拨叉在复位弹簧的作用下回位，带动驱动小齿轮与飞轮齿圈脱开啮合。

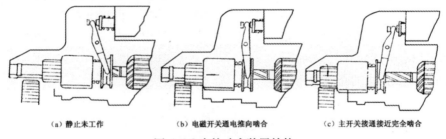

（a）静止未工作　　　　　　（b）电磁开关通电推向啮合　　　　　　（c）主开关接通接近完全啮合

图 4-16 齿轮啮合装置结构

2.单向离合器

单向离合器在启动机初期将电动机电磁转矩传递给曲轴。发动机发动后，小齿轮仍处于啮合状态时，单向离合器打滑，避免发动机飞轮带动电枢高速旋转而将电枢绕组甩散。常见的启动机单向离合器有滚柱式、弹簧式和摩擦片式 3 种。

（1）滚柱式单向离合器

滚柱式单向离合器是通过改变滚柱在楔形槽中的位置实现分离和接合的。其结构分十字块式和十字槽式两种，如图 4-17 所示。单向离合器主要由驱动小齿轮、外壳及十字槽套筒（或外座圈及十字块套筒）、滚柱、弹簧等组成。离合器的套筒内有螺旋花键，此花键与启动机转子轴前端的花键结合。单向离合器既可在拨叉作用下沿电枢轴做轴向移动，又可在电枢驱动下做旋转运动。

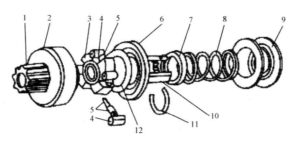

1—驱动齿轮；2—单向离合器外壳；3—十字块；4—滚柱；5—弹簧及活柱；
6—护盖；7—弹簧座；8—缓冲弹簧；9—移动衬套；10—传动套筒；11—卡簧；12—垫圈

图 4-17　滚柱式单向离合器结构

　　当启动机带动发动机旋转时，滚柱被挤到楔形槽的窄端，如图 4-18（a）所示，并越挤越紧，使花键套筒与驱动小齿轮形成一体，电动机转矩便由此输出。发动机发动后，当飞轮转动线速度超越驱动小齿轮线速度时，飞轮便带动电枢旋转，此时滚柱被推到楔形槽宽端，出现了间隙。花键套筒和驱动小齿轮便分成两体，如图 4-18（b）所示，两者打滑，于是齿轮空转，而电枢不再跟着飞轮高速旋转，起到了保护电枢的作用。

　　滚柱式单向离合器工作时滚柱属线接触传力，不能传递大转矩，因此一般用在小功率（1.47kW 以下）的启动机上，否则滚柱易发卡、变形，造成单向离合器分离不清。由于它结构简单，目前广泛用于汽油发动机上。

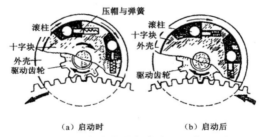

（a）启动时　　　　　　（b）启动后

图 4-18　滚柱式单向离合器工作原理

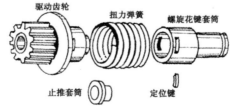

图 4-19　弹簧式单向离合器

　　（2）弹簧式单向离合器

　　弹簧式单向离合器是通过扭力弹簧的径向收缩和放松来实现离合的，其结构如图 4-19所示。

　　离合器的齿轮与花键套间采用浮动的圆弧键相连接。齿轮后端传力圆柱表面和花键套筒外圆柱面上包有扭力弹簧。扭力弹簧两端各有 1/4 圈，内径较小，并分别箍紧在齿轮柄和套筒上。扭力弹簧外装有护套。

当启动机带动发动机转动时，扭力弹簧按卷紧方向扭转，弹簧内径变小。扭力弹簧借助摩擦力将离合器齿轮柄和花键套筒紧抱成一体，把启动机转矩传给飞轮。发动机启动后，飞轮转动线速度超越启动机驱动齿轮线速度，飞轮便驱动启动机小齿轮，此时，扭力弹簧受力方向与上述情况相反。弹簧朝旋松方向扭转，内径增大，齿轮与花键套筒分成两体打滑，于是齿轮空转，电枢不再跟着飞轮高速旋转。

弹簧式单向离合器因扭力弹簧圈数较多，轴向尺寸较大，故适用于大中型启动机上。它具有结构简单、寿命长、成本低的特点。有些启动机单向离合器采用矩形断面扭力弹簧。

（3）摩擦片式单向离合器

摩擦片式单向离合器是通过主从动摩擦片的压紧和放松来实现离合的，结构如图4-20所示。离合器的花键套筒通过四条内螺纹与电枢花键轴相连接，花键套筒又通过三条外螺纹与内接合鼓连接。主动摩擦片装在内接合鼓的切槽中，组成了离合器主动部分。外接合鼓和驱动齿轮是一个整体，带凹坑的从动摩擦片装在外接合鼓的切槽中，形成了离合器的从动部分。主、从动摩擦片错位安装，并通过特殊螺母、弹性圈和压环进行限位，在压环和摩擦片间装有调整垫片。

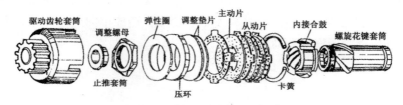

图4-20 摩擦片式单向离合器结构

当启动机带动发动机曲轴旋转时，内接合鼓沿花键套筒上的螺旋花键向飞轮方向旋进，将摩擦片压紧，把启动机转矩传给发动机。发动机启动后，当飞轮以较高转速带动小齿轮旋转时，内接合鼓沿螺旋花键退出，摩擦片打滑，使齿轮空转而电枢不跟着飞轮高速旋转。当电动机超载时，弹性圈在压环凸缘的压力作用下弯曲变形，当弯曲到内接合鼓的左端顶住了弹性圈的中心部分时，即限制了内接合鼓继续向左移动，离合器便开始打滑，从而避免因负荷过大而烧坏电动机的危险。

摩擦片式单向离合器传递的最大转矩可通过增减薄垫片来调整。额定功率为2.2~8.1 kW的中型启动机和11 kW的大型启动机，常采用摩擦片式单向离合器。

3. 减速齿轮组

在输出功率一定的情况下，设计转速越高，电动机体积就可以设计得越小。减速型启动机将高达到20 000 r/min的小型高速电动机通过齿轮组减速增矩后传给飞轮。

减速型启动机有以下优点：在输出功率相同的条件下，比普通启动机可以减轻质量20% ~ 40%，体积约减小一半。体积小，便于安装，且电枢轴不易变形。提高了启动转矩，有利于低温启动。常见的启动机减速机构有外啮合式、内啮合式和行星齿轮式三种，结构如图4-21所示。

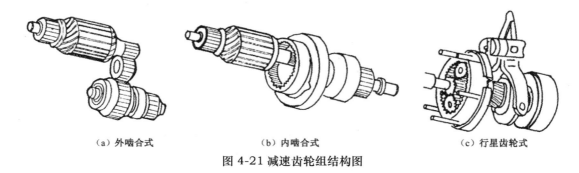

（a）外啮合式　　　　（b）内啮合式　　　　（c）行星齿轮式

图 4-21 减速齿轮组结构图

（二）操纵机构

启动机操纵机构也叫控制机构，作用是接通或切断启动机与蓄电池之间的主电路，驱动拨叉使小齿轮与飞轮齿圈啮合。有些启动机控制机构还能在启动的同时将点火线圈附加电阻短路，以增大启动时的点火能量。

1. 电磁操纵机构工作原理

常见的启动机属于电磁操纵强制啮合式启动机。电磁操纵是指启动机主电路的控制靠电磁开关实现，强制啮合是指驱动小齿轮靠拨叉强制推入啮合。

电磁操纵式启动机的电路原理图及符号如图 4-22 所示。

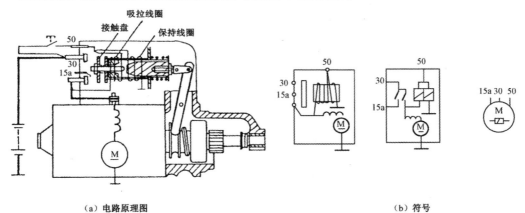

（a）电路原理图　　　　　　　　　　（b）符号

图 4-22 电磁操纵式启动机电路原理图及符号

电磁操纵式启动机由吸拉线圈、保持线圈、活动铁芯、固定铁芯、主开关接触盘、拨叉连杆、铁芯及复位弹簧组成。其中吸拉线圈与电动机串联，保持线圈与电动机并联。活动铁芯可驱动拨叉运动，又可推动接触盘推杆。电磁开关作用过程如下。

启动机不工作时，驱动齿轮处于与飞轮齿轮脱开啮合的位置，电磁开关中的接触盘与各接触点分开。

将点火开关的钥匙沿顺时针方向拧到起到启动（ST）挡，蓄电池经点火开关启动挡触点向启动机电磁开关通电，流经路线为：蓄电池到点火开关，点火开关分两路（保持线圈、吸拉线圈和直流电动机）再到蓄电池，构成回路。

此时，吸拉线圈和保持线圈磁场方向相同。活动铁芯在电磁力作用下克服复位弹簧的作用向内移动，压动推杆使启动机主开关接触盘与接触点靠近，与此同时带动拨叉将驱动小齿轮边缓慢旋转边推向啮合；当驱动小齿轮与飞轮齿圈接近完全啮合时，接触盘已将接触点接通，启动机主电路接通，直流电动机产生强大转矩通过接合状态的单向离合器传给发动机飞轮齿圈。主开关接通后，吸拉线圈被主开关短路，电流消失，活动铁芯在保持线圈电磁力作用下保持在吸台位置。此时主开关副触片接通，将点火线圈附加电阻短路。

发动机发动后，飞轮转动的线速度超越了启动机驱动小齿轮的线速度，单向离合器打滑，飞轮仅带驱动小齿轮空转，电枢在电磁力作用下做转动，避免了电枢绕组高速甩散的危险。

松开点火开关钥匙时，钥匙自动从启动（ST）挡退回到运行（ON）挡，点火开关启动挡断开，电磁开关内吸拉线圈和保持线圈通过仍然闭合的主开关得到电流。流经路线为：蓄电池到主开关，主开关分两路（保持线圈、吸拉线圈和直流电动机）再到蓄电池，构成回路。此时因吸拉线圈和保持线圈磁场方向相反，相互抵消，活动铁芯在复位弹簧作用下迅速回位，使驱动小齿轮脱开啮合，主开关断开，启动机停止工作。

常见的启动机电磁开关按开关与铁芯的结构形式分为整体式和分离式两种，如图4-23所示。开关接触盘组件与活动铁芯固定连接在一起的称为整体式电磁开关；接触盘组件与活动铁芯不固定在一起的称为分离式开关。

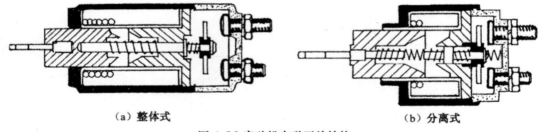

（a）整体式　　　　　　　　　　　　　（b）分离式

图4-23 启动机电磁开关结构

2. 电磁操纵机构断电行程

为了改善啮合特性，电磁操纵启动机均采用螺旋花键轴与单向离合器配合的形式。螺旋花键的螺旋方向与电枢传递转矩方向相同，这样，当要把电枢齿轮拉回原位时，所需外力要比直花键大得多。因此当发动机发动不了时，即使电磁开关50接线柱完全断电，拨叉扭簧的弹力也不能克服齿间摩擦力而将驱动齿轮与飞轮齿圈脱开啮合。在这种情况下，是驱动齿轮摩擦力使铁芯挤压主开关接触盘，使其与两触点保持接通状态。这种启动机企图带动发动机，但因带不动造成脱不开啮合、断不了电的现象称为"发咬"。为了避免"发咬"现象产生，电磁操纵式启动机均设计有铁芯断电行程机构。该机构一般设在拨叉与铁芯连接处，有的设在拨叉与单向离合器连接处，如图4-24所示。有了断电行程机构，在断开点火开关启动（ST）挡后，若驱动小齿轮与飞轮齿圈的齿间压力不能消除，铁芯便可在弹簧作用下自动后退一段距离（这一距离叫"断电行程"），使主开关立即断开。主开关一断开，齿间正压力随即消失，齿轮便在复位弹簧作用下迅速脱开啮合，退回原位。

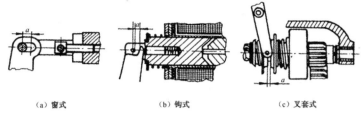

（a）窗式　　　　　　（b）钩式　　　　　　（c）叉套式

图 4-24 铁芯断电行程机构

（三）典型的启动机控制电路

常见的启动系统电路分为无继电器控制式、单继电器控制式和安全保护继电器控制式三类。具体电路要对照不同的典型控制电路分别了解。

1. 无继电器控制式启动系统电路

在装用较小功率启动机的微型车、轿车上常用点火开关启动挡（ST）直接控制启动机电磁开关，如图 4-25 所示。

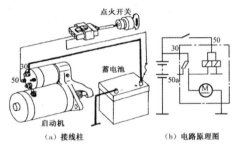

（a）接线柱　　　　　　（b）电路原理图

图 4-25 无继电器控制启动系统电路

2. 单继电器控制式启动系统电路

装有较大功率启动机时，为减小通过点火开关的电流强度，避免点火开关烧蚀。常用启动继电器触点控制启动机电磁开关的大电流，而用点火开关启动挡控制继电器线圈的小电流，启动继电器的作用就是以小电流控制大电流，保护点火开关，减少启动机电磁开关线路压降。单继电器控制式启动系统电路如图 4-26 所示。

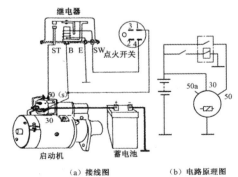

（a）接线图　　　　　　（b）电路原理图

图 4-26 单继电器控制式启动系统电路

自动变速器上装有空挡启动开关,空挡启动开关串联于启动继电器线圈搭铁端,它只有在自动变速器换挡杆处于停车(P)挡和空(N)挡时才接通,其他挡位时均处于断开状态,因此避免了误操作损坏机件的可能。

3.带安全驱动保护继电器式启动系统电路

为确保发动机发动后,使启动机自动停转,从而保证发动机发动后不可能接通启动机电路,解放 CA1092 及东风 EQ1092 型汽车采用了安全驱动保护复合继电器电路。

JD136、JD171 继电器实物连线如图 4-27 所示。

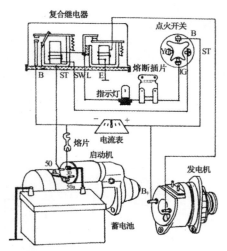

图 4-27JD136、JD171 继电器实物连线

在发动机未启动时,硅整流发电机未发电,中性抽头(N)接线柱电压为零。充电指示灯继电器线圈无电流通过,启动机继电器线圈电流经充电指示灯继电器常闭触点搭铁。当点火开关钥匙转到启动(ST)挡时,启动机可正常通电工作。发动机启动后,发电机中性抽头(N)接线柱输出正常电压,作用于充电指示灯继电器线圈上,常闭触点断开,常开触点闭合,启动机继电器线圈断电,其触点断开。此时即使没有及时放松点火开关钥匙,或误将点火开关钥匙重新转到启动(ST)挡位置,启动机也不会工作。

三、起动系统应用检测与故障分析

(一)启动机的间隙调整

1.启动系统线路压降测试

将启动机安装在汽车上,在接通启动机电路(约 300 A)时,测试线路压降,应符合图 4-28 所示的要求。

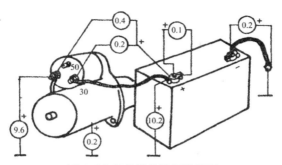

图 4-28 启动机线路压降测量

启动机工作时，启动电流较大，故使用中应注意以下事项：

（1）启动时踩下离合器踏板，将变速器挂空挡。装用自动变速器的汽车应将换挡杆置于停车挡 P 或空挡 N 的位置。

（2）每次接通启动机时间不得超过 5 s，两次之间应间隔 15 s 以上。

（3）听到发动机发动声应马上松开点火开关，切断启动挡。

（4）发现启动时有打齿、冒烟现象，应急时诊断并排除故障后再做启动。

2. 启动机的间隙调整

启动机在装复时应检查调整的项目有电枢轴向间隙、驱动齿轮与止推环间的间隙。

（1）电枢轴向间隙调整。如图 4-36 所示，电枢轴向间隙 C 应为 0.1 ~ 1.0 mm，否则应通过增减换向器与端盖之间的调整垫片予以调整。

（2）驱动齿轮与止推环之间的间隙调整。如图 4-29 所示，在启动机电磁开关未接通时，驱动齿轮与止推环之间的间隙 A 为飞轮齿圈宽度加 5 ~ 10 mm；当电磁开关通电，活动铁芯完全吸进时，驱动齿轮推出，此时间隙为 B，一般 B 为 1.5 ~ 2.5 mm。如果该间隙不合适，可根据启动机的具体结构通过下列调整部件进行调整。

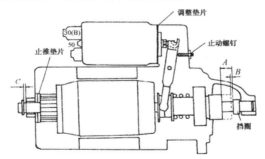

图 4-29 启动机调整部位示意图

（1）止动螺钉结合调整螺杆。

（2）止动螺钉结合偏心拨叉轴销。

（3）调整电磁开关与驱动端盖间垫片厚度。

（二）启动机性能的简易试验

1. 空转试验

如图 4-30 所示，将蓄电池的负极接启动机外壳，蓄电池的正极串接一只量程不小于 1000 A 的电流表后，接到启动机的接线柱 30（B）上，同时从接线柱 30 引出一条引线，当导线触及接线柱 50（S）时，启动机应能平稳运转，测量启动机输出轴的转速、端电压及消耗电流，应符合厂方规定的技术要求。

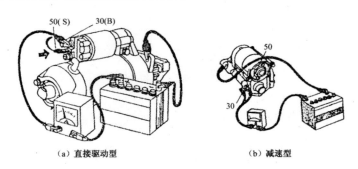

(a) 直接驱动型　　　　　(b) 减速型

图 4-30 空转试验

2. 吸拉试验

将电池负极分别接在机壳和电机接线柱 M 上，正极接线柱接到 50 接线柱上，如图 4-31（a）所示，小齿轮应能强有力地吸拉出来。

3. 保持试验

在上述试验正常吸拉出小齿轮的情况下，将电动机接线柱 M 上的引线断开，其他不变，如图 4-31（b）所示。若小齿轮能保持在拉出位置，表明电磁开关保持线圈性能正常。

4. 复位测试

将蓄电池负极接到启动机外壳上，蓄电池正极接到电动机 M 接线柱上，接通电路，小齿轮在拉出位置应自动进入原始位置，如图 4-31（c）所示。

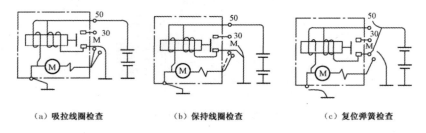

（a）吸拉线圈检查　　　　（b）保持线圈检查　　　　（c）复位弹簧检查

图 4-31 启动机电磁开关试验

（三）启动机的维护重点

启动机的维护重点有以下几个方面：

（1）经常检查启动机与蓄电池及开关之间的连接是否牢固，导线接触及导线的绝缘是否良好。

（2）经常维持启动机各部件的清洁,汽车行驶 3000 km 以后,应取下防尘箍,检查换向片,若有脏污应予以清洁。

（3）汽车行驶 5000 ~ 6000 km 以后, 应拆检电刷长度和电刷弹簧的弹力。

（4）经常注意启动机轴承的润滑。

（5）启动机电缆线径应大于 16 ~ 95 mm², 长度应尽可能短。

（6）启动机电枢轴线与飞轮轴线必须保持平行,同时小齿轮端面与发动机飞轮齿圈端面之间的距离应保持为 2.5 ~ 5 mm, 否则应加以调整。另外连接螺栓不得松动。

第二节　点火系统的技术分析

传统燃油汽车中,发动机为汽车的动力来源,根据发动机消耗的燃料不同,主要分为汽油发动机和柴油发动机,在我国的轿车中,汽车主要采用汽油发动机作为动力来源,汽油的燃点相对于柴油较高,发动机压缩行程空气被压缩后,温度会升高,但是和汽油的燃点相差较多,压缩后的热空气无法点燃汽油,所有汽油发动机需要用点火系统来完成对汽油发动机的点火,点火系统可以简单分为传统点火系统和电子点火系统。点火系统的作用是将汽车电源供给的低压电转变为高压电,并按照发动机的做功顺序与点火时间的要求,适时、可靠地配送给各缸的火花塞,在其间隙处产生电火花,点燃汽缸内的可燃混合气。

一、点火系统要求

点火系统应在发动机各种工况和使用条件下保证可靠而准确地点火,为此点火装置应满足以下基本要求。

（一）能产生足以击穿火花塞电极间隙的电压

在火花塞电极间产生火花时所需要的电压,称为击穿电压。一般来说,电极间隙越大、汽缸内混合气压力越高,温度越低,击穿电压越高。实验证明,当火花塞间隙为 0.5 ~ 1 mm, 压缩终了汽缸内压力为 0.6 ~ 0.9 MPa 时,发动机启动时需要的击穿电压约达 5000 ~ 8000 V。发动机在满负荷低转速时需要的高电压应达 8000 ~ 10 000 V 才能跳火。为了保证点火的可靠性,传统点火系统可提供 15 ~ 20 kV 的高电压。

（二）电火花应具有足够的能量

发动机正常工作时,由于混合气压缩终了的温度已接近其自然温度,因此所需的电火花能量很小（3 ~ 5 mJ）。但在启动、怠速、加速、大负荷等工况时,都需要较高的火花能量。尤其在启动时,由于混合气雾化不良,废气稀释严重,电极温度低,所需点火能量最高。为了保证可靠点火,点火系统提供的火花能量通常为 50 ~ 80 mJ。

（三）点火时间应适应发动机的工作状况

首先，点火系统应按发动机的工作顺序进行点火，如东风 EQ1092 型、解放 CA1092 型汽车装用的六缸发动机，点火顺序为 $1 \rightarrow 5 \rightarrow 3 \rightarrow 6 \rightarrow 2 \rightarrow 4$；奥迪 100 型轿车四缸发动机、桑塔纳轿车的四缸发动机点火顺序均为 $1 \rightarrow 3 \rightarrow 4 \rightarrow 2$。

其次，必须在最有利的时刻点火。点火时刻是用点火提前角来表示的。压缩行程中，从点火开始到活塞运行到上止点时曲轴所转过的角度，称为点火提前角。点火提前角过大（即点火过早），由于混合气的燃烧完全是在压缩过程中进行的，汽缸内压力急剧上升，在活塞到达上止点之前即达到较大压力，因此给正在上升的活塞一个很大的阻力阻止活塞向上运动，不仅使发动机功率下降，油耗增加，还会引起爆燃，加速机件损坏。如果点火提前角过小（即点火过迟），在活塞到达上止点时才点火，则混合气边燃烧，活塞边下行，即燃烧过程是在容积增大的情况下进行的，不仅导致燃烧压力降低、发动机功率下降，还会引起发动机过热、油耗增加。

一般把发动机发出最大功率或油耗最小的点火提前角，称为最佳点火提前角。发动机在不同工况和不同使用条件下的最佳点火提前角也不相同，影响最佳点火提前角的主要因素是发动机的转速和负荷。

当发动机转速一定时，随着负荷的加大（节气门开度加大），进入汽缸的可燃混合气增多，压缩终了时的温度和压力增高，同时上一循环残余废气在缸内混合气中所占的比例下降，因而混合气燃烧速度加快。这时，点火提前角应适当减小。反之，发动机负荷减小时，点火提前角应加大。当节气门开度一定时，发动机转速增高，燃烧过程所占的曲轴转角增大，这时应适当增大点火提前角，否则，燃烧会延续到膨胀过程中，造成功率和经济性下降。所以，点火提前角应随转速的增高而适当增大。

此外，最佳点火提前角还与所用汽油的抗爆性、混合气的浓度、发动机压缩比、发动机水温、进气压力及进气湿度等因素有关。

二、点火系统的分类

发动机点火系统按其组成和产生高压电的方式不同可分为传统点火系统和电子点火系统。

（一）传统点火系统

由断电触点控制点火线圈初级电流，将蓄电池或发电机供给的低压电转变为高压电的点火系统称传统点火系统。传统点火系统结构简单，成本低廉，长期以来得到了广泛应用。

（二）电子点火系统

由晶体管控制点火线圈初级电流，将蓄电池或发电机供给的低压电转变为高压电的点火系统称电子点火系统。电子点火系统也称"晶体管点火系统"或"半导体点火系统"。

汽车发动机正在向高转速、高压缩比、高比功率、高可靠性、低油耗、低排放、低噪声方向发展，传统点火系统将逐渐被电子点火系统所取代。

三、点火系统的组成

（一）传统点火系统的组成

传统点火系统的组成，如图 4-32（a）、（b）所示。主要有电源、点火线圈、分电器、点火开关、火花塞、附加电阻及附加电阻短接装置、高低压导线等部件组成。

（1）电源 有蓄电池和发电机。启动时点火系统由蓄电池提供低压电能；启动后，当发电机电压高于蓄电池电压时，点火系统由发电机提供低压电能。

（2）点火线圈 将汽车电源提供的 12 V 低压电转变成能击穿火花塞电极间隙的高压电。

（3）分电器 在发动机凸轮轴驱动下，准时接通和切断点火线圈初级电流，使点火线圈及时产生高压电，并按点火顺序将高压电传送至各缸火花塞；同时能自动和人为地实现对点火时间的调整。其中电容器的作用是减小断电触点火花，提高点火线圈次级电压。

（4）点火开关 控制点火系统低压电路的通断，控制发动机的启动和熄火。

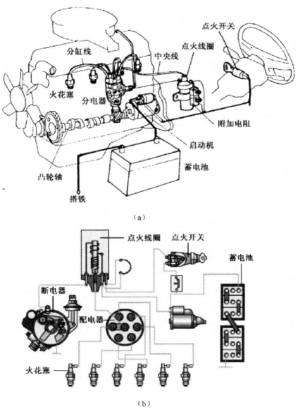

图 4-32 传统点火系统的组成

（5）火花塞 将高压电引入燃烧室，产生电火花点燃混合气。

（6）附加电阻短接装置 启动时将附加电阻短接，增大点火线圈初级电流，增强启动时火花塞的跳火能量。

传统点火系统是靠断电触点来接通和切断点火线圈初级电流而使点火线圈次级产生高电压的。这种工作方式不可避免地存在下列缺陷。

① 高速易断火。传统点火系统初级电流只能随指数规律增长，发动机转速上升时，由于触点闭合时间缩短，使得初级断电电流减小，次级电压及点火能量下降造成发动机高速断火。

② 断电触点易烧蚀。断电触点张开时，触点间存在放电电弧，触点火花不仅消耗了点火能量，同时也缩短了触点的寿命，使触点通过的电流受到了限制。传统点火系初级电流设计值一般仅为 5 A，产生的点火能量不能适应发动机的需要。

③ 对火花塞积炭敏感。传统点火系统次级电压上升较缓慢。升压过程中，火花塞电极间的积炭构成了次级电压漏电回路，使得次级所能升到的最高电压下降。积炭严重时，火花塞电极间不能形成电火花，造成发动机不能发动。

④ 启动性能差。为增大启动时的点火能量，传统点火系统设置了附加电阻短接电路。附加电阻被启动机开关短接时，点火线圈初级电流约增大 1 倍。电流的增大虽在一定程度上增加了启动时的点火能量，但电流的增大易使触点发热，氧化烧蚀加剧，使接触电阻增大，启动性能得不到持久稳定的保障。

⑤ 无线电干扰大。传统点火系统工作时，断电触点间的电弧放电、分火头与旁电极间的火花放电均会产生高频电磁振荡波，点火电磁波对周围的无线电会造成干扰。

（二）电子点火系统的类型

电子点火系统按发展进程通常可分为 3 个不同时代的产品。

（1）第一代电子点火系统。第一代电子点火系统保留了真空、离心点火提前装置及分火头式配电装置，用点火信号传感器取代了传统点火系统中的断电触点，增加了一个电子点火模块。由于取消了断电触点，习惯上称为"无触点电子点火系统"。

（2）第二代电子点火系统。第二代电子点火系统在无触点点火系统的基础上，保留分火头配电装置，用无运动关系的电子控制单元（ECU）取代了离心、真空点火提前装置，在电子控制单元中存储了发动机任一工况下的最佳点火提前角数据，故称为"无机械提前电子点火系统"，也称"数字式电子点火系统"。

（3）第三代电子点火系统。第三代电子点火系统在无机械提前装置基础上，取消分火头式配电装置，直接用数个点火线圈或二极管分配高压电控制火花塞跳火，这种电子点火系统称为"无机械配电器点火系统"或"电子配电点火系统"。

四、无触点式电子点火系统

（一）磁感应式电子点火系

如图 4-33（a）所示为磁感应式分电器主要部件分解图片；在磁感应式电子点火系统

统中，仅比传统点火系统增加了一个点火模块。解放 CA1092 汽车使用的磁感应式电子点火系统线路连接关系如图 4-33（b）所示。它由电源、点火开关、带电子点火模块的点火线圈、苄磁感应式信号传感器的分电器总成及火花塞等部件组成。

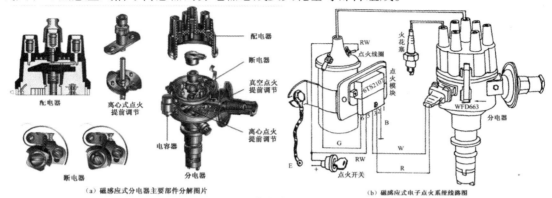

（a）磁感应式分电器主要部件分解图片　　　　（b）磁感应式电子点火系统线路图

图 4-33 磁感应式电子点火系统

无触点电子点火系统采用点火信号传感器取代传统点火系统中的断电触点。点火信号传感器的作用是产生对应于汽缸数及曲轴位置的电压信号，用以触发点火模块，使点火线圈产生高压电供火花塞跳火。在拆装无触点电子点火器之前，要用电子点火的电路原理图对照实做的汽车电路，掌握其相应组件的结构及系统的工作过程，再实施拆装操作。

常见的点火信号传感器分磁感应式、霍尔效应式和光电式三种。其中磁感应式无触点点火装置由于其结构简单、性能可靠稳定，已得到普遍使用。霍尔效应式传感器的性能优于磁感应式传感器，在德国大众公司的车上应用较多，光电式传感器则应用较少。

（二）霍尔效应式电子点火系统

在拆装和调整霍尔式分电器之前，要用典型电子点火系的电路原理图对照实做的汽车电路，掌握其组成和相应组件的结构及系统的工作过程，再实施拆装、调整的操作。

霍尔效应式电子点火系统广泛应用于桑塔纳、奥迪轿车及 488 型汽油机上。上海桑塔纳轿车用霍尔式电子点火系统，如图 4-34 所示。系统由电源、点火开关、电子点火模块、高能点火线圈、霍尔式分电器总成及火花塞等部件组成。

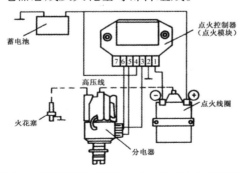

图 4-34 桑塔纳轿车用霍尔式电子点火系统接线图

第五章 照明信号及仪表系统的技术研究

为了保证汽车夜间行驶的安全性，必须在汽车上配置相应的照明设备，如为人们所熟知的前照灯、雾灯、内室顶灯等。另外，为了警示其他车辆及行人，汽车上还安装了灯光信号系统和音响信号系统，如转向灯、示廓灯、喇叭。为了让驾驶员方便的操作的车辆，及时地知道车辆的基本情况，方便地对车辆做出正确操作，汽车上还需要安装仪表系统。

第一节 汽车照明系统的技术分析

一、汽车照明系统简介

汽车照明系统根据功能不同，可以分为多种类型，为车辆安全行驶、正常使用提供保障。汽车照明系统一般有以下几种类型。

（一）前照灯

前照灯的主要用途是照亮车辆前方的道路和物体，确保行车安全。同时还可利用远光、近光交替变换作为夜间超车、会车信号。这就要求前照灯应能保证提供车前 100 m 以上路面明亮、均匀照明，并且不应对迎面来车的驾驶员造成眩目。随着车速的不断提高，道路照明的距离也相应增加，汽车上的前照灯的照明距离可达到 200 ~ 300 m。前照灯安装在汽车头部的两侧，每辆车安装 2 只或 4 只，灯光光色为白色，灯泡功率远光灯为 45 ~ 60 W，近光灯为 25 ~ 55 W。

（二）雾灯

雾灯的主要用途是用于雾天、下雨、下雪或尘土弥漫等能见度较低的情况下，作为道路照明和为迎面来车及后面来车提供信号。前雾灯安装在前照灯附近或比前照灯稍低的位置，前雾灯光色为黄色，后雾灯灯光光色为红色，灯泡功率一般为 35 W。

（三）倒车灯

倒车灯用于倒车时汽车后方道路照明和警告其他车辆和行人，兼有灯光信号装置的功能。倒车灯装在汽车尾部，灯光光色为白色，功率一般为 28 W。

（四）牌照灯

牌照灯用于照亮车辆牌照，要求夜间在车后 20 m 处能看清牌照号码。牌照灯装在汽车尾部牌照上方，灯光光色为白色，灯泡功率为 8 ~ 10 W。

（五）内部照明系统

内部照明系统由顶灯、仪表灯、踏步灯、工作灯、行李箱灯组成，主要是为驾驶员、乘客提供方便。灯光光色为白色，灯泡功率为 2 ~ 20 W。

二、汽车照明系统的工作原理与特性分析

汽车照明系统包含的灯类型较多，其中前照灯的结构较为复杂，也具有代表性，这里以前照灯为例分析汽车照明系统的工作原理与特性。

（一）前照灯的类型

1．可拆式前照灯

这种前照灯的配光镜靠反射镜边缘上的齿簧与反射镜组合在一起，并用箍圈和螺钉将它们固定在灯壳上。可拆式前照灯由于密封性不好，反射镜易受灰尘和湿气的污染而变黑，严重影响照明效果，目前已很少采用。

2．全封闭式前照灯

全封闭式前照灯又称为真空灯。它的反射镜和配光镜制成一体，里面装有灯丝，并充以惰性气体；灯丝焊在反射镜底座上，反射镜的镜片为真空镀铝。其结构如图 5-1 所示。这种结构的前照灯的优点是可以完全避免反射镜受到污染，但是，当灯丝烧坏后，需要更换前照灯总成，成本较高。

3．半封闭式前照灯

半封闭式前照灯的结构如图 5-2 所示。其配光镜由反射镜边缘上的牙齿固定在反射镜上，两者之间有橡胶圈或密封胶密封。半封闭式前照灯的灯泡可从反射镜后端进行拆装，维修方便，因此得到普遍使用。更换半封闭式前照灯的灯泡时，不能用手触摸灯泡的玻璃壳部分。

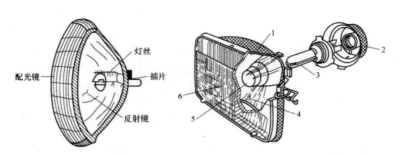

图 5-1 全封闭式前照灯的结构　　图 5-2 半封闭式前照灯的结构

1—灯壳；2—灯泡卡盘；3—灯泡；

4—反射镜；5—玻璃球面；6—配光镜

4. 投射式前照灯

如图 5-3 所示，投射式前照灯的反射镜近似于椭圆形状。它具有两个焦点，第一焦点处放置灯泡，第二焦点是由光线形成的，凸形配光镜的焦点与第二焦点是一致的。来自灯泡的光利用反射镜聚成第二焦点，再通过配光镜将聚集的光投射到前方。投射式前照灯采用的灯泡多为卤钨灯泡。在第二焦点附近设有遮光板，可遮挡上半部分光，形成明暗分明的配光。由于它具有这种配光特性，因此也可用于雾灯。投射式前照灯的反射镜采用扁长断面，光束横向分布效果好，结构紧凑、经济实用。

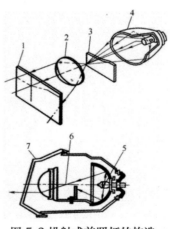

图 5-3 投射式前照灯的构造

1—屏幕；2—凸形配光镜；3—遮光镜；4—椭圆反射镜；5—第一焦点；6—第二焦点；7—总成

5. 高亮度弧光灯

高亮度弧光灯的结构如图 5-4 所示。这种灯的灯泡里没有灯丝，取而代之的是装在石英管内的两个电极，管内充有氙气及微量金属（或金属卤化物）；在电极上加上 5 ~ 12 kV 的电压后，气体开始电离而导电，由气体原子激发到电极间少量的水银蒸气弧光放电，最后转入卤化物弧光灯工作。采用多种气体是为了加快起动。

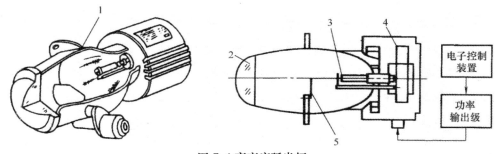

图 5-4 高亮度弧光灯

1—总成；2—透镜；3—弧光灯；4—引燃及稳弧部件；5—遮光灯

弧光式前照灯由弧光灯组件、电子控制器和升压器 3 部分组成。其灯泡的光色和日光灯相似，其亮度是目前卤钨灯泡亮度的 2.5 倍、寿命是卤钨灯泡寿命的 5 倍，灯泡的功率为 35W，可节能 40%。

（二）前照灯的结构

前照灯由灯泡、反射镜和配光镜 3 个光学组件组成。

1. 灯泡

目前，汽车前照灯的灯泡有 3 种，即充气灯泡、卤钨灯泡和高压放电弧光灯，如图 5-5 所示。

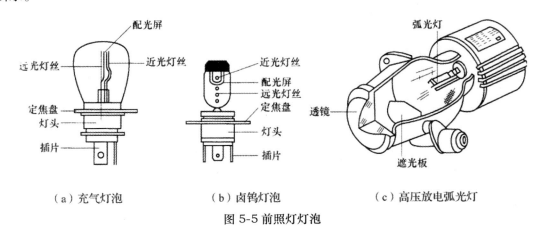

（a）充气灯泡　　　　（b）卤钨灯泡　　　　（c）高压放电弧光灯

图 5-5 前照灯灯泡

（1）充气灯泡。充气灯泡的结构如图 5-5（a）所示，灯丝用钨丝制成，灯泡内充满氩、氖和氮的混合惰性气体。充入惰性气体可以在灯丝发热膨胀后，增加玻璃壳内的压强，减少钨的蒸发，从而可提高灯丝的设计温度和发光效率，延长灯泡使用寿命。

（2）卤钨灯泡。充气灯泡结构如图 5-5（b）所示，虽已充入惰性气体，但仍然有少量钨丝蒸发而使灯泡变黑。为此，在充入灯泡的气体中掺入某一卤族元素，如氟、氯、溴、碘等，形成卤钨灯泡。在灯泡工作时，其内部可形成卤钨再生循环反应：从钨丝上蒸发出来的气态钨与卤族元素反应，生成了一种挥发性的卤化钨，它扩散到灯丝附近的高温区后又受热分解，使钨又重新回到灯丝上。被释放出来的卤素继续参与下一次循环反应，如此周而复始地循环下去，从而防止了钨丝的蒸发和灯泡的黑化现象。卤钨灯泡的玻璃由耐高温、高强压的玻璃制成，且灯泡内的充气压力较大、工作温度高，可更有效地抑制钨的蒸发量，延长灯泡使用寿命，提高发光效率。在相同功率的情况下，卤钨灯泡的亮度是充气灯泡亮度的 1.5 倍，卤钨灯泡的寿命是充气灯泡寿命的 2 ～ 3 倍。

（3）高压放电弧光灯。高压放电弧光灯又俗称为氙气灯，如图 5-5（c）所示，其灯光色和日光非常相似，灯泡里没有灯丝，取而代之的是装在石英管内的两个电极，管内充满氙气及微量金属。亮度是目前卤素灯泡的 3 倍左右，克服了传统钨灯的缺陷，完全满足汽车夜间高速行驶的需要。

2．反射镜

反射镜的表面形状呈旋转抛物面，如图 5-6 前照灯反射镜所示，一般由 0.6 ～ 0.8 mm 的薄钢板冲压而成，或由玻璃或塑料制成。其内表面镀银、铝或铬，然后抛光处理。目前反射镜内面采用真空镀铝的较多。

反射镜将位于反射镜焦点上的灯泡所发出的光线聚合、反射后呈平行光束，如图 5-7 反射镜反射作用所示，使光度大大增强，以保证汽车在距前方 150 ～ 400 m 时，具有足够的照明，同时尚有少量的散射光线，照射侧方和下方的散射光线有助于照明两侧 5 ～ 10 m 的路面。

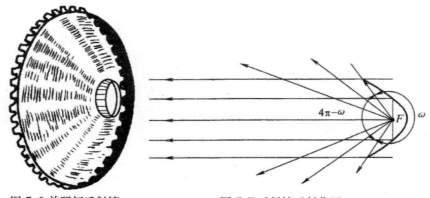

图 5-6 前照灯反射镜　　　　　　　图 5-7 反射镜反射作用

3．配光镜

配光镜又称散光玻璃，由透光玻璃压制而成，是多块特殊棱镜和透镜的组合，外形一般为圆形或矩形，如图 5-8 配光镜及其剖面棱镜形状所示。配光镜的作用是将反射镜反射出的平行光束进行折射，使车前的路面有良好而均匀的照明，如图 5-9 配光镜的结构和作用所示。

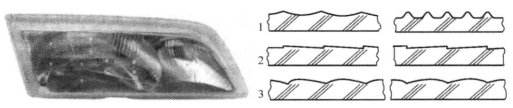

1. 起伏较大的剖面棱镜形状 2. 锯齿形的剖面棱镜形状 3. 小山式的剖面棱镜形状

图 5-8 配光镜及其剖面棱镜形状

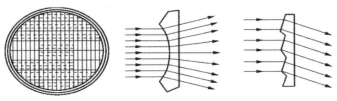

图 5-9 配光镜的结构和作用

（三）前照灯的功能分析

当前照灯射出的强光束突然映入人的眼睛时，就会对视网膜产生刺激，瞳孔来不及收缩造成视盲的现象，称为眩目。夜间行车时，强烈光束会使对面行驶的车辆驾驶员炫目，从而容易引发交通事故。为避免此类现象的发生，前照灯采取了相应的防眩目措施。

1. 采用带有遮光屏的双丝灯泡

图 5-10 所示为带有遮光屏的双丝灯泡。这种采用带有遮光屏的双丝灯泡的大灯，其近光灯丝位于反射镜焦点的上方或前上方，远光灯灯丝位于反射镜的焦点上。根据图 5-11 所示的光学原理，远光灯丝发射的光线经反射镜聚光、发射后，沿光学轴线以平行光束射向远方，以此照亮车前方 150 m 以上的路面；近光灯丝下方均设有遮光屏（又称遮光罩或光束偏转器），用以遮挡近光灯丝射向反射镜下部的光线，消除反射向上照射的光束；近光灯丝发射的光线经反射镜发射后，大部分光束倾斜向下射向车前的路面，从而避免了对方驾驶员眩目。

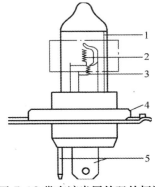

图 5-10 带有遮光屏的双丝灯泡

1—玻璃泡；2—近光灯泡；3—远光灯泡；4—灯座；5—插座

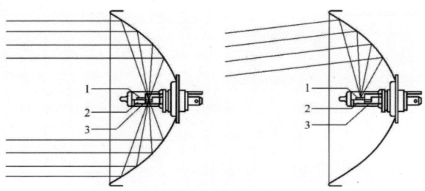

图 5-11 远光灯和近光灯的反射效果

1—近光灯丝；2—遮光屏；3—远光灯丝

2.采用非对称配光屏双丝灯泡

这是一种新型的防眩目前照灯，其配光屏安装时偏转一定角度，使其近光的光形分布不对称，将近光灯右侧光线倾斜升高 15°，如图 5-12（b）所示，其效果示意图如图 5-13 所示。配光的性能符合 ECE 标准，其工作情况如图 5-14 所示。这种灯的光形有一条明显的明暗截止线，即上方Ⅲ区是个明显的暗区。该区点的标注 B50L 表示相距 50 m 处、迎面驾驶员眼睛的位置。下方Ⅰ、Ⅱ、Ⅳ及右上方 15° 内是一个亮区，可将车前面和右方人行道照亮。

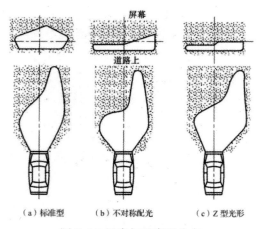

（a）标准型　　　（b）不对称配光　　　（c）Z 型光形

图 5-12 近光灯的光形分布

3.Z 型光形

Z 型光形是目前较先进的光形，它不仅可以防止对面驾驶员眩目，也可防止非机动人员眩目，如图 5-12（c）所示，示意图见图 5-15 所示。

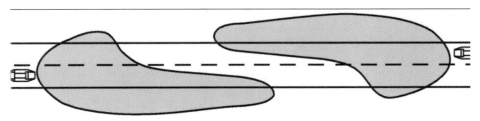

图 5-13 不对称配光光型会车时的灯光效果

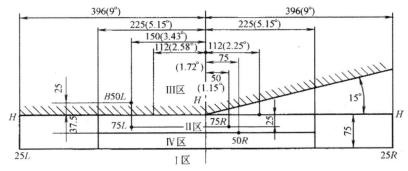

图 5-14 近光配光图（测定距离：25 m 单位：cm）

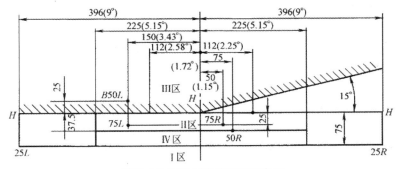

图 5-15 Z 型非对称配光示意图

（四）前照灯的控制策略分析

1. 带前照灯继电器的照明电路

图 5-16 所示的带前照灯继电器的照明电路最为常见，主要由电源、车灯开关、前照灯继电器、变光开关、超车灯开关及前照灯等组成。灯光开关控制灯光继电器接通或关断前照灯电源，夜间会车时通过变光器交替接通前照灯远光和近光。超车灯开关通过控制远光灯电路来实现白天超车提醒的作用。

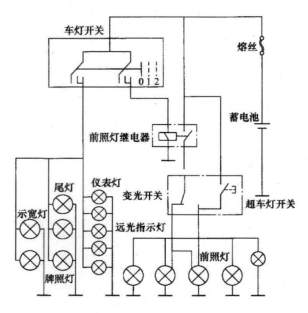

图 5-16 带前照灯继电器的照明电路

2．前照灯自动变光器

前照灯自动变光器能根据对面来车的灯光强、弱，实现远、近光自动变换。自动变光器的工作原理如图 5-17 所示，由感光器（VD1、VD2）、放大电路（VT1、VT2、VT3、VT4）和变光继电器 J 组成。该变光控制电路功能为：当 150 ~ 200 m 处有迎面来车时，可使前照灯自动由远光切换为近光，待会车结束后，又自动恢复前照灯远光照明。自动／手动转换开关可以自由选择自动或手动变光，在自动变光失效的情况下，通过此开关仍可以实现人工操纵变光。

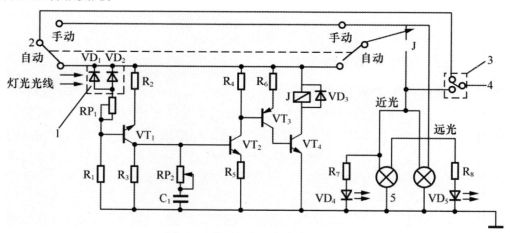

图 5-17 前照灯自动变光控制电路

1—光传感器；2—手动与自动变光转换开关；3—变光开关；4—接灯光开关；5—前照灯

自动变光器的工作原理如下：在夜间行驶无迎面来车时，光电传感器（VD1、VD2）得到的光照量极少，光电管电阻值较大，VT1 基极的电流减小，VT1 截止，于是 VT2、VT3、VT4 的基极因失去基极电流而截止，继电器 J 不通电，常闭触点闭合，接通远光灯。

当有迎面有车或道路有较好的照明度时，光电传感器（VD1、VD2）因受迎面灯光的照射，电阻值减小，使 VTI 获得基极电流而导通，VT2、VT3、VT4 也随之导通，继电器 J 电磁线圈有电流通过，继电器 J 工作，触点"J"动作下移，前照灯自动切断远光灯与远光指示灯，而近光灯和近光指示灯接通工作。会车结束后，前照灯自动恢复远光照明。

3．前照灯延时控制电路

前照灯延时控制电路可使前照灯电路切断后，仍继续点亮一段时间后自动熄灭，以提供短时照明。电子控制前照灯延时控制电路如图 5-18 所示。其工作原理如下：当发动机熄火后，机油压力开关 6 的触点闭合，驾驶员在离开汽车驾驶室以前，按下仪表板上的前照灯延时按钮 1，蓄电池对电容 C 充电。在电容 C 充电时达林顿晶体管 VT 的基极电位逐渐升高，使 VT 管导通，继电器线圈通电，触点闭合，接通了前照灯的远光或近光电路。松开前照灯延时开关按钮 1，电容 C 又通过电阻 R 和 VT 管放电，前照灯仍能保持通电照明，直到电容 C 电压下降至晶体管 VT 截止。VT 管截止后，继电器触点断开，前照灯熄灭。延时的时间取决于电路中 C 和 R 的参数，一般可延迟 1 min。

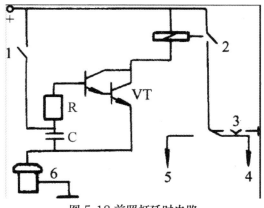

图 5-18 前照灯延时电路

1—前照灯延时按钮；2—延时继电器；3—变光开关；4、5—接前照灯；6—压力开关

4．前照灯昏暗自动发光电路

图 5-19 所示为前照灯昏暗自动发光器的电路。该装置一般都装在汽车仪表板上，主要由光电传感器和三极管放大器两大部分组成。光电传感器由光敏元件、延时电路、控制开关等组成。在安装光电传感器时，应注意将其感光面朝上，用以接收从汽车挡风玻璃射进来的自然光。其光通量的大小可由传感器前面的光阀进行调整，以适应各种情况（包括季节）的变化。三极管放大器主要由三极管 VT1 和 VT2、二极管 VD1 和 VD2，电阻 R1 ～ R9、电容 C1 和 C2，以及灵敏继电器和功率继电器等组成。

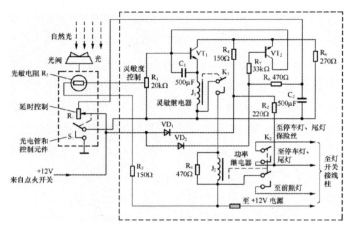

图 5-19 前照灯昏暗自动发光器电路

前照灯控制策略为：汽车行驶时，当自然光的强度降低至某一程度而被光电传感器接收时，传感器中光敏电阻 R2 的阻值减小到一定数值，它便以需要发光的电压（信号）输出送往三极管放大器；当三极管放大器接收到光电传感器输出信号后，三极管 VT1 的电位迅速下降，灵敏继电器 J1 线圈被接通；当继电器 J1 电路接通后，它便产生电磁吸力使触点 K1 闭合，当 K1 闭合后，功率继电器 J2 的电路也被接通，故开关也被 K2 吸合，将连接前照灯的电路接通，前照灯即被点亮，电路中三极管 VT2 的作用是延时，即当点火开关切断时，VT2 使 VT1 保持导通，直到电容器 C2 上的电压减小到不足使 VT2 导通为止，VT2 截止后，VT1 亦截止，由于继电器 J1 和 J2 的作用，使触点 K1 和开关 K2 均打开，以使前照灯自动熄灭。其延时时间的长短可由电位器 R1 进行调节。

三、汽车照明系统应用与故障分析

（一）前照应用分析

1. 桑塔纳轿车前照灯控制系统电路图分析

图 5-20 所示为上海大众桑塔纳轿车前照灯控制系统电路。

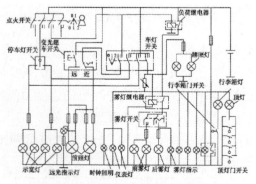

图 5-20 桑塔纳轿车照明电路图

电路分析如下：前照灯由点火开关和车灯开关共同控制，当点火开关置于 1 挡、车灯开关置 2 挡时，前照灯工作电路为：电源正极→点火开关 1（ON）挡→车灯开关 2 挡→变光开关（远光 / 近光）→熔丝→前照灯（远光 / 近光）→搭铁，前照灯亮。通过变光开关控制远、近光变换。此外，远光灯还由超车开关直接点动控制，在汽车超车时当作超车信号灯用。

　　雾灯由点火开关、雾灯继电器和车灯开关控制，雾灯继电器线圈由车灯开关控制，雾灯继电器触点由负荷继电器控制，负荷继电器由点火开关控制。若要使用雾灯，点火开关必须置于 1 挡使负荷继电器接通，为雾灯继电器触点供电；车灯开关必须置于 1 挡或 2 挡使雾灯继电器接通，这时，雾灯开关就可以控制雾灯了。雾灯开关置于 1 挡接通前雾灯的电路，处于 2 挡时可同时接通前、后雾灯和雾灯指示灯的电路。

　　牌照灯由车灯开关直接控制，不受点火开关控制，在车灯开关置于 1 挡或 2 挡时点亮。

　　仪表板、时钟、点烟器、雾灯开关、后风窗除霜开关、空调开关等的照明灯均由车灯开关直接控制。当上述照明灯均被接通，其亮度可通过仪表灯调光电阻进行调节。

　　顶灯由顶灯开关和门控开关共同控制，当顶灯开关接通时（手动），顶灯亮。当顶灯开关处于断开情况下，顶灯可由 4 个门控开关控制，只要有一个门关闭不严，此门所对应的门控开关就闭合，从而点亮顶灯。

2．丰田威驰轿车前照灯控制系统电路图分析

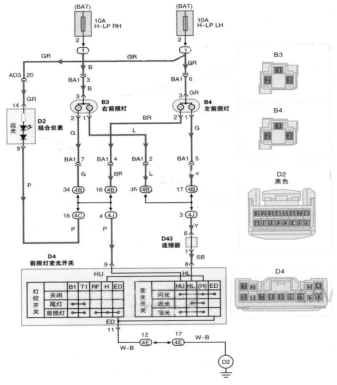

图 5-21 丰田威驰轿车前照灯控制系统电路

图 5-21 所示为丰田威驰轿车前照灯控制系统电路图。可以看出蓄电池通过 2 个 10 A 的保险为前照灯供电，前照灯近光灯泡通过连接器 D43 与变光开关 HL 相连，前照灯远光灯泡先与组合仪表中远光小灯并联再与变光开关 HU 相连，变光开关（H）与灯控开关 H 相连，变光开关 ED 与灯控开关 ED 相连，最后接地，当点火开关打开，灯控开关通电，变光开关打到近光 HL 与（H）相通，通过等控开关，构成回路，近光灯点亮，当变光开关打到远光 HU 与（H）相通，通过等控开关，构成回路，远光灯点亮，也可以直接控制变光开关的闪光档，HU 直接与 ED 连通，构成回路，远光灯点亮。

（二）前照灯的维护与调整

1. 前照灯的维护

如果发现反射镜上稍有灰尘后，可用压缩空气吹干净，如果吹不干净，则应根据镀层的不同，采取不同的方法清除。

反射镜为镀铬的，可用柔软的皮蘸少量酒精，由反光镜的中心向外围成螺旋形轻轻地仔细擦拭。如果反光镜是镀银或者是镀铝的，可用棉花蘸清水清洗（不要擦拭）。然后用压缩空气吹干。

有的反射镜表面由制造厂预先涂了一层很薄的保护层，擦拭时一定不要破坏它。如果反射镜经常有污物，应该更换橡胶密封圈。

更换大灯时由于卤钨灯泡在使用时比普通灯泡热，如果机油或润滑脂粘在其表面，则会导致灯泡破裂，而且手上汗水中的盐也会污染石英。因此，在换灯泡时应抓住法兰部分，防止手指接触石英，如图 5-22 所示。

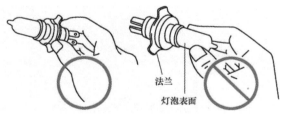

法兰

灯泡表面

图 5-22 更换灯泡

2. 前照灯调整的要求

通常采用有关汽车前照灯的配光性能和法规有两个：一个是欧洲经济共同体 ECE 法规配光性能标准；另一个是美国 FVMSS（联邦汽车安全标准）108 号标准，它相当于 ECE 法规 76/756，也就是 SAE 法规配光性能标准。ECE 法规标准比美国 SAE 法规标准更为全面、合理。我国采用了类似于 ECE 前照灯配光性能标准，国家标准《机动车运行安全技术条件》（GB/T 7258—2012）中，对前照灯的发光强度及光束照射位置进行如下规定。

（1）前照灯光束照射位置要求。

①机动车（运输用拖拉机除外）在检验前照灯的近光光束照射位置时，前照灯在距离屏幕 10 m 处，光束明暗截止线转角或中心的高度应为 0.7 H ~ 0.9 H（ H 为前照灯基准中

心的高度）；在水平方向上，向左偏应小于等于 170 mm，向右偏应小于等于 350 mm。

②四灯制前照灯其远光单光束灯的调整，要求在屏幕上光束中心离地高度应为 0.85 H ~ 0.95 H，水平位置要求左灯向左偏应小于等于 170 mm，向右偏应小于等于 350 mm；右灯向右向左偏均应小于等于 350 mm。

（2）前照灯发光强度要求。机动车每只前照灯的远光光束发光强度应达到表 5-1 的要求。测式时，其电源系统应处于充电状态。

表 5-1 前照灯远光光束发光强度要求（单位：cd）

项目	新注册车			在用车		
	一灯制	两灯制	四灯制	一灯制	两灯制	四灯制 *
汽车、无轨电车	—	18000	12000	—	15000	12000
四轮农用运输车	—	10000	8000	—	8000	6000
三轮农用运输车	8000	6000	—	6000	5000	—

* 采用四灯制的机动车其中两只对称的灯泡达到两灯制的要求时视为合格。

（3）前照灯对光调整前的检查。

在调整或校准前照灯之前，应该先进行以下检查，以保证调整正确。

①如果汽车轮胎上有很厚的冰雪或泥浆，应该用高压水清洗掉。

②确保油箱是半满状态。

③检查弹簧和减振器。如果弹簧或减振器受损，会影响调整结果。

④将所有轮胎气压调整到规定值。

⑤检测前灯之前，应震动汽车以稳定悬架状态，方法是站到保险杠上跳几下或者用力下推前挡泥板。

（4）利用屏幕检验法检测和调整光束。前照灯光束检查可以采用屏幕检验法，下面介绍屏幕检验法。

①将汽车停在水平地面上，并且按规定充足轮胎气压，从汽车上卸下所有负载（只允许一名驾驶员乘坐）。距汽车前照灯 s（m）处竖一个屏幕（注意：不同的车型要求的值也不同，具体参照维修手册）。以桑塔纳车为例，s =10 m，D =100 mm。在屏幕上画两条垂线（各线通过前照灯的中心）和一条水平线（与前照灯的离地高度等高），如图 5–23 所示。再画一条比 H 低 D（mm）的水平线与两条前照灯的垂直中心线分别相交于 a、b 两点。

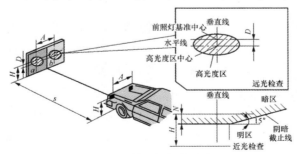

图 5-23 前照灯灯光检查

②起动发动机，使之以 2000 r/min 的速度（约为发动机转速的 60%）运转，即在蓄电池不放电的情况下点亮前照灯远光（有些车按近光调整，参见具体的车型手册）。

③调整时，应该把一只灯遮住，然后检查另一只灯的光束是否对准 a 或 b 点（同一侧的光照中心）。若不符合要求，则拆下前照灯罩圈。旋出侧面的调整螺钉，可使光束作水平方向的调整，旋入或旋出上面的调整螺钉，也可作高低方向的调整（见图 5-24）。调整好一只灯后，按照同样的方法调整另一只，使其光束中心对准 b 或 a 点。

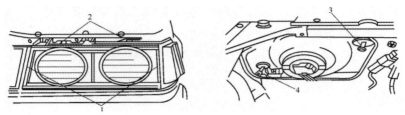

图 5-24 前照灯的调整部位

1、3—左右调整螺钉；2、4—上下调整螺钉

④当远光调好后，应该打开近光灯，检查屏幕上是否有明显的明暗截止线，其高度是否符合规定。一般规定是：前照灯上边缘距地面不大于 1350 mm 的车，在距灯边 10 m 远的屏幕上明、暗截止线水平部分应比前照灯基准中心低 $H/3$ 左右。

当前照灯光束调整好后，还应对其照度进行测量。可采用屏幕式测试器或聚焦式测试器进行测试。

（5）利用集光式测试仪调整前照灯。

集光式测试仪的结构如图 5-25 所示，其使用方法如下。

①测试仪垂直放置，汽车和测试仪的相对位置应保证检验仪聚光凸透镜与前照灯配光镜之间的距离为 1 m。

②调整测试仪，使对正校准器对准被测汽车的纵向中心线，即对中。

③利用前照灯对正校准器，通过上下、左右调整测试仪，使前照灯中心与测试仪聚光凸透镜中心对中，然后将测试仪固定在支柱上。

④接通前照灯，将光度—光轴转换开关转到光轴位置上。左右、上下偏移指示计。转动左右、上下调整旋钮，使左右、上下偏移指示计的指针指示中央位置。

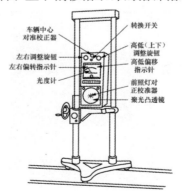

图 5-25 集光式前照灯测试仪

⑤将光度—光轴转换开关转到光度位置上，光度计开始工作，读取此时光度计指示值和左右、上下调整旋钮转动时的刻度值，即测出了发光强度，以及光轴的左右、上下偏移量。

⑥调节前照灯的左右、上下调节螺钉，使测试仪调整旋钮的刻度恢复到零，即调好。

（三）前照灯故障分析

1. 常用电路检测工具与仪器

在蓄电池第1章中已经介绍了万用表的使用，在此针对电路故障有针对性地介绍跨线接与试灯在电路检测中的运用。

（1）跨接线。跨接线是一根测试导线，如图5-26所示，用于跨接线路，从而判定线路通断。它可使电流"绕过"被怀疑为开路或断路的电路部分，从而使电路形成回路，进行导通性测试。如果连接跨接线后电路工作正常，不连接跨接线时工作不正常，则表示所跨过的部位存在开路故障。跨接线仅用于旁通电路的非电阻性部件，如开关、连接器和导线段等。只要使用得当，跨接线可以成为一种简单、有效的测试工具。

注意：切勿将跨接线直接跨接在用电设备两端，否则会烧损其他相关电路元件。如图5-26所示，电动机两端不能接跨接线。

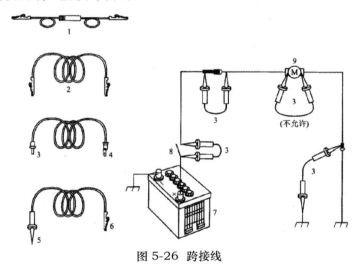

图5-26　跨接线

1—带直列式熔断器的鳄鱼夹；2、6—鳄鱼夹；3—针形端子；4—接片端子；5—探头；7—蓄电池；8—开关；

9—电动机

（2）试灯。电路检测常用试灯多采用无源试灯，它多由一只LED灯（通常为2V,8 ~ 10 mA）、一对引线及串接电阻所组成，用于测试是否有电压，检测效果直观明了，同时可通过LED灯的明亮程度来估计电压值。使用方法是将一条引线可靠接地，用另一条引线沿电路接触不同的点，检测是否有电压，如图5-27所示，如果试灯点亮则表明测试点有电压。

2. 汽车电路常见故障

汽车电路常见的故障有开路（断路）、短路、搭铁、接触不良等。

（1）开路故障。开路故障也叫断路故障，是指线路中本该相连的两点之间断开，电流无法形成回路，使得电器设备无法工作即为开路故障，如图 5-28 所示。

（2）短路故障。线路不该相连的两点之间发生接触，电流绕过部分电器元件（见图 5-29（a））或电流被导入到其他电路（见图 5-29（b）），使得电器设备不能正常工作即为短路故障。搭铁故障也是一种短路故障（见图 5-29（c））。

（3）接触不良故障。由于磨损、脏污等原因，造成线路中两点之间接触不实，接触电阻超过了允许范围，使得电器设备工作不可靠或性能下降即为接触不良故障。例如，蓄电池极桩处接触不良会导致起动机无法起动，且接触不良处会有较大的压降，并伴随产生较大的热量。

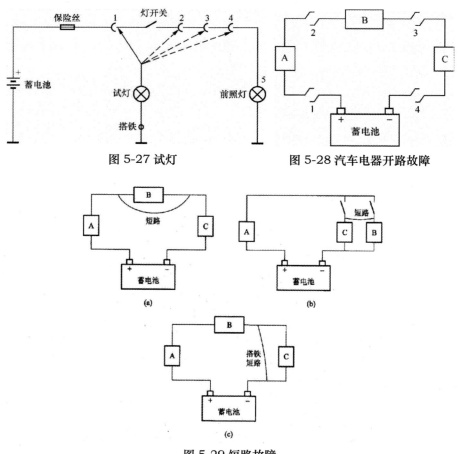

图 5-27 试灯   图 5-28 汽车电器开路故障

图 5-29 短路故障

3. 汽车电路故障一般诊断流程

在对汽车电路故障进行检测时，通常可以按照以下 6 个步骤进行，其流程图如图 5-30 所示。

（1）听取客户陈述故障情况。详细了解发生故障时的情况和环境，主要包括下列信息：车型、时间、气候条件、路况、海拔高度、交通状况、系统症状、操作条件、维修经历及购车后是否安装了其他附件等。

（2）确认故障症状。运转系统，必要时进行路试。确认故障参数，查看车主（用户）所反映的情况是否准确，同时注意观察通电运行后的各种现象。在动手拆卸或测试之前，应尽量缩小故障产生的范围。如果不能再现故障，可进行故障模拟试验。

（3）分析相关电路原理。在电路图上划出有问题的线路，分析电流由电源经负载到搭铁的闭合回路路径，弄清电路的工作原理，如果对电路原理还不太清楚，应仔细看电路说明及相关资料，直至弄清为止。对有问题线路的相关线路也应加以分析。每个电路图上都给出了共用熔断器、开关和搭铁的相关线路名称。在检测中，如果相关线路工作正常，说明共用部分没问题，故障原因仅限于有问题的这一分支线路中；如果相关联的几条线路同时出现故障，则很可能是熔断器、电源线或搭铁线等共用部分有故障。

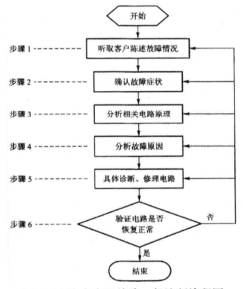

图 5-30 汽车电器故障一般诊断流程图

（4）分析故障原因。汽车电器系统故障检修的快慢以及成功与否，关键在于故障诊断与检修的程序是否合理、分析是否正确、判断是否准确、方法是否得当。用穷举法对所有可能故障点一一排查，是一种最低效的方法，因此，在维修人员头脑中建立起系统分析的维修方法很有必要。一般是按先易后难的次序对有问题的线路或部件进行逐个排查。

对于故障范围较大、可能原因较多的复杂故障，可以先列出所有可能故障原因，然后根据理论分析和工作经验将故障可能原因进行归类，可将概率高且易排查归为 A 类，将概率低且易排查归为 B 类，将概率高且难排查归为 C 类，将概率低且难排查归为 D 类，并按 A→B→C→D 的顺序分别进行诊断与检修，可有效提高维修效率。

（5）具体诊断、修理电路。综合前面的分析结果，选择合适的诊断与检修方法进行故障点的排查。检查系统有无机械咬合、插接件松动或电缆损坏，确定涉及哪些线路和元件，修理或更换有故障的线路和元件。

（6）验证电路是否恢复正常。在对电路进行一次系统检查后，在所有模式下运转系统，确认系统在所有工况下运转正常，确认没有在诊断或修理过程中造成新的故障。

以上所述为汽车线路故障诊断与检修的一般流程，对初学者按部就班，培养良好的故障诊断与检修思路大有裨益。对于具备相当的理论知识和工作经验的维修人员，实际工作中不必过分拘泥于流程步骤，可以视实际情况或凭经验略过一些步骤，直达故障点进行检修，可有效提高工作效率。

4. 汽车电路故障诊断与检测的常用方法

汽车电路故障诊断与检修的方法有很多，比较常用的有直观法、检查熔断器法、试灯法、短路法、替换法、模拟法等。

（1）直观法。直观法就是直接观察的方法，它不使用任何仪器、仪表，凭检修者的直观感觉来检查和排除故障，当汽车电器系统的某个部分发生故障时，会出现冒烟、火花、异响、焦臭、高温等异常现象。通过人体的感觉器官，听、摸、闻、看等对汽车电器进行直观检查，进而判断故障的所在部位。

（2）检查熔断器法。当汽车电器系统出现故障时，首先应查看熔断器（俗称保险、保险丝）是否完好，有些故障简单地就是熔断器烧断或处于保护状态。

（3）试灯法。如前面所述，可用专业的试灯进行电路检测。

（4）短路法。短路法又叫短接法，即用前面所述的跨接线进行跨接短路检测。

（5）替换法。替换法常用于故障原因比较复杂的情况，能对可能产生的原因逐一进行排除。其具体做法是：用一个完好的元器件替换怀疑有故障的元器件，这样做可以验证怀疑是否正确。若替换后故障消除，说明怀疑成立；否则，装回原件，进行新的替换，直至找到真正的故障部位。

（6）模拟法。有时当车辆送去维修时，故障并不出现，因此必须模拟故障发生时的条件。模拟法应用于对各种传感器、控制器、执行机构等的判断。实质上就是怀疑电路中某些元器件有故障，进行发生条件模拟验证后诊断故障。

①车辆振动模拟。某些故障发生在车辆行驶在粗糙路面上或发动机振动时，在这种情况下，应模拟相应情况下的振动，如图 5-31 所示。

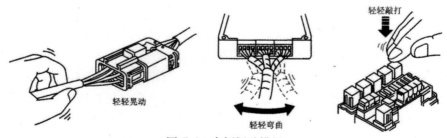

图 5-31 车辆振动模拟

②热敏感性（温度）模拟。某些故障发生在炎热天气或车辆温度达到一定高度时，在这种情况下，要想确定电器元件是否热敏感，应用加热枪或类似的工具加热该元件，如图 5-32 所示。注意不要将电器元件加热到 60 ℃以上。

③浸水模拟。某些故障只发生在高湿度或雨雪天气，在这种情况下，可以通过浸湿车辆或利用清洗机对车辆模拟雨淋来诱发故障，如图 5-33 所示。

④电负载模拟。某些故障可能对电负载敏感，在这种情况下，将所有附件（包括空调、汽车音响、前照灯等）全部打开，然后进行诊断。

不要加热到 60 ℃(140 ℉)以上

图 5-32 热敏感性模拟

图 5-33 浸水模拟

⑤起动模拟。在某些情况下，只有当车辆冷起动时才会发生电器故障，或在车辆短暂熄火后热起动时发生。这时可在相应条件下复现故障。

5. 汽车电器检修注意事项

维修汽车电器系统的首要原则是不要随意更换电线或电器，这种操作有损车辆，且易造成短路、过载而引起火灾。同时还应注意以下各项。

（1）拆卸蓄电池时，总是最先拆下负极（－）电缆；装上蓄电池时，总是最后连接负极（－）电缆。拆下或装上蓄电池电缆时，应确保点火开关或其他开关都已断开，否则会导致半导体元器件的损坏。切勿颠倒蓄电池接线柱极性。

（2）不允许使用电阻表及万用表的 R×100 以下低阻挡检测小功率晶体管，以免电流过载损坏它们。

更换晶体管时，应首先接入基极，拆卸时，则应最后拆卸基极。对于金属氧化物半导体（MOS）管，则应当心静电击穿，焊接时，应从电源上拔下烙铁插头。

（3）拆卸和安装元件时，应切断电源。如无特殊说明，元件引脚距焊点应在 10 mm 以上，以免烙铁烫坏元件，且宜使用恒温或功率小于 75 W 的电烙铁。

（4）更换烧坏的熔断器时，应使用相同规格的熔断器。使用比规定容量大的熔断器会导致电器损坏或发生火灾。

（5）靠近振动部件（如发动机）的线束部分应用卡子固定，将松弛部分拉紧，以免由于振动造成线束与其他部件接触。

（6）不要粗暴地对待电器，也不能随意乱扔。无论器件好坏，都应轻拿轻放，以免使其承受过大冲击。

（7）与尖锐边缘磨碰的线束部分应用胶带缠起来，以免损坏。安装固定零件时，应确保线束不被夹住或破坏，同时应确保接插头接插牢固。

（8）进行保养时，若温度超过 80 ℃（如进行焊接时），应先拆下对温度敏感的器件（如 ECU）。

6. 前大灯故障诊断

前照灯的故障主要有前照灯不亮、远光或近光不亮、灯光变暗等。这些故障一般是由于灯泡损坏、灯丝烧断、电路断路、开关损坏和控制失效等引起的，常用故障的诊断方法如下：

（1）前照灯远光和近光均不亮。结合图 5-34，分析可能的因素有：熔断器、继电器、车灯开关、灯泡及线束（含插接器），并依据前面所述将上述因素进行分类与排序，熔断器与灯泡为 A 类，继电器为 B 类，车灯开关为 C 类，线束（含插接器）为 D 类，其诊断流程图如图 5-34 所示。

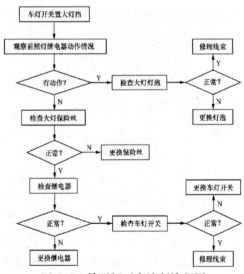

图 5-34 前照灯不亮诊断流程图

（2）一只前照灯远光或近光不亮，通常是前照灯灯泡的灯丝烧断的线路故障。

（3）前照灯发光强度低于规定值。其原因主要有：工作电压偏低，发电机输出功率不足，蓄电池电量不足，前照灯电路接触不良；灯泡和灯丝老化或产品质量差；灯泡的功率选择偏低；前照灯反射镜有污染或镀层脱落；配光镜装配不当等。

第二节　汽车灯光信号系统的技术分析

一、汽车灯光信号系统简介

灯光信号系统由转向信号电路、危险报警信号电路、制动信号电路等组成，其主要作用是通过光信号向环境（如人、车辆）发出警告、示意信号，以引起有关人员的注意，确保车辆行驶的安全。汽车灯光信号系统为保证车辆的安全行驶起到了很大作用，通过灯光信号系统，驾驶员可以判断出车辆的一些技术状况，尤其在夜间行车或道路上遇到紧急情况时，可以及时地提醒驾驶员采取正确的措施。

（一）转向信号灯

转向信号灯装在汽车的前后左右四角，其用途是在车辆转向、路边停车、变更车道或超车时，发出明暗交替的闪光信号，给前后车辆、行人、交警提供行车信号。前、后转向信号灯的灯光光色为琥珀色，灯泡功率一般为 20 W。转向信号灯的指示距离，要求前、后转向信号灯白天距 100 m 以外可见，侧转向信号灯白天距 30 m 以外可见。转向信号灯的闪光频率应控制在 10 ~ 15 Hz。

（二）危险报警信号灯

危险报警信号灯用于车辆遇到紧急危险情况时同时点亮前后左右转向灯以发出警告信号。与转向信号灯有相同的要求。

（三）制动灯

制动灯用于指示车辆的制动或减速信号。制动灯安装在车尾两侧，两制动灯应与汽车的纵轴线对称并在同一高度上，制动灯灯光光色为红光，应保证白天距 100 m 以外可见。

（四）示廓灯

示廓灯安装在汽车前、后、左、右侧的边缘。大型车辆的中部、驾驶室外侧还增设了一对示宽灯，用于夜间行驶时指示汽车宽度。示廓灯灯光标志在夜间 300 m 以外可见。前示廓灯的灯光光色为白色，后示廓灯的灯光光色多为红色，灯泡功率为 8 ~ 10 W。

（五）后位灯

后位灯装于汽车后部，其作用是在夜间行车时，指示车辆的位置，后位灯灯光光色多为红色，灯泡功率一般为 8 ~ 10 W。

二、汽车灯光信号系统的工作原理与特性分析

（一）汽车转向信号电路分析

转向信号灯电路主要由转向信号灯、闪光器、转向灯开关等组成。转向信号灯的闪烁是由闪光器控制的。闪光器主要有电热式、电容式和电子式 3 种类型，其中电热式有直热翼片式和旁热翼片式两种；电子式有晶体管式和集成电路式两类。电热式闪光器结构简单，成本低，但闪光频率不够稳定，使用寿命短，已被淘汰。而电容式闪光器闪光频率稳定，电子式闪光器具有性能稳定、可靠等优点，故被广泛应用。

1. 电容式闪光器

电容式闪光器结构原理图如图 5-35 所示，工作原理如下：汽车转向时，接通转向开关，电流经蓄电池"+"极→电源开关→接线柱 B →串联线圈→常闭触点→接线柱 L →转向开关→转向灯及转向指示灯→搭铁→蓄电池"–"极，构成回路。

流经串联线圈的电流产生的吸力大于弹簧片的作用力，将触点迅速打开，由于流过转向灯丝电流时间很短，故灯泡处于暗的状态（未来得及亮）。触点打开后，蓄电池开始向电容器 C 充电，回路为蓄电池"+"极→电源开关→接线柱 B →串联线圈→并联线圈→电容 C →转向开关→转向灯及转向指示灯（左或右）→搭铁→蓄电池"–"极。由于线圈电阻较大，充电电流较小，仍不足以使转向灯亮。同时，两线圈产生的电磁力方向相同，使触点维持打开，随着电容器 C 两端电压升高，充电电流逐渐减小，电磁吸力减小，在弹簧片作用下，触点闭合。随后，电源通过串联线圈、触点、转向开关、转向灯供电，电容器经并联线圈、触点放电。由于此时两线圈磁力方向相反，产生的合成磁力不足以使触点打开，此时转向灯亮。随着 C 两端电压下降，流经并联线圈的电流减少。产生的磁力减弱，串联线圈产生的电磁吸力又将触点打开，转向灯变暗。如此反复，使转向灯以一定的频率闪烁。

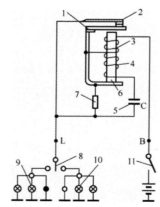

图 5-35 电容式闪光器结构原理图

1—弹簧片；2—触点；3—串联线圈；4—并联线圈；5—电容；6—铁心；7—灭弧电阻；8—转向灯开关；

9—右转向信号灯和指示灯；10—左转向灯和指示灯；11—电源开关

2．电子式闪光器

（1）无触点电子闪光器。无触点电子闪光器结构原理如图5-36所示，其工作原理如下。

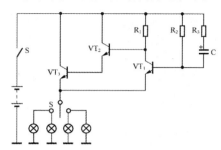

图 5-36 无触点式电子闪光器结构原理图

接通转向开关，蓄电池正极→R2→VT1 发射结→转向开关→转向灯→搭铁→蓄电池负极。VT3 饱和导通，VT2、VT1 截止。由于 VT1 的发射极电流很小，这时转向灯较暗。同时，电源通过 R3 对 C 充电，使得 VT1 的基极电位下降，达一定值时，VT1 截止。VT1 截止后，VT2 通过 R1 得到正向电流而饱和导通，VT3 也随之饱和导通，蓄电池正极→VT3→转向开关→转向灯→搭铁→蓄电池负极。转向灯中有较大的电流通过而变亮。同时，C 经 R3、R2 放电，一段时间后，随着 C 放电电流减小，VT1 基极电位又逐渐升高，当高于正向导通电压时，VT1 又导通，VT2、VT3 又截止，转向信号灯由亮变暗。如此循环，使转向灯闪烁。电容 C 的充放电时间决定于闪光频率。

（2）有触点电子闪光器。图5-37所示为一种较为简单的有触点式电子闪光器，其工作原理如下。

①接通转向灯开关时，电流由蓄电池正极→点火开关→R1→闪光器动断触点→转向灯开关→转向信号灯及转向指示灯→搭铁→蓄电池负极。由于 R1 的电阻较小，电路电流较大，故转向灯亮。同时，由于电阻 R1 上的电压降使晶体管 VT 的发射结由于正向偏置而导通，继电器线圈有电流通过，使动断触点张开，转向灯迅速变暗。

②触点打开后，电容 C 被充电，充电电流从蓄电池正极→点火开关→R1→R2→C→R3→转向灯开关→转向灯及转向指示灯→搭铁→蓄电池负极。由于充电电流很小，故转向灯仍暗。随着电容器充电的进行，晶体管 VT 的基极电位逐渐提高，当晶体管 VT 发射结两端电压小于晶体管 VT 导通所需的正向偏置电压时，晶体管 VT 截止，通过继电器线圈的电流截止，触点闭合，转向灯又重新变亮。

③触点闭合后，电容 C 通过 R2、R3 及继电器的触点放电。随着电容 C 放电的进行，晶体管 VT 的基极电位不断下降，当达到晶体管 VT 导通所需要的正向偏置电压时，晶体管 VT 导通，继电器线圈又有电流通过，触点打开，转向灯再次变暗。

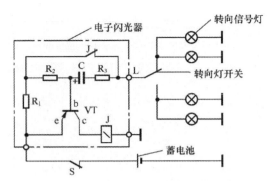

图 5-37 有触点式电子闪光器结构原理图

随着电容 C 的充电、放电，晶体管 VT 不断的导通、截止，周而复始，使转向灯闪烁。

（二）汽车危险警告信号电路分析

危险警告信号电路一般由左转向灯、右转向灯、闪光器、危险警告开关等组成，如图 5-38 所示。当危险警告开关闭合时，左、右转向灯同时闪烁。当危险警告开关闭合时，危险警告信号电路为：蓄电池正极→危险警告开关 3 →闪光器 2 →危险警告开关 3 →左、右转向灯及转→指示灯 5 →搭铁→蓄电池 "–" 极，这样左、右转向灯及仪表板上的转向指示灯同时闪烁。

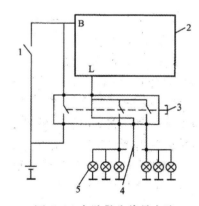

图 5-38 危险警告信号电路

1—点火开关；2—闪光器；3—危险警告开关；4—转向开关；5—转向信号灯及指示灯

（三）汽车制动信号电路分析

制动灯电路由制动信号灯和制动开关组成。车辆制动时，制动开关接通制动灯电源，红色信号的制动灯点亮，警示车后行人与车辆，以避免造成追尾事故。目前，轿车基本除了在组合尾灯上安装制动灯外，还在后窗中心线、靠近窗底部附近安装了高位制动灯，进一步保证了行车安全。

1. 制动信号灯开关

（1）液压式制动灯开关。图 5-39 所示为液压式制动信号灯开关。它用于采用液压制动系统的汽车上，装在液压制动主缸的前端或制动管路中。当踩下制动踏板时，由于制动系统的压力增大，膜片 2 向上拱曲，接触桥 3 同时接通接线柱 6 和接线柱 7，使制动信号灯通电发亮。松开制动踏板时，制动系统压力降低，接触桥 3 在回位弹簧 4 的作用下复位，制动信号灯电路被切断。

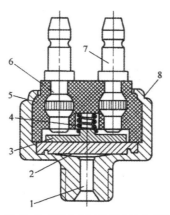

图 5-39 液压式制动信号灯开关

1—连通制动主缸；2—膜片；3—接触桥；4—回位弹簧；5—胶木底座；6、7—接线柱；8- 壳体

（2）气压式制动信号灯开关。图 5-40 所示为气压式制动信号灯开关。它用于采用气压制动系统的汽车，通常被安装于制动系统的气压管路上。制动时，制动压缩空气推动橡胶膜片上拱，使触点闭合，接通制动灯电路。

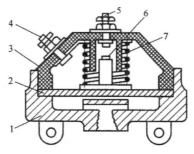

图 5-40 气压式制动信号灯开关

1—壳体；2—膜片；3—胶木盖；4、5—接线柱；6—触点；7—弹簧

（3）弹簧式制动信号灯开关。弹簧式制动信号灯开关是一种较为常用的制动开关，装在制动踏板的后面，如图 5-41 所示。当踏下制动踏板 1 时，接触桥 5 在回位弹簧 6 的作用下接通 4、7 接线柱，制动灯亮。当松开制动踏板时，制动踏板推动打推杆 2 右移，从而克服弹簧力推开接触桥，断开 4、7 接线柱，制动灯灭。

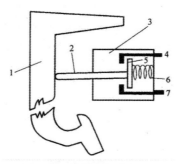

图 5-41 弹簧式制动信号灯开关

1—制动踏板；2—推杆；3—制动灯开关；4、7—接线柱；5—接触桥；6—回位弹簧

2．制动信号灯电路

制动信号灯电路一般不受点火开关控制，直接由电源、熔丝到制动信号灯开关。制动信号灯电路根据尾灯的组合形式的不同有以下几种情况。

（1）采用三灯泡的组合式尾灯。在这种组合式尾灯中，采用单丝灯泡，每个灯泡只有一个功能，随着功能的增加，尾灯灯泡的数量还要增加，如图 5-42 所示。

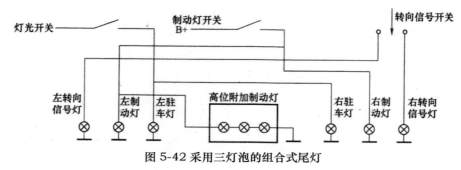

图 5-42 采用三灯泡的组合式尾灯

（2）采用双丝灯泡的尾灯。在双丝灯泡中，大功率的灯丝用于制动信号，小功率的灯丝用于示宽灯，所以在制动时，后尾灯红色信号的照度明显增加，如桑塔纳轿车的尾灯就是采用双灯丝灯泡的。

第三节 汽车声响信号系统的技术分析

一、汽车声响信号系统简介

汽车声响信号系统对保证车辆正常安全行驶发挥了很大作用，在车辆行驶、倒车等遇到情况时，需要汽车声响信号系统发出提示，及时给行人或车辆一个明确的信号，保证行人或来车的安全，传统燃油汽车因其发动机声音较大，在行驶过程中行人能够听到它的声音，但是新能源汽车驱动电机的声音很小，行人不容易听到新能源汽车的声音，所以新能源汽车一般会设置低速行人警示系统，提醒路人有新能源汽车驶过，注意安全。汽车声响信号系统右边包括电喇叭、倒车警告装置、新能源汽车低速行人警示系统等。

（一）电喇叭

电喇叭的作用是警告行人和其他车辆，其音量不超过 105 dB。

（二）倒车警告装置

由倒车蜂鸣器和倒车灯组成。其作用是当汽车倒车时，发出灯光和音响信号，警示车后行人和车辆。

（三）新能源汽车低速行人警示系统

在新能源汽车低速行驶时，会自动发出模拟发动机的声音，提示行人有新能源汽车经过，保证行人的安全，此项功能可以在车上进行设置。

二、汽车声响信号系统的工作原理与特性分析

（一）电喇叭声响电路分析

1. 电磁式电喇叭

汽车电磁式电喇叭有筒型、螺旋型、盆型等不同的结构形式。由于盆型电喇叭具有结构简单、尺寸小、重量轻及声束的指向性好等特点，因此在汽车上普遍采用。盆型电喇叭的结构与工作原理如图 5-1 所示。按下电喇叭按钮时，电喇叭电路通电，电流由蓄电池"+"极→线圈 2 →触点 7 →喇叭按钮 10 →搭铁→蓄电池"–"极，形成回路。当电流通过线圈 2 时，产生磁场，铁芯被磁化，吸动上铁芯 3，带动膜片 4 中心下移，同时带动衔铁 6 运动，压迫触点臂将触点 7 打开，触点 7 打开后线圈 2 电路被切断，其磁力消失，下铁芯 1、上铁心 3 及膜片 4 又在触点臂和膜片 4 自身弹力的作用下复位，触点 7 又闭合。触点 7 闭合后，线圈 2 又通电产生磁力吸下铁芯 1 和上铁芯 3，触点 7 又被顶开。如此循环，触点以一定的频率打开、闭合，膜片不断振动发出声响，通过共鸣板产生共鸣，从而产生音量适中、和谐悦耳的声音。为了获得更加悦耳且容易辨别声音，有些汽车上装有两个不同音调（高、低音）的电喇叭，另外为了保护喇叭触点，在触点 7 之间并联一只电容或消弧电阻。

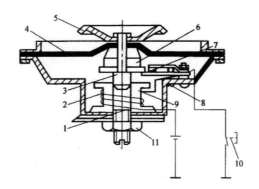

图 5-43 盆形电喇叭

1—下铁心；2—线圈；3—上铁心；4—膜片；5—共鸣片；6—衔铁；7—触点；8—调整螺钉；9—铁芯；10—喇叭按钮

2．电子式电喇叭

电子式电喇叭利用晶体管代替电磁式电喇叭的触点，其电路原理如图 5-44 所示。由 VT1、VT2、VT3 和 C1、C2 及 R2 ～ R8 组成多谐振荡电路。VT4、VT5 为功率放大器，喇叭线圈为 VT5 的负载。

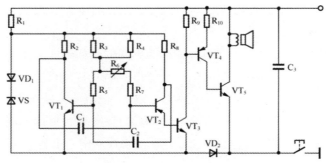

图 5-44 电子式电喇叭电路

按下喇叭按钮，电路通电，振荡器工作，VT1、VT2 交替导通与截止。当 VT1 导通时、VT2 截止，VT3 也截止，VT4 和 VT5 导通，喇叭线圈中有电流通过，产生电磁力吸引喇叭振动膜片。当 VT1 截止、VT2 导通时，VT3 也导通，VT4 和 VT5 截止，喇叭线圈中无电流通过，膜片复位。因此，VT1 和 VT2 交替导通与截止，使得 VT4 和 VT5 相应的导通与截止，在喇叭线圈中便通过一定频率的脉冲电流，从而使膜片振动发声。图中 R6 为音量调节电位器，改变 R6 阻值的大小，就可以改变 VT2、VT3 的截止时间与 VT4 和 VT5 的导通时间，从而使通过喇叭线圈的平均电流值改变，达到调节音量的目的。

电路中，电容 C3 与喇叭的电源并联，可防止汽车点火线路或其他电路中瞬变电压的干扰。VS、R1 为多谐振荡器的稳压电路，其作用是使其振荡频率稳定。VD1 起温度补偿的作用，VD2 起电源反接保护作用。

3．电喇叭电路

由于电喇叭的工作电流比较大（15～20 A），容易烧坏喇叭按钮，因此在电路中装有电喇叭继电器。带电喇叭继电器的控制电路如图5-45所示。

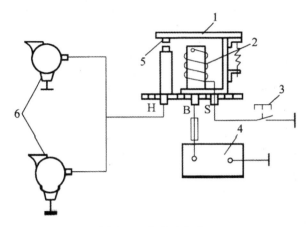

图 5-45 电喇叭电路

1—触点臂；2—线圈；3—喇叭按钮；4—蓄电池；5—触点；6—电喇叭

当按下喇叭按钮时，电流流经蓄电池"+"极→熔断器→线圈2→喇叭按钮3→搭铁→蓄电池"–"极，构成回路。此时，电流通过继电器线圈2，铁心产生磁力，吸下触点臂1使触点5闭合，电喇叭电路接通，其工作电路为：蓄电池"+"极→熔断器→继电器B端子→触点臂1→触点5→继电器H端子→电喇叭6→蓄电池"–"极。当松开喇叭按钮3时，继电器线圈2断电，磁力消失，释放触点臂1，触点5在弹簧力的作用下打开，喇叭断电停止发声。

（二）倒车信号电路分析

倒车信号电路主要由倒车信号灯、倒车灯开关及倒车蜂鸣器等组成，轿车的倒车信号灯一般只有一个，信号灯颜色为白色。

1．倒车灯开关

倒车灯开关的结构如图5-46所示。倒车灯开关一般安装在变速器上，钢球8平时被倒挡叉轴顶起，而当变速杆拨至倒车挡时，倒挡叉轴上的凹槽对准钢球，钢球被松开，在弹簧4的作用下，触点5闭合，将倒车信号电路接通。

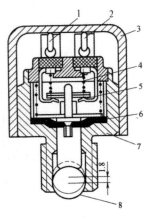

图 5-46 倒车灯开关

1、2—导线；3—外壳；4—弹簧；5—触点；6—膜片；7—底座；8—钢球

2. 倒车电路

倒车灯与倒车蜂鸣器电路如图 5-47 所示。倒车时，装在变速器上的倒车开关接通倒车电路，倒车灯亮，倒车蜂鸣器同时工作，蓄电池对线圈 L1 供电并通过线圈 L2 对电容 6 充电。由于通过线圈 L1 的电流恒定，通过线圈 L2 的电流方向与 L1 相反且交替接通和断开，使继电器触点 4 交替闭合、打开，报警器发出断续声响。

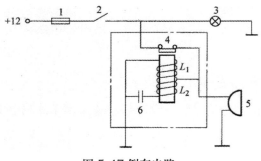

图 5-47 倒车电路

1—熔断器；2—倒车信号灯开关；3—倒车信号灯；4—继电器触点；5—蜂鸣器；6—电容器

（三）新能源汽车低速行人警示系统分析

新能源汽车的低速行人警示系统，一般包括：CAN 总线、车速检测模块、声音处理模块和声音发生模块。车速检测模块与 CAN 总线、声音处理模块和声音发生模块通过电路连接，车速检测模块从 CAN 总线获取新能源汽车的车速信号，声音处理模块用于配置警报声音的频率和音量，声音发生模块能产生警报声音，其组成如图 5-48 所示。

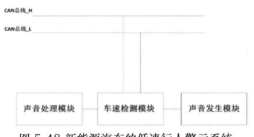

图 5-48 新能源汽车的低速行人警示系统

　　新能源汽车的低速行人警示系统工作时，车辆启动，声音发生模块进行自检，自检完成后，车速检测模块进入默认启动状态，激活声音处理模块，声音处理模块将预设好的警报声音的频率数据和音量数据传输给车速检测模块，车速检测模块根据频率数据和音量数据，配置声音发生模块，车速检测模块实时监测车辆的车速，根据车速调整声音发生模块的工作状态。车速检测模块实时监测车辆的车速，根据车速调整声音发生模块的工作状态，当车速小于预定值时，声音发生模块根据频率数据和音量数据，发出警报声音。当声音发生模块发出警报声音后，若车速检测模块收到关闭信号，则关闭车速检测模块，车速检测模块关闭后，若整车控制器收到重新启动信号，则车速检测模块恢复为默认启动状态。某些车型当车辆静止时，无提示音；车辆速度小于 20 km/h 时，提示声音随车速的增加而增大；车辆速度大于 20 km/h 小于 30 km/h 时，提示声音随车速的增加而降低。车辆速度大于 30 km/h 时，提示声音自动停止。车辆倒挡行驶时，车辆会发出持续均匀的警告声。无论车辆前进还是倒挡行驶，发动机启动时，提示音自动停止，低速提示音系统可通过方向盘上的"确定"操作按键控制开启及关闭，车辆重新上电启动时，系统默认开启。

第四节　汽车仪表系统的技术分析

一、传统燃油汽车仪表系统的工作原理分析

　　汽车仪表与显示系统是汽车运行状况的动态反映，主要由汽车仪表系统和汽车报警信息系统两部分组成。它是汽车与驾驶人进行信息交流的界面，为驾驶人提供必要的汽车运行信息，同时也是维修人员发现和排除故障的重要依据。汽车仪表台是车辆和驾驶员进行信息沟通的最重要、最直接的人机界面，在仪表板上最醒目的位置显示车辆最基本、最重要的工况信息，如发动机转速、车速、燃油量、水温、里程、油耗等。汽车仪表系统也随着汽车的发展也在不断发生变化，新能源汽车的仪表系统与传统燃油汽车的仪表系统也有较多改变。新能源汽车的仪表系统则增加了电机、动力电池、充电系统等方面的显示。

（一）传统汽车仪表系统分析

1. 电流表

电流表串联在发电机充电电路中，用于指示蓄电池充电或放电的电流强度。电流表多为双向工作方式，刻度盘上中间的示值为"0"，两侧分别标有"+""−"标记，其最大读数为 20 A 或 30 A。指针指向"+"侧时，表示发电机向蓄电池充电；反之，则表示蓄电池放电。目前，大多数汽车都已经取消了电流表而用充电指示灯代替，只有少数汽车还装有电流表，如东风 EQ1092。

东风 EQ1092 型汽车采用动磁式电流表，其结构和工作原理如图 5-49 所示。黄铜导电板 2 固定在绝缘底板上，两端与接线柱 1 和 3 相连，中间装有磁轭 6，指针 5 和永磁转子 4 的针轴安装在黄铜导电板 2 上。

当电流表（图 5-50）无电流通过时，永磁转子 4 通过磁轭 6 构成磁回路，使指针 5 保持在中间位置，示值为零；当蓄电池处于放电状态时，电流通过蓄电池"+"极→接线柱 1→导电板 2→接线柱 3→用电设备→搭铁→蓄电池"−"极，形成回路，导电板 2 周围产生电磁场，使安装在针轴上的永磁转子 4 带动指针向"−"值方向偏转一定角度，指示出放电电流值，放电电流越大，永磁转子偏转角度越大，示值越大；当蓄电池处于充电状态时，电流以相反的方向通过导电板，电磁场方向相反，所以永磁转子带动指针向"+"示值方向偏转一定的角度，指示出充电电流的大小。

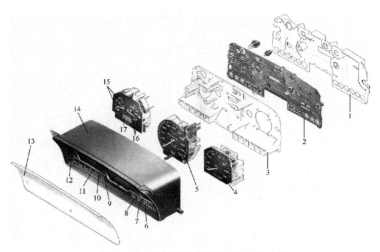

图 5-49 桑塔纳汽车的仪表及其功能

1—后盖；2—线路板；3—导光板；4—发动机转速表；5—车速里程表；6—冷却液不足警告指示灯；7—后风窗电动加热器指示灯；8—前照灯指示灯；9—充电不足警告灯；10—机油警告指示灯；11—制动系统故障及驻车制动指示灯；12—数字时钟调整钮；13—透明护板；14—仪表板；15—燃油表及信号灯；16—冷却液温度表及信号灯；17—数字时钟

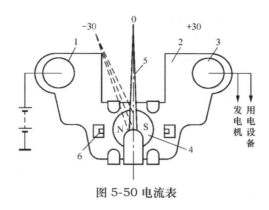

图 5-50 电流表

1、3—接线柱；2—黄铜导电板；4—永磁转子；5—指针；6—磁轭

2．油压表

润滑油压力表是用来指示发动机润滑系统的润滑油压力，它由润滑油压力传感器和润滑油压力指示表组成。润滑油压力指示表安装在仪表板上，润滑油压力传感器安装在主油道或润滑油滤清器上。

目前，汽油汽车基本上都已经取消润滑油压表而用润滑报警灯代替，在柴油车上仍同时装有润滑压力表和润滑油报警灯。

润滑油压力表最常用的为电热式油压表，电热式油压又称为双金属式润滑油压力表，其结构如图 5-51 所示。

润滑油压力传感器内部装有金属膜片 2，膜片 2 下腔与发动机主油道相通，在润滑油压力的作用下产生变形。弓形弹簧片 3 抵压在膜片 2 的另一侧，弹簧片 3 的一端与外壳固定并搭铁，其另一端焊有触点，并与双金属片 4 端部的触点接触。双金属片 4 上绕有加热线圈，加热线圈与校正电阻 8 并联，不工作时触点保持闭合。图的右侧是润滑油压力指示表，指示表双金属片 11 的一端固定在调节齿扇 10 的端部，另一端弯成钩形与指针 12 相连，其上也绕有加热线圈，该加热线圈的两端分别与油压表接线 9、15 相连。

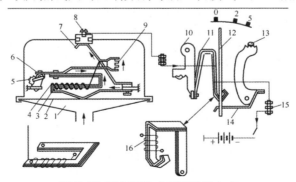

图 5-51 双金属片式润滑油压力表

1—油腔；2—膜片；3、14—弹簧片；4—双金属片；5—调节齿轮；6—接触片；7、9、15—接线柱；

8—校正电阻；10、13—调节齿扇；11—指示表双金属片；12—指针；16—加热丝当润滑油压力较低时，传感器油腔内压力小，膜片 2 几乎没有变形，作用在触点上的压力较小，电流通过后，双金属片受热变形，向上弯曲，将触点打开。触点打开后，电路被切断，双金属片 4 又逐渐冷却伸直，使触点又重新闭合，线圈再次通电发热。如此循环，触点处于开、闭交替状态，触点开闭频率约每分钟 5 ~ 20 次。但由于润滑油压力低时触点接触压力较小，触点极易打开，故触点闭合时间较短，打开的时间相对较长，使电路中的有效电流值较小，润滑油压力表内的双金属片 11 受热变形小，指针的偏转角小，油压指示值低。

当润滑油压力升高时，传感器油腔压力增大，膜片 2 受压变形，作用在弹簧片 3 的压力增大，使触点接触压力增大。只有当双金属片温度较高、加热线圈通过较大的电流时，其变形量较大，才能使触点分开。而触点分开后，双金属片 4 稍一冷却又很快使触点闭合，而且油压越高，通电加热的时间越长，冷却的时间越短。因此，油压越高，触点闭合的时间越长，断开的时间越短，电路的有效电流值越大，使油压表内的双金属片 11 受热变形量增大，指针 12 偏转角增大，油压指示值高。

为了使润滑油压力的指示值不受外界温度的影响，油压表传感器中的双金属片 4 制成"Ⅱ"形，绕有线圈的一侧称为工作臂，另一侧称为补偿臂，当外界温度变化，工作臂发生变形时，补偿臂产生的变形正好可补偿工作臂的变形，使油压表的指示值准确。所以在安装油压传感器时，必须使油压传感器外壳上的箭头安装标记朝上，其偏斜量不应超出垂直中心线 ±30°。

3. 水温表

水温表用于指示发动机的冷却液温度，它由安装在仪表板上的水温指示表和安装在发动机冷却永道上的水温传感器组成。

双金属片式水温表。这种类型也称为电热式水温表，由双金属片式水温指示表和双金属片式水温传感器组成，结构如图 5-52 所示。接通点火开关后，水温传感器和指示表通电，电流由蓄电池"+"极→接线柱 10→指示表加热线圈→接线柱 5→接线柱 4→接触片 3→传感器加热线圈→触点→底板支架→搭铁→蓄电池"-"极，形成回路，水温表工作。

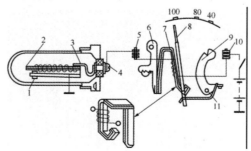

图 5-52 双金属片式水温指示表及水温传感器

1—固定触点；2—双金属片；3—连接触点；4—水温传感器接线柱；5、10—温度表接线柱；6、9—调节齿扇；

7—双金属片；8—指针；11—弹簧片

水温较低时，双金属片 2 易冷却，触点稍一冷却很快闭合，触点闭合的相对时间长，即通过指示表加热线圈的电流平均值较大，产生的热量较多，双金属片 7 的变形量较大，指针 8 偏转角度较大，指针指示的水温低。

　　水温升高时，双金属片 2 加热所需的时间变短而冷却时间变长，即触点闭合的相对时间短，打开的时间长，通过指示表加热线圈的电流平均值小，双金属片 7 的变形量小，指针 8 偏转角度小，指针指示的水温高。

　　电磁式水温表。图 5-53 所示为无铁心式电磁水温表的结构及电路连接图。指示表中有两线圈 W1 和 W2，中间置有铁磁转子，转子上连有指针。可变电阻式传感器是利用负温度系数热敏电阻感受水温变化来改变阻值的。当水温增高时，传感器电阻值小，当水温降低时，传感器电阻值增大。线圈 W1 和 W2 中间置有铁磁转子，转子上连有指针。可变电阻式传感器是利用负温度系数热敏电阻感受水温变化来改变阻值的。当水温增高时，传感器电阻值减小，当水温降低时，传感器电阻值增大。线圈 W1、W2 与传感器电阻连接的等效电路如图 5-54 所示。

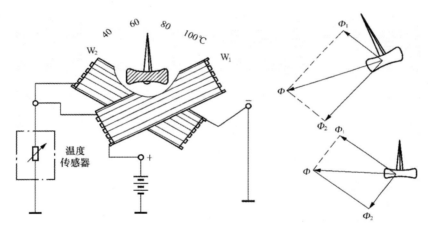

图 5-53 无铁心式电磁水温表的结构及电路连接

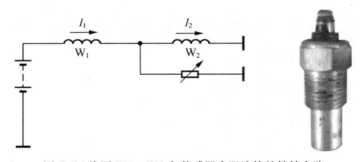

图 5-54 线圈 W1、W2 与传感器电阻连接的等效电路

　　当温度较低时，热敏电阻阻值增大，经过线圈 W1 的电流相对减小，而 W2 的电流相对增大，其合成磁通通过转子轴线，转子带动指针向低温。随着温度升高，热敏电阻阻值减小，此时线圈 W2 的电流减小，W1 的电流相对增大，合成磁通使转子带动指针向温度。

如果传感器换成感受液面变化的可变电阻，可组成燃油表，或者将传感器换成可变电阻式油压传感器，即可组成油压表。这种电磁式油压表的优点是当电源电压变动时，通过线圈 W1 和 W2 的电流成比例地增、减，表的指示值不受影响，而且指针的响应比较快。

4．燃油表

燃油表的作用是指示燃油箱内储存的燃油量。它由安装在燃油箱内的传感器和安装在仪表板上的燃油指示表组成。

电磁式燃油表的构造与工作原理如图 5-55 所示。燃油指示表中左右两个铁心上分别绕有左线圈 1 和右线圈 2，两线圈之间有一个铁质的转子 3，转子 3 与指针 4 固定在一起。传感器由可变电阻 5、滑片 6 和浮子 7 组成，浮子漂浮在油面上，当浮子随油面高低而改变位置时，可带动滑片 6 滑动。

接通点火开关后，电流由蓄电池"+"极→点火开关 S→燃油表接线柱 10→左线圈 1→接线柱 9→传感器接线柱 8→可变电阻→滑片→搭铁→蓄电池"−"极，形成回路，电流通过左、右两线圈产生磁场，转子在合成磁场的作用下转动，带动指针指示一定数值。

当油箱中无油时，浮子 6 靠自重下降到最低位置，可变电阻 5 被滑片 6 短路．使右线圈 2 短路，无电流通过。此时，电源电压直接加到左线圈 1 的两端，电流达到最大值，使其产生的电磁吸力最强，吸引转子 3，使指针 4 摆到最左端，指示在"0"的位置。

当油箱中的燃油增加时，浮子 6 上升，带动滑片 6 左移，可变电阻 5 的阻值增大，此时左线圈 1 由于串联了电阻，线圈内电流明显减小，电磁力减弱。而右线圈 2 的电流增大，在左、右线圈的合成磁场的作用下，转子 3 带动指针向右偏转，指示油箱中的燃油量。

当油箱装满燃油时，电阻全部接入电路中，此时左线圈电流变小，磁场较弱，右线圈 2 的电磁吸力最大，指针的偏转角度最大，指示值为"1"。

传感器可变电阻 5 的末端搭铁，可减小滑片 6 与可变电阻 5 接触不良时产生的火花，以避免火灾。

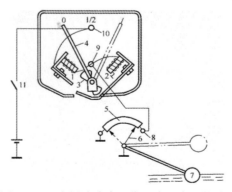

图 5-55 双金属片式水温指示表及水温传感器

1、2—线圈；3—指针转子；4—指针；5—可变电阻；6—滑片；7—浮子；8、9、10—接线柱；

11—点火开关

5. 车速里程表

车速里程表的作用是指示汽车行驶速度和累计行驶里程，由车速表和里程表两部分组成。常见的车速里程表有磁感应式和电子式两种。

（1）磁感应式车速里程表。磁感应式车速里程表主要利用磁感应原理工作无电路连接。其具体结构如图5-56所示，由永久磁铁、铝罩、护罩、刻度盘、表针等组成。永久磁铁与主动轴紧固在一起。主动轴由来自变速器输出轴的挠性软轴驱动，表针、铝罩固接在中心轴上，刻度盘固定在表外壳上。不工作时，铝罩在游丝的作用下，使表针定位于"0"位。当汽车行驶时，来自变速器输出轴的挠性软管驱动主动轴带动U形永久磁铁旋转，在铝罩上感应出电涡流而产生的磁场，这个磁场与永久磁铁的旋转磁场相互作用产生转矩，使铝罩向永久磁铁旋转方向转过一定角度，直到与游丝的弹力所产生的反方向转矩平衡。车速越高，产生的转矩越大，表针在刻度盘上摆动的角度就越大，即指示的车速就越高。

里程表可以指示总里程和单程数据，总里程只能累加，不能归零，单程指示可以通过回零按钮回零。传统里程表主要有蜗轮蜗杆和数字转轮组成，当汽车行驶时，主动轴经蜗轮蜗杆驱动数字轮上的最右侧的第1个数字轮（一般为1/10 km），任一个数字轮与左侧相邻的数字轮传动比都为10:1，这样显示的数字呈十进位递增，变自动累计计量汽车的行驶里程。

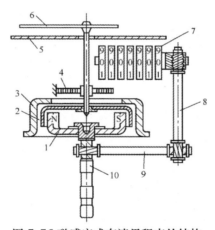

图 5-56 磁感应式车速里程表的结构

1—U形磁铁；2—感应罩；3—护罩；4—螺旋弹簧；5—刻度盘；6—车速表指针；7—数字轮；8—竖直蜗轮蜗杆；9—水平蜗轮蜗杆；10—主动轴

（2）电子式车速里程表。电子车速里程表由车速传感器、电子电路、步进电机、车速表和里程表等组成。图5-57所示为电子式车速里程表的结构。

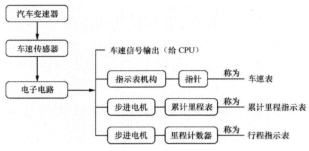

图 5-57 电子式车速里程表的结构

奥迪 100 轿车的组合仪表中装有电子式车速里程表,其原理如下。

车速传感器由变速器驱动,能够产生正比于汽车行驶速度的脉冲电信号。传感器由 1 个舌簧开关管和 1 个含有 4 对磁极的转子组成,如图 5-58 所示。磁性转子每转一周,舌开关中的触点闭合 8 次,产生 8 个脉冲信号。车速越高,传感器的信号频率越高,电子电路的作用是将车速传感器送来的具有一定频率的电压,经整形、触发,输出一个与车速成正比的电流信号。该电子电路主要包括稳压电路、恒流电源驱动电路、64 分频电路和功率放大电路,如图 5-59 所示。仪表精度由电阻 R1 调整,仪表初始工作电流由电阻 R2 调控,电阻 R3 和电容器 C3 用于电源滤波。

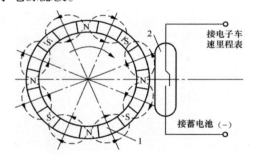

图 5-58 奥迪 100 轿车电子式车速里程表传感器

1—磁性转子;2—舌簧开关

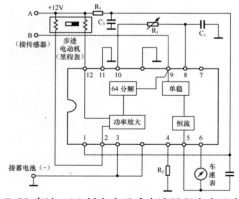

图 5-59 奥迪 100 轿车电子式车速里程表电子电路

车速表实际上是一个电磁式电流表，当汽车以不同车速行驶时，由电子电路端子6输出与车速成正比的电流信号驱动车速表的指针偏转，从而指示相应的车速。里程表由一个步进电机及6位制的十进制齿轮计数器组成，步进电机受电子电路中控制器控制来驱动计数器转动，如图5-60所示。

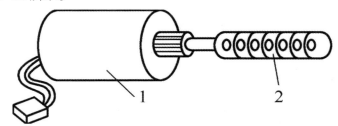

图 5-60 奥迪 100 轿车里程表的驱动

1—步进电机；2—里程计数轮

6．发动机转速表

发动机转速表有机械式和电子式两种。机械式转速表的结构和工作原理与上述磁感应式车速表基本相同，且现应用极少，不再赘述。电子式转速表具有只是平稳、结构简单、安装方便等优点，所以被广泛采用。

电子式转速表一般由指示表、信号处理电路组成，有的还要有发动机转速传感器。电子式转速表获取发动机转速信号的方式有3种：从安装在飞轮边缘的转速传感器取信号，从点火线圈取脉冲信号和从交流发电机单向定子绕组取正弦交流信号，因为发动机转速和这些信号的频率成正比。

电容充放电式转速表。电容充放电转速表电路(以桑塔纳轿车为例)原理如图5-61所示，发动机转速信号取自点火线圈初级电流中断时产生的脉冲信号。其工作原理如下。

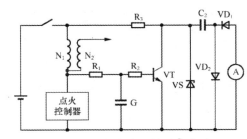

图 5-61 桑塔纳轿车电子转速表电路原理

当点火控制器使一次侧电路导通时，三极管 VT 处于截止状态，电容 C2 被电源充电。其充电电路为：蓄电池正极→点火开关→ R1 → C2 → VD2 →蓄电池负极，构成回路。当点火控制器使初级电路截止时，三极管 VT 因基极电压升高而导通，这时电容 C2 通过导通的三极管 VT、电流表和 VD1 构成放电回路，从而驱动电流表。当发动机工作时，初级电路不断地导通、截止，其导通、截止的次数与发动机转速成正比。因此，当一次侧电路不断地导通、截止时，对电容 C2 不断地进行充放电，其放电电流平均值与发动机转速成正比，于是将电流平均值标定成发动机转速即可。

电磁感应式转速表。电磁感应式转速表由装在飞轮壳上的转速传感器和装在仪表板上的指示表（包括电子线路）组成。图 5-62 所示为磁感应式转速传感器的结构原理，它由永久磁铁、感应线圈、芯轴、壳体等组成。

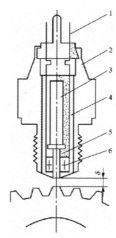

图 5-62 磁感应式转速传感器

1—接线柱；2—壳体；3—芯轴；4—永久磁铁；5—铁心；6—感应线圈

当飞轮转动时，齿顶与齿底不断地通过心轴，空气隙的大小发生周期性变化，使穿过心轴的磁通也随之发生周期性变化，于是在感应线圈中感应出交变电动势。该交变电动势的频率与心轴中磁通变化的频率成正比，也与通过心轴端面的飞轮齿数成正比。

磁感应式转速传感器输出的近似正弦波频率信号加在转速表线路，经电路处理后，输出具有一定的幅值和宽度的矩形波，用来驱动毫安表。

由于输入的信号频率与通过心轴的飞轮齿数成正比，信号的频率和幅值与发动机转速成正比，当转速升高时候频率升高，幅值增大，使通过毫安表中的平均电流增大，则指针摆动角度也相应增大，于是转速表指示的转速就高。

（二）数字仪表系统分析

1. 数字仪表的特点

随着电子技术的发展，以及对汽车的信息化、智能化要求不断提高，驾驶员需要更多、更快地了解汽车运行的各种信息，汽车仪表已经成为车辆和驾驶员进行信息沟通的终端。由于汽车上的各种信号转换为数字信号进行传输和处理是时代潮流，汽车仪表也自然向数字电路方向发展。数字仪表和传统仪表的基本区别就是各种信号都转化为数字信号传输、计算和处理，其仪表电路基本由集成数字电路组成。

数字仪表由实现汽车工况信息采集的传感器、单片机控制及信号处理的仪表控制单元和显示系统等组成。传感器将各种工况信号传输给仪表控制单元，这些工况信号中的模拟信号往往要经过 A/D 转换为数字信号然后，再经过仪表控制单元的计算处理，最后输出对应的信号驱动步进电机指示装置或利用显示设备以数据或图形显示出对应的示值。对于装备有多路传输系统的车辆，仪表只是该系统的一部分，用于仪表显示的信息往往也是发动机 ECU 需要的，所有的车辆的传感器信号送给发动机 ECU，然后再经过多路传输系统到仪表。

数字仪表都具有自诊断功能，可以进行自检。若仪表发生故障，则其故障代码会存放在组合仪表的电可擦写存储器里，用专用仪器调码后，可以读出故障码，便于维修人员迅速诊断故障。

2. 显示方式

数字仪表的显示形式有模拟式和数字式两种。模拟式显示形式一般是通过指针在固定的刻度盘上摆动来指示参数，该指针可以是由步进电机驱动的真实指针，也可以是由液晶显示器虚拟显示的指针。数字式显示形式则用数字或者条杠图形代替指针图形符号。这两种显示方式各有其优点，例如，显示发动机转速升高与降低时，模拟式显示转速表的效果要比数字式显示转速表好。由于驾驶者并不需要知道发动机的准确转速，重要的是发动机转速达到仪表红线的快慢程度。数字式显示形式更合适显示诸如里程、保养信息等准确数据。因而，很多车速里程表将模拟式（车速）和数字式（里程）二者显示形式结合在一起。

图 5-63 所示为奥迪 Q7 全数字式显示仪表。图 5-64 所示为奇瑞风云 2 轿车全数字式显示仪表。

图 5-63 奥迪 Q7 全数字式显示仪表

图 5-64 奇瑞风云 2 轿车全数字式显示仪表

3. 显示器件

汽车上使用的仪表数字显示器件有许多不同的类型，并且各有特点。最常用的电子显示器件可分为发光型和非发光型两大类。发光型显示器自身发光，容易获得鲜艳的流行色显示，非发光型显示器靠反射环境光显示。发光型显示器主要有真空荧光管（VFD）、发光二极管（LED）、阴极射线管（CRT）、等离子显示器件（PDP）和电致变色显示器件（ECD）等。这些都可以作为汽车电子显示器件使用，既可做成数字式的，也可做成图形或模拟指针式的。

目前最常用的数字仪表显示器件有以下 3 种。

（1）发光二极管。发光二极管是应用最广泛的低压显示器件，其实质是三极管，结构如图 5-65 所示。发光二极管具有响应快、寿命长、体积小、节能等优点。发光二极管发光的颜色有红、绿、黄、橙、蓝、白等，可单独使用，也可用来组成数字、字母、发光条图来使用。发光二极管在汽车上一般用作数字符号段或点数不多的光杆图形显示、警示灯或者仪表盘面、公里表指针和液晶面板背光光源。图 5-66 所示为由发光二极管组成的 7 字符段显示电路。

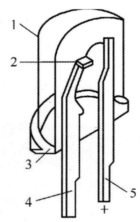

图 5-65 发光二极管的结构

1—外壳；2—芯片；3—负极标记；4—恒流源；5—小数点；

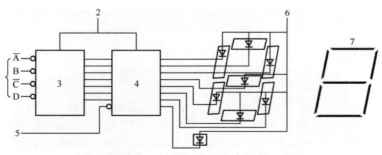

图 5-66 发光二极管组成的 7 字符显示电路

1—输入端；2—逻辑电路；3—译码器；4—负极；5—正极 6—发光二极管电路；7—"8"字形

（2）液晶显示器。其结构及工作原理如图 5-67 所示，前玻璃板和后玻璃板之间夹有一层液晶，外表面贴有垂直偏光镜和水平偏光镜，最后面是反光镜。液晶显示器的工作原理是：当液晶不加电场时，液晶的分子排列方式可将来自垂直偏光镜的垂直方向的光波旋转 90°，变成水平方向的光波，再经水平偏光镜后射到反射镜上，经反射镜后按原路回去，这时通过垂直偏光镜看液晶时，液晶呈亮的状态。当液晶加以电场时，液晶的分子排列方式改变，不能将来自垂直偏光镜的垂直方向的光波旋转，通过液晶后是垂直方向的光波，不能通过水平偏光镜达到反射，这时通过垂直偏光镜看液晶时，液晶呈暗的状态。这样将液晶组成字符段，通过控制每个字符段的通电状态，就可显示不同的字符。

液晶显示器功耗小、显示信息灵活、示值清晰，但是由于液晶是非发光物质，所以必须要外界提供背景光源照明才可读数。液晶显示器一般用于仪表里程、时钟或者综合信息的显示。

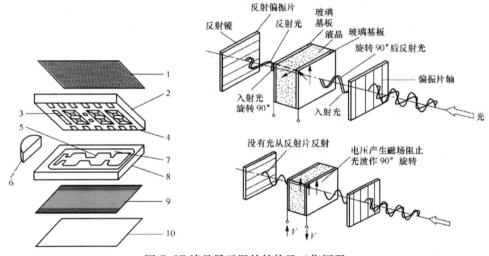

图 5-67 液晶显示器的结构及工作原理

1—前偏光板；2—前玻璃板；3—笔画电极；4—接线端；5—后板；6—端部密封件；7—密封面；8—后玻璃板；9—后偏光板；10—反射镜

（3）真空荧光显示器。真空荧光显示器产生的光就像电视机中的显像管发光一样，色彩鲜艳、明显清晰，是最常用的数字显示器。其工作原理如图 5-68 所示。灯丝实质上为带涂层电阻丝 1，电阻丝被电流加热，涂层产生自由电子，这些电子又被加速栅极的细丝网孔到达阳极，撞击阳极上相应区段的荧光物质后便产生蓝绿色光。高压电只施加于阳极片上要形成需显示的字符的区段，仪表电脑选择性地给需要发光信息显示的区段通电，而未通电的字符则不发光，这样仪表既显示不同的数字信息。真空荧光显示器的亮度可以通过增减加速栅极电压而变化，较高的栅极电压可增加显示亮度。

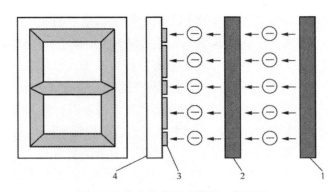

图 5-68 真空荧光显示器的工作原理

1—带涂层的灯丝（阴极）；2—栅格；3—阳极区段；4—玻璃面板

（三）典型仪表电路故障分析

1.EQ1092 汽车仪表电路

东风 EQ1092 汽车仪表电路如图 5-69 所示，仪表电路主要由电流表、水温表、燃油表、机油压力表和相应的传感器等组成，其中水温表与燃油表必须由仪表稳压器提供电源。

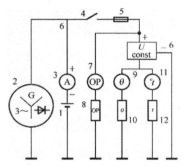

图 5-69 EQ1092 汽车仪表电路

1—蓄电池；2—发电机；3—电流表；4—点火开关；5—仪表熔断器；6—稳压器；7—滑润油压力表；8—滑润油压力传感器；9—燃油表；10—燃油传感器；11—水温表；12—水温传感器

（1）仪表稳压器。由于电源电压的变化会对仪表指示值产生影响，造成仪表值误差，所以仪表电路一般要装有仪表稳压器。常用的仪表稳压器有双金属片型和集成电路型，东风 EQ1092 型采用的是双金属片型。双金属片型仪表稳压器的结构如图 5-70 所示，是由带触点的金属片元件和电热丝组成，其原理电路如图 5-71 所示。

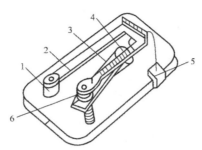

图 5-70 双金属片型仪表稳压器的结构

1—输出接线柱；2—双金属片；3—电热丝；4—输入接线柱；5—搭铁接线柱；6—触点

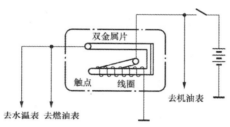

图 5-71 双金属片型仪表稳压器的原理

当电源电压偏高时流过电热线圈的电流增大，只需要较短的时间，双金属工作臂上翘就将触点打开，且触点分开后必须经较长时间冷却方能让双金属片工作臂方能复原，从而使触点闭合。于是触点在金属片的作用下，做打开时间长而闭合时间短的不断闭合工作，将偏高的电源电压降低为某一定输出脉宽电压平均值。

当电源电压偏低时，流过电热线圈中的电流减小，双金属片受热慢，变化程度小，使触点闭合时间较长，触点打开后，电源停止流经电热丝时，双金属片元件冷却。而此时触点只需较短的时间冷却即可闭合，于是触点打开时间短而闭合时间长。稳压器在触点不断开闭情况下工作，即使在蓄电池电压波动时，电流量也保持在恒定的水平。

仪表稳压器工作时的电压波形如图 5-72 所示，EQ1092 汽车仪表稳压器输出的平均电压为（8.6 ± 0.15）V。

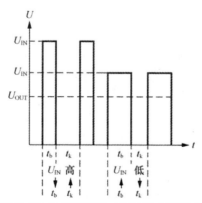

图 5-72 仪表稳压器工作时的电压波形

（2）仪表电路分析。电流表串接于发电机与蓄电池之间，反映亏电与充电。汽车在正常运行时，由发电机给用电设备供电，润滑油表的工作电路为：发电机"+"→点火开关→仪表熔断丝→滑润油压力表→滑润油压力传感器→搭铁→发电机"−"；燃油表电路为：仪表稳压器→燃油表→燃油传感器→搭铁→发电机"−"；水温表电路为：仪表稳压器→水温表→水温传感器→搭铁→发电机"−"。

2. 桑塔纳汽车仪表电路

桑塔纳汽车仪表电路如图 5-73 所示，仪表电路主要由发动机转速表、水温表、燃油表和相应的传感器等组成，其中水温表与燃油表必须由仪表稳压器提供电源，发动机转速表由点火线圈提供触发计数信号。桑塔纳所采用的稳压器为集成电路型，集成电路型仪表稳压器主要采用汽车专用的三端集成稳压块，具有结构简单、成本低、稳压效果好、使用寿命长等优点，因此被广泛应用。图 5-74 所示为桑塔纳、奥迪轿车仪表板专用的三端式集成电路电子稳压器，1 为输出角，上脚为搭铁；2 为电源输入端。该稳压器输出电压为 9.5 ~ 10.5 V。

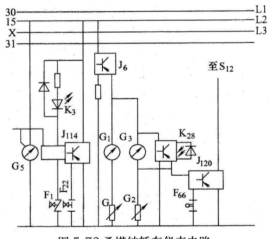

图 5-73 桑塔纳轿车仪表电路

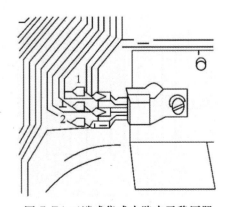

图 5-74 三端式集成电路电子稳压器

工作过程：

点火开关置于 ON 挡时，电流由蓄电池正极、点火开关及中央线路板"15"线送至稳压器，再由稳压器提供电源，各仪表电路如下。

（1）燃油表电路：稳压器 J6 →燃油表 G1 →浮筒燃油传感器 G →搭铁。

（2）水温表电路：稳压器 J6 →冷却液温度表 G3 →冷却液温度传感器 G2 →搭铁。

（3）冷却液面报警灯电路：稳压器 J6 →冷却液位置报警灯 K28 →冷却液温度传感器 G2 →搭铁。同时，至液位控制器 J120 →冷却液位置不足开关 F66 →搭铁。

（4）转速表电路：中央线路板"15"线→转速表 G5 →搭铁。同时，转速信号来自于点火线圈。

3. 常见仪表故障诊断与排除

仪表电路在掌握仪表工作原理与电路工作过程后，检修起来较容易，它们由传感器和仪表两部分构成，可采用分段的方法处理。下面以燃油表故障和所有仪表不工作为例介绍仪表电路常见故障及诊断方法。

（1）燃油表无指示。故障现象、故障原因及检修方法如下。

①故障现象：油箱内无论多少燃油，指针总显示无油。

②故障原因：表本身故障、电路有断路处、表传感器故障、稳压器工作异常等。

③检修方法：拔下燃油表传感器接线插头并搭铁，打开点火开关，观察燃油表。若指针向满油分度方向移动，说明故障在燃油表传感器；若无反应，则说明故障在仪表本身或稳压器或线路已断路。接好燃油表传感器接线插头，打开点火开关，用万用表测量仪表上的电源线的电压，若有电压，则表内部已坏。若无电压，则说明稳压器已坏或电路线已断。

（2）所有仪表无指示。故障现象、故障原因及检修方法如下。

①故障现象：打开点火开关，所有仪表均无指示。

②故障原因：熔断器断、稳压器故障、电路接线断等。

③检修方法：先查熔断装置是否断开，然后查电路接线头是否松动、脱落，搭铁是否良好，最后用万用表测量稳压电源电压。

（四）汽车显示报警系统分析

汽车仪表除了指示基本的车辆行驶工况信息外，还要对其他的一些工况进行监控并向驾驶员发出指示或警告信息，这些信息通常以指示灯的形式显示在仪表板上或者以文字信息显示在液晶显示器上，有的还伴随蜂鸣声，引起驾驶员的注意或重视。

汽车上仪表上的指示灯系统一般由光源、刻有符号图案的透光塑料板和外电路组成。指示灯的光源以前大多采用小的白炽灯泡，损坏可以更换。目前电子仪表上更多地采用体积小、亮度高、易于集成的 LED 作为光源。仪表指示灯一般都使用国际标准化组织（ISO）规定的通用符号，易于为全世界的人识别和理解，常见的符号如表 5-2 所示。

表 5-2 常用仪表指示与报警信息指示灯符号

符　号	描　述	符　号	描　述
	车门状态指示灯		清洗液不足报警灯
	驻车指示灯	EPC	电子油门指示灯
	电瓶指示灯		前后雾灯指示灯
	刹车片磨损报警灯		转向指示灯
	机油指示灯		远光指示灯
	水温指示灯		安全带指示灯
	安全气囊指示灯	O/D OFF	O/D 档指示灯
	ABS 指示灯		内循环指示灯
	发动机自检灯		示宽指示灯
	燃油量不足报警灯	VSC	VSC 指示灯

目前汽车仪表上的指示灯比较多，一般来说，指示灯可分为 3 种类型：第 1 种是工作状态指示灯，如转向信号指示灯，大灯远、近光指示灯，前雾灯指示灯等，一般颜色为绿色和蓝色；第 2 种是警告指示灯，如制动片磨损、燃油不足、清洗液不足及 ABS 故障等警告指示灯，这类灯光一般为黄色，用以警告驾驶员尽快进行处理，一般不影响行驶安全；第 3 种为报警灯，如机油压力低、水温高及充电系统故障等报警灯，一般采用红色，用来指示车辆某系统出现故障或异常情况，此类灯亮时应引起驾驶员高度重视，警告灯如果点亮而对它置之不理，要么会对行车安全造成巨大的影响，要么对车辆本身造成很大的伤害，是必须要立即进行处理的。

1. 机油压力报警装置

机油压力报警灯用于提醒驾驶员注意发动机的机油压力异常，指示机油泵是否以正常压力供给发动机的各部件，有的车辆上既有机油压力表又有机油压力报警灯，但多数车辆上只有机油压力报警灯。每当润滑系统机油压力低于允许值时，报警灯点亮，以提醒驾驶员注意。常见的机油压力传感器有弹簧管式与膜片式两类。

（1）弹簧管式

东风 EQ1090 汽车装配的是弹簧管式润滑油压力过低报警装置，由安装在发动机主油道的弹簧管式机油压力传感器和安装在仪表板上的红色报警灯组成，其工作原理如图 5-75

所示。传感器内管形弹簧3的一端经其接头与发动机主油道相连，另一端与动触点5相接，静触点4经连接片与接线柱2相连，活动触点5经发动机搭铁。

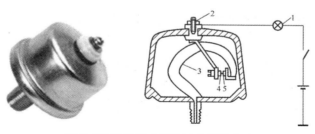

图 5-75 弹簧管式机油压力报警电路

1—报警灯；2—报警开关接线柱；3—管型弹簧；4—静触点；5—动触点

当接通点火开关后,润滑油压力低于0.05 MPa时,管形弹簧3变形量极小,触点4与5闭合,警报灯1的电路被接通,警报灯亮,表示润滑油压力过低；当润滑油压力超过0.05 MPa时,管形弹簧3产生的弹性变形量大,使触点4与5分开,电路被切断,报警灯熄灭,以示润滑油压力正常。

（2）膜片式

膜片式油压过低报警装置传感器的结构和工作原理如图5-76所示。当发动机不工作或润滑油压力低于正常工作压力时，膜片2上的压力不足以克服弹簧的弹力时，传感器中的动触点7在弹簧的作用下与静触点8相接触，接通机油压力报警灯电路，报警灯点亮，表示润滑油压力过低。当润滑油压力正常后，润滑油压力作用在传感器膜片2上，使弹簧压缩，将触点7与8分开，切断报警灯电路，报警灯熄灭。

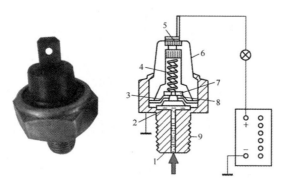

图 5-76 膜片式机油压力报警电路

1—发动机润滑油；2—膜片；3—绝缘顶块；4—弹簧；5—接线柱；6—绝缘层；7—动触点；8—静触点；

9—固定螺口

2．制动液面报警装置

制动液面报警装置的作用是当制动液面过低时，发出报警信号。制动液面报警装置由传感器和报警灯组成，如图5-77所示。传感器安装在制动液罐内，在浮子5上安装有永久磁铁4，外壳1内装有舌簧开关3，舌簧开关3的两个接线柱2分别与液面报警灯7、点火开关 8 相连。当制动液 6 充足时，浮子的位置较高，此时永久磁铁 4 高于舌簧开关 3 的位置，通过舌簧开关 3 的磁力减弱，舌簧开关 3 的触点处于断开状态，报警灯 7 电路不通，报警灯 7 不亮。当浮子 5 随着制动液面下降到规定值以下时，永久磁铁 4 便接近舌簧开关 3，通过舌簧开关 3 的磁力增强，使舌簧开关 3 的触点闭合，接通了报警灯电路，报警灯发光报警。

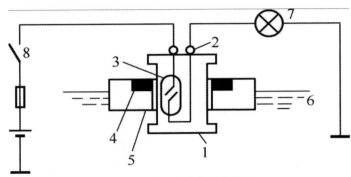

图 5-77 制动液液位报警装置

1—舌簧开关外壳；2—接线柱；3—舌簧开关；4—永久磁铁；5—浮子；6—制动液；7—报警灯；

8—点火开关

3. 刹车片磨损报警灯

刹车片磨损报警灯也称为制动器摩擦片使用极限报警灯，它的作用是当制动器摩擦片磨损到使用极限厚度时，发出报警信号，提示制动器摩擦片需要更换。

图 5-78 所示为刹车片磨损报警灯控制电路。在摩擦片内部埋有一段导线，该导线与组合仪表中的电子控制器相连。当摩擦片没有到使用极限时，电子控制器中的晶体管基极电位为低电位，晶体管截止，报警灯不亮；当摩擦片到使用极限时，摩擦片中埋设的导线被磨断，电子控制器中的晶体管基极电位为高电位，晶体管导通，报警灯亮。一般情况下，制动器摩擦片使用极限报警与制动液不足报警共用一个报警灯。

4. 制动灯电路故障报警灯

由于制动对于行车安全极为重要，而驾驶员在开车过程中很难发现制动灯有故障，所以在一些车辆中设置了制动灯电路故障报警灯。

图 5-79 所示为美国 GM 公司采用的制动灯电路故障报警灯控制电路。在正常情况下，踩下制动踏板，制动灯开关接通，电流经左、右两电磁线圈到制动信号灯。此时，两线圈所产生的磁场相互抵消，舌簧开关的触点继续处于常开状态，报警灯不亮；当左、右两个制动信号灯中有一个灯泡坏了，或者线路有断路时，则有故障一侧的电磁线圈将不产生磁场，而另一侧的电磁线圈产生磁场，舌簧开关中的触点将闭合，报警灯亮，提醒驾驶员制动灯电路有故障。

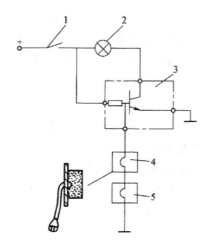

图 5-78 刹车片磨损报警灯控制电路

1—点火开关；2—报警灯；3—电子控制器；4、5—前制动器摩擦片

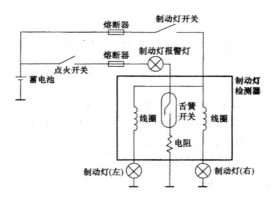

图 5-79 制动灯电路故障报警灯控制电路

5. 燃油液位报警装置

燃油量报警灯用于监视油量箱中的燃油量，当燃油液位降至低于满箱油位高度规定值时，报警灯点亮，表明燃油剩余量不足。

常见燃油油位报警灯电路如图 5-80 所示。该装置是由负温度系数的热敏电阻式燃油油量报警传感器和警告灯组成。当油箱内油量较多时，热敏电阻原件浸没在燃油中，散热快，温度较低，电阻值较大，因此电路中电流很小，警告灯不亮。当燃油减小到规定值以下时，热敏电阻元件露出油面，暴露在空气当中，由于空气散热性差，散热慢，温度较高，电阻值较小，因此电路中电流增大，警告灯亮。

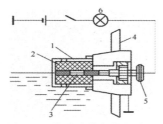

图 5-80 燃油油位报警灯电路

1—外壳；2—防爆金属网；3—热敏电阻；4—油箱外壳；5—接线柱；6—报警灯

6．水温报警装置

水温报警装置的作用是当冷却液温高到一定程度时，水温报警装置自动发出灯光信号，以示注意。水温报警装置传感器用双金属片作为温度感应元件，有单触点式和双触点式两种，其结构分别如图 5-81（a）、（b）所示。

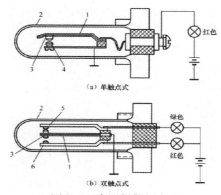

图 5-81 水温报警灯电路

1—双金属片；2—壳体；3—动触点；4—静触点；5—冷触点；6—热触点

（1）单触点式水温报警传感器

冷却液温度升高到某一温度（如 98 ℃）以上时，双金属片 1 受热变形，向静触点 4 方向弯曲，使两触点闭合，接通报警灯电路，报警灯亮。

（2）双触点式水温报警传感器

当冷却液温度低于某一温度（如 60 ℃）时，双金属片 1 向冷触点 5 方向弯曲，使两触点闭合，接通绿色信号灯，表示水温低，提示注意不要低温行驶。随着发动机的运转，水温升高到正常值时，双金属片 1 与冷触点 4 断开，绿色信号灯熄灭，表示水温正常。当冷却液温度升高到 98 ℃以上时，双金属片 1 受热变形，向热触点 6 方向弯曲，使两触点闭合，接通红色报警灯电路，红色报警灯亮，以示发动机水温过高。

二、新能源汽车仪表系统的工作原理分析

新能源汽车仪表系统与传统燃油系统有所不同，尤其是纯电动汽车，与传统燃油汽车

相比，仪表系统有较大改变，部分新能源车型还将新的智能网联技术加入到了新能源汽车中，同时增加了美学的设计，使新能源汽车仪表看起来更加美观，极具科技感。纯电动汽车仪表系统与传统燃油汽车相比，减少了有关发动机系统的仪表显示和指示灯，增加了电机、动力电池、充电系统等方面的仪表显示和指示灯，如图5-82为北汽M30经济型中控仪表台，其仪表系统主要包括：

图 5-82 北汽 M30 经济型中控仪表正常行车界面

（1）动力电池温度表，共分5个LED，由下至上依次点亮表示动力电池温度，只点亮最下一个表示电池温度过低，点亮全部5个表示电池温度过高。信号来源是VBU的CAN信号。

（2）充电线连接指示灯，点亮表示充电线连接。信号来源是VBU给出的硬线信号，低有效。

（3）左转向灯）信号来源是BCM的硬线信号。

（4）右转向灯信号来源是BCM的硬线信号。

（5）电机故障灯电机过热或电机控制系统故障时点亮，信号来源是VBU的CAN信号。

（6）高压断开报警灯表示高压系统没有工作，信号来自VBU的CAN信号。

（7）绝缘故障报警灯表示发生了绝缘故障，信号来自VBU的CAN信号。

（8）动力电池故障报警灯表示动力电池故障，信号来自VBU的CAN信号。

（9）安全气囊故障报警灯表示安全气囊的状态，当安全气囊发生故障时，改灯会点亮。

（10）乘员远离车辆报警灯当车辆有着火隐患时点亮，警告车辆乘员迅速远离车辆，信号来自VBU的CAN信号。

（11）制动系统故障报警灯当发生制动真空泵故障，或者制动液位低时点亮，真空泵的故障信号来源是VBU的CAN信号，制动液位低的故障信号来源是硬线。

（12）系统故障灯当发生动力系统故障或通讯故障时点亮。动力系统故障的信号来源是VBU的CAN信号；通讯故障表示仪表失去了与VBU/MCU的通讯，应检查仪表与VBU/MCU的CAN线连接。

（13）READY灯READY表示车辆可以行使，信号来自VBU的CAN信号。

（14）ECO灯ECO表示车辆在比较经济节能的车况下行驶，信号来自VBU的CAN信号。

（15）手刹指示灯表示手刹拉起。信号来自硬线信号。

（16）安全带未系报警灯 表示驾驶员未系安全带，当车速提高至 20 km/h 以上时，还会伴随有声音报警。信号来自安全带卡扣的硬线信号。

（17）12V 蓄电池充电故障 表示 12 V 蓄电池充电故障或者蓄电池电压低，信号来自 VBU 的 CAN 信号。

（18）ABS 故障灯 预留。

（19）远光灯 表示远光灯打开，信号来自硬线。

（20）雾灯 表示雾灯打开，信号来自硬线。

（21）充电提醒灯 电量过低时点亮，信号来自 VBU 的 CAN 信号。

（22）剩余电量表 ，如表 5-1 所示。

表 5-1　剩余电量表

当前 SOC 范围	剩余电量表 LED 点亮数目
SOC ＞ 82%	5
82% ≥ SOC ＞ 62%	4
62% ≥ SOC ＞ 42%	3
42% ≥ SOC ＞ 22%	2
22% ≥ SOC ＞ 5%	1
SOC ≤ 5%	0

（23）清零操作杆 位于仪表的右下的一个黑色塑料杆，正常工况下，短按可以清除当前报警音，长按可以清零小计里程；充电工况下，短按可以点亮仪表显示充电信息。

（24）数显车速 显示当前车速，信号来自 VBU 的 CAN 信号，显示车速一般为实际车速的 1.1 倍。

（25）挡位显示当前挡位 （PRNDL），如果发生了挡位故障，则挡位闪烁。挡位信号和挡位故障信号都来自 VBU 的 CAN 信号。

（26）小计里程和总计里程 上面是小计，最大值 999.9 km，下面是总计，最大值 999999.9。小计里程达到最大值以后会自动归零重新计算。长按小计里程 3 s 以上可以清零小计里程，里程的显示是通过车速和时间来进行计算的。

（27）续航里程 显示车辆当前的续航里程，信号来自 VBU 的 CAN 信号，当信号值为 0 时，仪表显示。

（28）电流表 显示车辆当前的充放电电流，正值为放电，负值为充电或制动能量回收。

仪表进入正常工况的条件是：12 V 蓄电池和 GND 供常电，同时点火信号为高有效。在仅有 12V 常电无点火信号的情况下，仪表也可以点亮左右转向、雾灯、远光灯等部分指示灯。充电工况下，可以通过短按右下的清零操作杆来点亮液晶屏（非充电故障和非充电完成情况），若正常充电，SOC 会显示当前电量，并闪烁能够点亮的最上一格若发生充电故障，则液晶屏黑屏，SOC 的 LED 会同时闪烁，若充电完成，则液晶屏黑屏，SOC 的 5 个 LED 灯全部常亮。进入充电界面的条件有：12 V 蓄电池正常供电；硬线提供充电唤醒信号（12 V 高有效）。

第六章 汽车辅助电器系统的技术研究

　　汽车的辅助电器设备包括安全保障、舒适、网络、防盗等方面的设备。随着人们对车辆的使用要求越来越高，车内辅助电器设备也越来越多，通常车内的豪华程度越高，这些方面的电器设备就越多，现状汽车辅助电器系统也越来越智能化。

第一节 电动车窗的技术分析

一、电动车窗组成及功用

　　电动车窗是指以电为动力使车窗玻璃自动升降的车窗。它是由驾驶员或乘员操纵开关接通车窗升降电动机的电路，电动机产生动力通过一系列的机械传动，使车窗玻璃按要求进行升降。

　　电动车窗主要由车窗玻璃、电动机、车窗玻璃升降器、控制开关等组成。

（一）电动机

　　电动机的作用是为车窗玻璃的升降提供动力。电动车窗常采用双向转动的电动机，有永磁型和双绕组型两种。永磁型的电动机是外搭铁，双绕组型的电动机则是各绕组搭铁。这两种电动机都是通过改变电流的方向来实现正反转以控制车窗玻璃的升或降。

　　通常汽车的每个车门各有一个电动机，通过开关控制电动机中的电流方向，进而控制玻璃的升降。

（二）控制开关

控制开关的作用是控制电动机中电流的方向。

电动车窗的控制开关一般有两套，一套为总开关，装在仪表板或驾驶员侧的车门上，驾驶员可以控制每个车窗玻璃的升降；另一套为分开关，分别安装在每个车窗上，以便乘员对每个车窗进行升降控制。

（三）车窗玻璃升降器

车窗玻璃升降器有绳轮式和软轴式两种。

二、电动车窗的工作原理分析

（一）电动车窗的组成及分类

电动车窗主要由车窗玻璃、车窗玻璃升降器、电动机和控制开关等组成。电动车窗升降机构有交臂式和绳轮式的。

车窗电动机、控制开关等部件在车上的布置如图 6-1 所示。

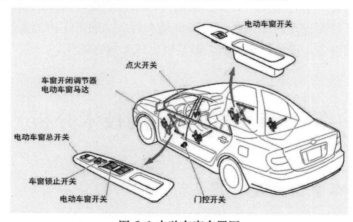

图 6-1 电动车窗布置图

（二）电动车窗的控制电路及工作原理

电动车窗采用永磁或申励绕组式双向电动机。每个车门各有一个电动机，通过改变电动中的电流方向从而控制玻璃的升降。控制开关一般有两套，一套为总开关，大多装在驾驶侧的车门上。另一套为分开关，分别安装在每个车窗上。由于所有车窗的电动机都要通过总开关搭铁，如果总开关断开，分开关就不能起作用。电动车窗有手动控制和自动控制功能。手动控制是指按着相应的手动按钮，车窗可以上升或下降，若中途松开按钮，上升或下降的动作即停止；而自动控制是指按下自动按钮，松开手后车窗会一直上升至最高或下降至最低，即通常所说的"一键升降"。下面结合现代索纳塔电动车窗电路图进行简要分析。一般玻璃升降开关有两个挡位，第一挡是手动升降挡，第二挡是自动控制挡。

1．无网络控制的车窗玻璃升降控制电路

以驾驶员侧的玻璃升降为例，主控开关位于驾驶员侧，电路图如图 6-2 所示。

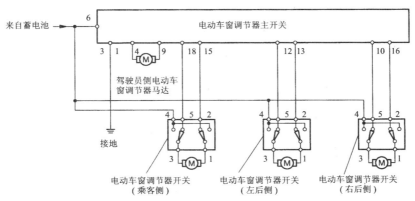

图 6-2 北京现代索纳塔乘用车的电动车窗电路图

（1）手动控制玻璃升降。当点火开关位于 AC 或 ON 的位置时，电流便经过电动门窗继电器的电磁线圈，通过 ETACM（时间和信息系统控制模块）搭铁，门窗继电器的开关闭合。此时若使车窗向下运动，应按下左前门窗的 DOWN 按钮，此时，电流的流向为：电源+B →电动门窗断熔断丝→电动门窗继电器开关→左前门窗开关中右侧的下降端子→电动门窗主开关端子 6 →左前电动机端子 2 →左前电动机端子 1 →电动门窗主开关端子 5 →左前门窗户中左侧的下降→电动门窗主开关端子 10 →搭铁。此时，电动机工作，门窗玻璃向下运动。玻璃上升时的电流流向此处不再重复，此时电动机中电流方向相反，其运动方向也相反。车窗上升或下降的中途若松开开关，开关就自动回到 OF 位置，电动机也停止工作。

（2）自动控制玻璃升降。按下自动按钮后，主开关内自动升降控制装置起作用，电流经过自动升降控制装置为车窗电动机供电，直至车窗完全关闭或停止。

2．带有网络控制功能的车窗控制电路

以主开关为例，操作驾驶员侧车窗开关的升、降或快速升降按钮后，驾驶员侧车窗电动机控制模块会接收到相应端子的信号，由控制模块来控制电动机的旋转方向和速度，同时通过数据线将开关信号及电动机工作信号传递至 K9 车身控制模块。若使用驾驶员侧开关控制其余三个车窗电动机时，开关相关的动作信号由主开关内的模块通过数据线传递至K 车身控制模块，再由车身控制模块指令相应电动机的动作。驾驶员主开关上还设置有车窗锁止开关，按下后将通过数据线向车身控制模块传递锁止信号，则其余三个车窗的分开关将不能控制车窗的升降。

三、电动车窗应用检测与故障分析

（一）电动车窗的检修及故障诊断

以某车型为例，电动车窗常见的故障及其原因见表 6- 1。

表 6-1 电动车窗常见的故障及原因

常见故障	故障原因	诊断思路
某个车窗只能向一个方向运动	分开关故障或分开关至主开关可能出现断路	检查分开关导通情况及分开关至主开关控制导线导通情况
某个车窗两个方向都不能运动	传动机构卡住 车窗电动机损坏 分开关至电动机断路	检查传动机构是否卡住 测试电动机工作情况，包括断路、短路及搭铁情况 检查分开关至电动机电路导通情况
所有车前均不能升降或偶尔不能升降	熔断丝被烧断 搭铁不实	检查熔断丝 检查、清洁、紧固搭铁
两个后车窗分开关不起作用	总开关出现故障	检查总开关导通情况

1．电动车窗总开关的检修

（1）从驾驶员侧装饰板上拆下电动车窗主控开关。

（2）用万用表的电阻挡检查总开关在车窗处于上升、下降和关闭状态时各个端子的导通情况。若测得结果和电动车窗总开关端子不相符，说明车窗总开关损坏，要进行更换。

2．电动车窗闭锁开关检查

当开关位于 LOCK 位置时，端子之间断路；当开关位于 UNLOCK 位置时，端子之间导通。

3．电动车窗继电器的检修

电动车窗继电器的检查主要有：

（1）静态检查。将万用表置于 Rx1 挡，测量端子 85 和端子 86 之间是否导通，若不导通，说明线圈烧坏。测量端子 30 和和端子 87 是否断路，若导通，说明开关触点烧结或常闭，应进行更换。

（2）工作状况检查。用蓄电池的正负极分别接端子 85 和 86，然后用万用表测量端子 3037 是否导通，若不导通应及时更换。

4．电动车窗分开关及车窗电动机的检查

（1）电动车窗分开关工作情况检查。用万用表的电阻挡检查分开关在车窗处于上升、下降和关闭状态时各个端子的导通情况。

（2）车窗电动机的检测。车窗电动机检查的基本思路：把蓄电池的正、负极分别接在车窗电动机的两个端子上并互换一次，电动机能够正转、反转，且转速平稳。否则说明电动机有故障，应进行更换注意：在进行车窗电动机的测试时，若电动机停止转动，要立刻断开端子引线，否则会烧坏电动机随着车载网络的普及，目前对于电动车窗的检修更加方便，可以使用故障诊断仪对电动车窗电动机进行主动测试观察其是否可以正常升降，在操作电动车窗开关时读取相应开关的信号是否有变化，这样就可以判断故障大致范围，便于故障排查。

第二节 电动座椅的技术分析

一、电动座椅组成及功用

电动座椅一般由双向电动机、传动装置和控制电路等组成。双向电动机的作用是产生动力，传动装置可以将动力传至座椅，通过控制开关实现座椅不同位置的调节。电动座椅的电动机一般为永磁式双向直流电动机，它通过控制开关来改变流经电动机内部的电流方向，从而实现转动方向的改变。

电动座椅传动装置主要包括变速器、连接轴、软轴及齿轮传动机构等。变速器的作用是降速增扭。电动机分别与不同的软轴相连，软轴再与变速器的输入轴相连，动力经过变速器降速增扭后，从变速器的输出轴输出，变速器的输出轴与蜗杆轴或齿轮轴相连，最终蜗轮蜗杆或齿轮齿条带动座椅支架产生位移。

二、电动座椅的工作原理与特性分析

（一）电动座椅的分类

为便于调节乘坐位置，现在很多汽车都配备了电动座椅调节装置。按照座椅电动机的数目和调节方向数目的不同，电动座椅一般可分为两向、四向、六向、八向和多向可调等类型。

（二）电动座椅的组成

为了实现座椅位置的调节，普通电动座椅包括若干个双向电动机、传动装置和控制电路（包括控制开关）这三个主要部分，其结构和电动机的安装位置分别如图6-3所示。

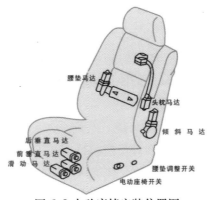

图 6-3 电动座椅安装位置图

双向电动机产生动力，传动装置可以把动力传至座椅，通过控制开关实现座椅不同位置的调节。

1. 电动机

电动座椅中使用的电动机一般为永磁式双向直流电动机。它通过控制开关来改变流经电动机内部的电流方向，从而实现转动方向的改变。

2. 传动装置

电动座椅的传动装置主要包括变速器、联轴器、软轴及齿轮传动机构等变速器的作用是降速增扭。电动机轴分别与软轴相连，软轴再和变速器的输入轴相连．动力经过变速器的降速增扭以后，从变速器的输出轴输出，变速器的输出轴与蜗杆轴或齿轮轴相连，最终蜗轮杆或齿轮齿条带动座椅支架产生位移。

3. 控制电路

如图 6-4 所示，该电动座椅包括滑动电动机、前垂直电动机、倾斜电动机、后垂直电动机和腰椎电动机等，可以实现座椅的前后移动、前部高度调节、靠背倾斜程度调节、后部高度调节及腰椎前后调节。下面以座椅靠背的倾斜调节为例，介绍电路的控制过程。

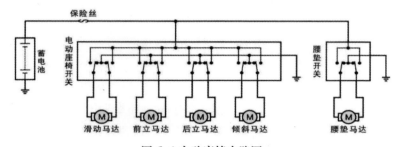

图 6-4 电动座椅电路图

当电动座椅的开关处于倾斜位置时，如果要调整靠背向前倾斜，则闭合倾斜电动机的前进方向开关，即端子 4 置于左位时，电路为：蓄电池正极→保险丝→供电端子→向前开关→倾斜电动机→搭铁端子→搭铁。此时，座椅靠背前移当端于 3 置于右位时，倾斜电动机反转，座椅靠背后移。此时的电路为：蓄电池正极→保险丝→供电端子→向后开关→倾斜电动机→搭铁端子→搭铁。

（三）座椅加热系统

座椅加热系统可以对驾驶员和乘客的座椅进行加热，使乘坐更加舒适。有些汽车座椅的加热速度可以调节，有些不可以调节。

1. 加热速度不可调式座椅加热系统

这种电路可以对驾驶员座椅和副驾驶员座椅同时进行加热，也可以分别加热。其中座椅加热线圈和靠背加热线圈是串联连接的。其工作过程如下：

（1）若只需对驾驶员座椅进行加热，只需关闭左前座椅加热开关。电路为：电源→熔断丝→加热开关→恒温器开关→座椅加热丝→靠背加热丝→搭铁。此时，只对驾驶员的座椅进行加热，同时驾驶员座椅加热指示灯点亮。单独对副驾驶员座椅加热时的电路分析相同。

（2）若要对两个座椅同时加热，则两座椅的加热开关同时关闭，此时，两座椅的座椅加热丝和靠背加热丝串联以后再并联，两指示灯同时点亮。

2.加热速度可调节座椅加热系统

座椅加热器的加热速度可以调节的系统中，驾驶员和副驾驶员座椅的加热器和加热控制开关相同。其中 HI 表示高位加热，LO 表示低位加热。该座椅加热系统可以单独对驾驶员侧或副驾驶员侧的座椅进行加热，也可以同时对两座椅进行加热。下面以驾驶员侧的座椅加热器为例，分析其工作过程。

（1）当加热器开关断开时，加热系统不工作。

（2）当加热器开关处于 HI 位置时，电流首先经过点火开关给座椅加热器的继电器线圈通电，线圈产生磁场使继电器开关闭合。此时，加热器的电路为：蓄电池"+"→熔断丝→继电器开关→加热器开关，然后电流分为三个支路：一路经指示灯→继电器端子→搭铁，指示灯亮；另一路经加热器开关→加热器→节温器→断路器→靠背线圈→搭铁；还有一路经加热器开关→加热器→节温器→断路器→坐垫线圈→加热器→加热器开关→搭铁。此时，靠背线圈和坐垫线圈并联加热，加热速度较快。

（3）当加热器开关处于 LO 位置时，电流流向为：蓄电池"+"→熔断丝→继电器开关，然后分为两个支路：一路经指示灯→加热器→搭铁，低位指示灯亮；另一路经加热器开关→加热器→加热器坐垫线圈→加热器靠背线圈→搭铁。此时，靠背线圈和坐垫线圈串联加热，电路中电流较小，因此加热的速度较慢。

（四）汽车自动座椅

自动座椅的基本结构及驱动方式与普通的电动座椅相似，只是在普通电动座椅的基础上增加了一套具有存储记忆功能的电子控制系统。电子控制系统中可以存储不同驾驶员或乘客的座椅位置，不同的驾驶员或乘客可以通过一个按钮调出自己的座椅位置，使得座椅的调整更加方便快捷。

1.自动座椅的组成

该控制系统有两套控制装置，一套是手动的，包括电动座椅开关、腰垫电动机及开关和组座椅位置调整电动机等，驾驶员或乘客可以根据自身需要通过相应的座椅开关和腰垫开关来调整座椅，它的控制方式和普通电动座椅完全相同；另一套是自动的，包括座椅位置传感器、存储和复位开关、ECU 及与手动控制系统共用的一组调整电动机等。

2.自动座椅位置传感器

自动座椅位置传感器主要有两种形式：一种是滑动电位器式；另一种是霍尔式。滑动电位器式位置传感器主要由座椅电动机驱动的齿轮和螺杆、电阻丝以及能在螺杆上滑动的滑块组成。当电动机驱动座椅的同时，也驱动齿轮带动螺杆，驱动滑块在电阻丝上滑动，相当于一个可变电阻，通过电阻阻值的变化将座椅位置信号转变成电压信号输入ECU霍尔式位置传感器主要由永久磁铁和霍尔集成电路组成。根据霍尔原理，霍尔元件中磁通量变化时会产生霍尔电压。永久磁铁安装在电动机驱动的轴上，由于转轴上磁铁的转动引起霍尔元件中磁通量的变化，从霍尔元件产生霍尔电压，再经霍尔集成电路进行放大并处理，然后取出旋钮的脉冲信号输给ECU。对于霍尔传感器，座椅位置记忆模块通过5 V参考电压电路向其提供5 V参考电压，并通过低电平参考电压电路向相应的座椅位置传感器提供搭铁。电动机或者拉线转动时会改变位置传感器信号电路的反馈电压。该电压的变化范围是0.25~3.75 V。座椅位置记忆模块通过监视该电压信号来确定座椅的位置。当接收到记忆设置指令时，座椅位置记忆模块通过保存来自每个位置传感器的反馈电压来记录座椅的位置。随后，当接收到回忆记忆位置的指令时，座椅位置记忆模块使电动机移动，直到位置传感器反馈电压与保存在存储器中的反馈电压相等，此时座椅会恢复到原来存储的位置。

3. 自动座椅的控制电路及工作原理

座椅位置记忆模块控制每个座椅定向电动机的移动。所有的座椅电动机均独立工作。每台电动机都包含一个电子断路器（PTC）该断路器在电路过载情况下断开，而且只有在电路上没有电压后才会复位。该电路中共有4个可移动座椅位置的双向直流电动机。它们是座椅水平调节电动机、前部垂直调节电动机、后部垂直调节电动机和倾角调节电动机。操作座椅某个调整开关时，座椅位置记忆模块接到相应的信号后，按照操作者的要求控制电动机的转动方向和调整距离。调整好所有位置后可以按下记忆1、2或3，可以存储此时的座椅位置。需要恢复至某个先前位置时，只需要按下相应的记忆按键，模块即可将座椅调整至先前的位置。记忆模块为每个座椅电动机提供截止点，模块在电动机即将达到其物理行程终点之前就会停止供电以防止电动机过载。

三、电动座椅检测与故障分析

（一）普通电动座椅及加热系统的检测与维修

电动座椅的检修步骤如下：若电动机运转但座椅不动，应首先检查座椅是否已达到极限位置。如果不是，则检查电动机与变速器和相关的传动部分是否磨损过大或卡住，必要时要进行更换。若电动机不转，应该检查电路中是否有断路，熔断丝是否烧毁，搭铁情况是否良好。然后进行以下单件的检查。

1. 电动座椅控制开关的检查

首先拔出控制开关的插接器，检查各端子的导通情况，如果不导通要更换控制开关。

2. 电动座椅电动机的检查

电动座椅电动机检查的基本思路是，拆下电动机的插接器，用蓄电池的正负极分电动机的两个端子，观察电动机的运转情况，然后倒正负法，再观察反转的情况。需要注意的是电动机停止转动时立刻断开电源，以免烧坏电动机。滑动电动机在检查过程中，若发现电动机不转，应及时进行更换。

3．座椅加热器的检查

座椅加热器开关插接器应检查端子之间的导通情况，如不正常要更换对于加热丝的检查，可以使用万用表测量相应加热丝是否烧毁，电阻是否符合要求。

（二）自动座椅的检修

若电动机运转而座椅不动，首先判断座椅是否已到极限位置，然后检查电动机与变速器之间的传动轴是否磨损过大或损坏，必要时应更换。若电动机不工作，应检查电源线路、开关线路、电动机控制线路等是否断路，搭铁是否牢固，然后对开关、电动机、控制模块及传感器进行相关检查。其中开关和电动机的检查方法与上述普通座椅中相关部件检查方法相同。若需要确定是模块还是传感器故障，可以通过故障诊断仪调取相关的故障码确定故障的大致部位。若控制模块出现故障，则需要及时进行更换。若怀疑传感器故障，对于使用滑动电位计的传感器可以使用万用表对其进行进一步检测。对于霍尔传感器可以使用示波器进行相关检查，在调整座椅时，示波器应有相应的输出，若无相关输出或输出不正常，则需要更换传感器。

第三节 电动后视镜的技术分析

一、电动后视镜组成及功用

在没有电动后视镜之前，靠驾驶员手动调整后视镜的位置通常比较麻烦，特别是乘客车门一侧的后视镜。使用电力控制系统能很方便地解决这个问题，驾驶员只需在驾驶位置上操纵电动后视镜开关，就可获得理想的后视镜位置。

电动后视镜一般由镜片、驱动电动机、控制电路及操纵开关等组成。在每个后视镜镜片的背后均有两个可逆电动机，可操纵其上下及左右运动。通常垂直和水平方向的倾斜运动分别由一个永磁电动机控制。

逼过改变电动机的电流方向，就可完成对后视镜的上下及左右方向的调整。

二、电动后视镜的工作原理

（一）电动后视镜的组成及结构

汽车的电动后视镜一般由镜片、驱动电动机、控制电路及操纵开关等组成，在每个后视镜片的背后都有两个可逆电动机，可操纵其上下及左右运动。通常垂直方向的倾斜运动由一个永磁电动机控制，水平方向的倾斜运动由另一个水磁电动机控制。后视镜的结构和典型开关如图 6-5 所示。

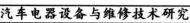
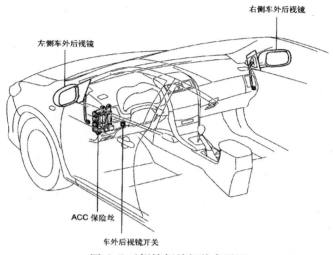

图 6-5 后视镜相关部件布置图

（二）控制电路及工作原理

双后视镜控制电路中每个后视镜都用一个独立的开关控制。操纵开关能使一个电动机单独工作，也可使两个电动机同时工作。电路分析：首先说明，电动后视镜开关中用实线框和虚线框分别表示操作时总开关内部的联动情况。在这里我们只讨论一侧后视镜中一个电动机的工作情况。若要调节左后视镜垂直方向的倾斜程度，按下"升/降"按钮。

1."升"的过程

电路图"升/降"开关中的箭头开关均和"升"接通，此时电流的方向为：电源→熔断丝→开关→"升右"→选择开关中的"左"→左电动后视镜→"升/降"电动机→开关→升→搭铁，形成回路这时左后视镜向上倾斜

2."降"的过程

电路图"升/降"开关中的箭头开关均和"降"接通，此时的电流方向为：电源→熔断丝→左电动后视镜→选择开关中的"左"→"降左"→搭铁，形成回路，此时后视镜向相反的方向倾斜。电动后视镜的左右运动的电路分析与此类似。

（三）电动后视镜的检修

当电动后视镜出现故障时首先检查熔断丝、电路连接和搭铁情况，若仍不能排除故障，则应检查开关和电动机是否良好。出现故障时，要结合电路图来分析故障的原因并找出解决方法。电动后视镜开关的检查电动后视镜检查时，从开关上拔下插接器，检查各个端子的导通情况，如不导通，要更换开关。

电动后视镜电动机检查的基本思路是把蓄电池的正、负极分别接至电动后视镜电动机连接器各端子，检查时把蓄电池正负分别接在各端子之间，检查电动机的工作情况。

第四节　电动刮水器的技术分析

一、电动刮水器简介

（一）电动刮水器的分类

为了保证汽车在雨天、雪天行驶时驾驶员有良好的视线，确保行车安全，汽车上设置了风窗玻璃电动刮水器（以下简称电动刮水器）。电动刮水器的作用是用来清除风窗玻璃上的雨水、雪或尘土，以保证驾驶员具有良好的能见度。风窗玻璃洗涤装置和电动刮水器配合工作可清除脏物，它们合称风窗玻璃刮水器。

根据驱动装置的不同，电动刮水器可分为真空式、气动式和电动式三种。目前车辆上广泛使用的是电动式刮水器，简称电动刮水器。根据所处位置的不同，电动刮水器又可分为前电动刮水器和后电动刮水器两种。

（二）电动刮水器的结构

电动刮水器主要由刮水电动机、蜗轮、连杆、摆杆和刮水片等组成，如图6-6所示。通常电动机和蜗轮结合成一体，组成电动刮水器电机总成。连杆和摆杆等杆件可以将蜗轮的旋转运动转变为摆臂的往复摆动，使摆臂上的刮水片实现刮水动作。

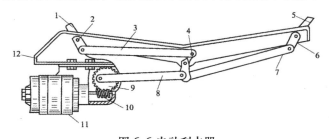

图 6-6 电动刮水器

1、5－刮水片架；2、4、6－摆杆；3、7、8－连杆；9－蜗轮；10－蜗杆；11－刮水电动机；12－底板

二、电动刮水器的工作原理

（一）电动刮水器

一般刮水电动机有永磁式和绕线式两种。永磁式刮水电动机体积小，质量轻，结构简单，使用广泛。永磁式刮水电动机主要由外壳、磁铁总成、电枢、电刷安装板、蜗轮等组成，如图6-7所示。

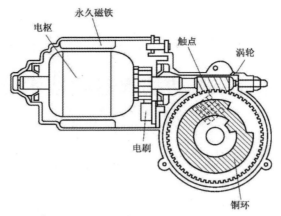

图 6-7 永磁式刮水电动机的结构

刮水电动机的电枢通电后即开始转动，以蜗杆驱动蜗轮，蜗轮带动摇臂旋转，摇臂使拉杆往复运动，从而带动刮水片左右摆动。

（二）电动刮水器的控制电路和自动复位装置

图 6-8 所示为铜环式电动刮水器的控制电路和自动复位装置。该刮水器的控制开关（以下简称刮水开关）有三个挡位，它可以控制电动刮水器的速度和自复位。0 挡为复位挡，Ⅰ挡为低速挡，Ⅱ挡为高速挡。四个接线柱分别接自动复位装置、电动机低速电刷 1、搭铁、电动机高速电刷 2。自动复位装置在减速蜗轮上嵌有铜环，铜环分为两部分，分别与电动机的外壳相连（搭铁）。触点臂用磷铜片或其他弹性材料制成，一端铆有触点。由于触点臂具有弹性，因此当蜗轮转动时，触点与蜗轮端面的铜环保持接触。

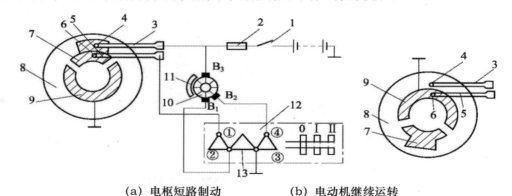

（a）电枢短路制动　　　　（b）电动机继续运转

图 6-8 铜环式电动刮水器的控制电路和自动复位装置

1－电源开关；2－熔断器；3、5－触点臂；4、6－触点；7、9－铜环；8－减速蜗轮；10－电枢；

11－永久磁铁；12－刮水开关；13—接触片

（三）风窗玻璃洗涤装置

风窗玻璃洗涤装置与电动刮水器配合使用，可以使汽车挡风玻璃刮水器更好地完成刮水工作，并获得更好的刮水效果。

1．风窗玻璃洗涤装置的组成

如图 6-9 所示，风窗玻璃洗涤装置主要由储液罐、洗涤泵、输液管、喷嘴等组成。

洗涤泵一般由永磁电动机和离心叶片泵组装成为一体，喷射压力可达 70 ~ 88 kPa。它一般直接安装在储液罐上，在离心泵的进口处设置有滤清器。洗涤泵的喷嘴安装在挡风玻璃的下面，其喷嘴方向可以根据使用情况调整，喷水直径一般为 0.8 ~ 1.0 mm，能够使洗涤液喷射在挡风玻璃的适当位置。

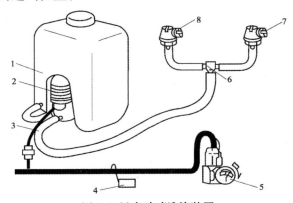

图 6-9 风窗玻璃洗涤装置

1 —储液罐；2 —洗涤泵；3 —输液管；4 —熔断器；5 —刮水开关；6 —三通管接头；7、8 —喷嘴

2．风窗玻璃洗涤装置的正确使用

（1）洗涤泵的连续工作时间不应超过 1 min。

（2）对于刮水和洗涤分别控制的汽车，应先开启洗涤泵，再接通刮水器。

（3）喷水停止后，刮水器应继续刮动 3 ~ 5 次，以便达到良好的清洁效果。

（4）常用的洗涤液是硬度不超过 205 ppm 的清水。

（5）为能刮掉挡风玻璃上的油、蜡等污物，可在水中添加少量的去垢剂和防锈剂。强效洗涤液的去垢效果好，但会使风窗密封条和刮片胶条变质，还会引起车身喷漆变色以及储液罐、喷嘴等塑料件的开裂。

（6）冬季使用洗涤器时，为了防止洗涤液结冰，可添加甲醇、异丙醇、甘醇等防冻剂以及少量的去垢剂和防锈剂，使之成为低温洗涤液，其凝固温度可下降到 — 20 ℃以下。

（7）冬季若不用洗涤器时，应将洗涤管中的水倒掉。

桑塔纳轿车风窗玻璃刮水器的控制电路可结合电动刮水器电路共同分析，如图 6-10 所示。该电路中刮水开关有 5 个挡位，分别为低速挡、高速挡、复位停止挡、点动挡和间歇挡。

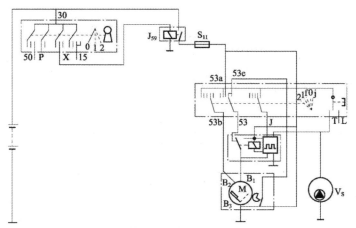

图 6-10 桑塔纳轿车风窗玻璃刮水器的控制电路

将点火开关置于"ON"，即可接通蓄电池向中间继电器 J59 的磁化线圈供电的电路，其电流回路为：蓄电池"＋"→点火开关 30 接线柱→点火开关 X 接线柱→中间继电器 J59 的磁化线圈→搭铁→蓄电池"－"。在电磁吸力的作用下，中间继电器 J59 的常开触点闭合，为刮水电动机的工作做好准备。

第五节 中控系统及防盗系统的技术分析

一、中控系统及防盗系统功能介绍

为了使汽车的使用更加方便安全，现代轿车多数都安装了中央门锁控制系统，简称中控门锁。安装中控门锁后可实现以下功能：

（1）将驾驶员车门锁扣按下时，其他几个车门及行李舱门都能自动锁定；若用钥匙锁门，也可同时锁好其他车门和行李舱门。

（2）将驾驶员车门锁扣拉起时，其他几个车门及行李舱门扣都能同时打开；用钥匙开门，也可实现该动作。

（3）在车室内个别车门需打开时，可分别拉开各自的锁扣。

二、中控系统及防盗系统的工作原理

（一）中控系统

1. 中控门锁的结构

中央控制门锁系统一般由门锁开关、门锁控制器和门锁执行机构组成。

直流电动机式中控门锁的传动机构如图 6-11 所示，它主要由双向直流电动机、门锁开关、连杆执行机构组成。其基本原理是：利用控制直流电动机的正反向电流的方向，通过电动机正反向运转来完成门锁的开、关动作。

当用钥匙来开、锁门时，控制器被触发，门锁电动机运转，通过门锁操纵连杆操纵门锁动作，由于在锁或开门时给控制器的触发不同，故门锁电动机通过电流的方向相反，这样利用电动机的正转或反转，就可完成车门的锁定和开锁动作。

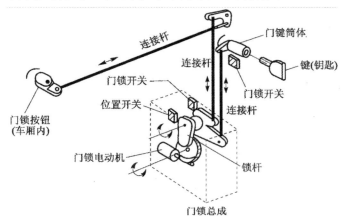

图 6-11 直流电动机式中控门锁的传动机构

2．中控门锁的电路

图 6-12 所示为直流电动机式中控门锁电路。它主要由两个门锁开关 S1 与 S2、门锁继电器 K、五个双向直流电动机、导线熔断器等组成。门锁继电器由开锁和锁定两个继电器组成，其线圈不通电时，动触点和搭铁触点接通；通电时动触点与搭铁断开，与另一触点接通。通过触点位置的改变，来改变电路及电动机中电流的方向，从而改变电动机的旋转方向，完成对车门的锁定和开锁动作。

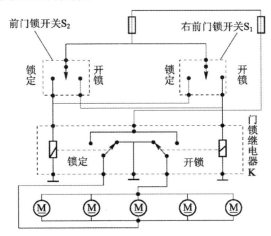

图 6-12 直流电动机式中控门锁电路

（二）防盗系统

1.防盗系统的功能与分类

汽车防盗系统是一种安装在车上，用来增加盗车难度，延长盗车时间的装置，是为防止汽车本身或车上的物品被盗所设的系统。

汽车防盗系统可分为机械式防盗系统、电子式防盗系统和GPS卫星定位防盗系统三种。

（1）机械式防盗系统

机械式防盗系统的原理很简单，即将转向盘和控制踏板或挡柄锁住。常见的机械式防盗系统有转向盘锁、可拆卸式转向盘和排挡锁三种防盗形式。

机械式防盗系统具有价格低廉、结构简单、安装简便的优点，但其装置需要占用空间、不隐蔽，每次使用都要用钥匙开锁，而且不太安全。随着电子技术在汽车上的应用，电子式防盗系统应运而生。

（2）电子式防盗系统

电子防盗是给车锁加上电子识别，开锁和配钥匙都需要输入十几位密码的汽车防盗方式，它一般使用遥控技术，是随着电子技术的发展而迅速发展起来的一种防盗方式。电子式防盗系统有四大功能，即防盗报警功能、车门未关安全提示功能、寻车功能、遥控中央门锁功能。

（3）GPS卫星定位防盗系统

GPS卫星定位防盗系统的工作原理是利用接收的卫星发射信号与地面监控设备、GPS信号接收机，组成全球定位系统，卫星连续不断地发送动态目标的三维位置、速度和时间信息，保证车辆在的任何地点、任何时刻都能收到卫星发出的信号。

GPS主要靠锁定点火或起动实现防盗的目的，同时还可以通过GPS卫星定位系统，将报警车辆所在位置无声地传送到报警中心。因此，只要每辆移动车辆上安装的GPS车载机能正常工作，再配上相应的信号传输线路（如GSM移动通信网络和电子地图），建立一个专门接收和处理各个移动目标发出的报警信息和位置信号的监控室，就可以形成一个卫星定位的移动目标监控系统。GPS卫星定位汽车防盗系统有五大功能，即定位功能、通信功能、监控功能、停驶功能和调度功能。

2.防盗系统的结构

汽车电子防盗系统由开关和传感器、防盗ECU、执行机构三个部分组成。

3.防盗系统的工作原理

防盗系统的工作原理为由中控门锁系统提供信号，防盗ECU识别信号并根据识别情况驱动执行装置工作。其控制电路通常包括电源、编码器、存储器、输入器、识别器、驱动装置、抗干扰电路、显示器和报警器、保险装置和执行机构等部分。

电源用来向该系统提供电能，是电子锁控制部分和执行机构必不可少的动力来源；编码器用来人为地设置一定的密码；存储器可以将编码存储起来；输入器用来将密码输入锁内；识别器是对来自输入器的编码与存储器记忆的编码进行比较，当两组编码不相同时，便会通过显示装置显示出来，或报警求救，或控制防止汽车移动装置执行指令，使汽车不得移动；驱动装置是在接到识别器输送来的信号时，接通执行机构的电路，使执行机构开启或锁止；抗干扰电路可以防止汽车内外电磁信号干扰所引起的防盗系统误动作；显示器和报警器是输出装置，用来在需要报警时进行报警；保险装置的作用是防止车速过高时车门自动打开，在控制电路发生故障时，门锁可以直接开启；执行机构可以分为电动机式或电磁线圈式两种，用来将电能转换为机械能，以使门锁开启或锁止。

第七章 汽车空调系统的技术研究

第一节 传统燃油汽车空调系统的技术分析

一、汽车空调系统的工作原理

（一）汽车空调的功能

汽车空调是用来改善汽车舒适性的设备，可以对车内空气的温度、湿度进行调节，并保持车内的空气清洁。汽车空调通常都具备以下功能：

调节温度：将车内的温度调节到人体感觉适宜的温度。

调节湿度：将车内的湿度调节到人体感觉适宜的湿度。

调节气流：调节车内出风口的位置、出风的方向及风量的大小。

净化空气：滤去空气中的尘土和杂质或对空气进行杀菌消毒。

为完成空调的上述功能，汽车空调系统通常应包括以下几个装置：暖风装置，用以提高车内的温度；制冷装置，用以降低车内的温度和湿度；通风装置，用以调节车内的气流和换气；空气净化装置，用以过滤空气及对空气进行消毒处理。

目前，汽车的空调系统已经成为汽车的标准配置。如图 7-1 所示为空调系统的组成部件及其在车上的布置。

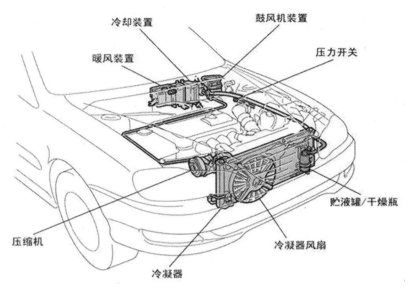

图 7-1 汽车空调系统的组成部件及布置

空调系统控制有手动控制和自动控制之分。手动空调需要驾驶员通过旋钮或拨杆对控制对象进行调节，如改变温度等。自动空调只需驾驶员输入目标温度，空调系统便可按照驾驶员的设定自动进行调节。

（二）汽车空调的基本知识

1．空调系统中常用的基本物理量

（1）温度

温度是物质冷热程度的度量，用温标来表示。常用的温标有：摄氏温标，用℃表示；开氏温标用 K 表示；华氏温标、用 F 表示。

（2）压强

压强的定义是单位面积上的作用力，在工程上俗称压力，其基本单位是帕（Pa），物理意义是 1 平方米的面积上作用有 1 牛顿的力。由于此单位较小，常用的单位是千帕和兆帕。由于大气本身具有一定的质量，所以大气作用在地面上也有一定的压强，作用在海平面上的压强为一个大气压，现在使用的压力表都将此压强作为 0，这样测量出来的压强称为表压。如果测量压强时将绝对真空情况下的压强定为 0，这样测出的压强称为绝对压强。

（3）湿度

湿度用来表示空气中水蒸气的含量。湿度较高时，人就会感到不舒适。湿度大小有两种表示方法，一种叫相对湿度，另一种叫绝对湿度。相对湿度：相对湿度指在某一温度下，空气中实际含水蒸气量（以质量计）与空气在该温度下所能含水蒸气量（质量）之比。通常随着温度的升高，空气中所能含的水蒸气量会增加，如果空气的实际含水蒸气量不变，温度升高，则空气的相对湿度下降。绝对湿度：绝对湿度是空气中所含水蒸气的量（质量）与干燥空气量之比

（4）压强与物质沸点的关系

下面我们以水为例来看一下压强与沸点的关系。在一个大气压下，水的沸点是 100 ℃；如果水的压力增大 88 kPa，水就要到 118 ℃才会沸腾；如果将水的压力减小到低于大气压 39 kPa，温度在 84 ℃水就沸腾了。通过这个例子可以看出，物质的沸点是随着压力的增大而升高的。

2．热传递的基本形式

空调的工作过程实际就是热量的传递和转移的过程，热量都是通过以下 3 个途径传递的。

（1）热传导。热在物质内直接传送称为热传导。

（2）热对流。热对流是通过受热的液体或气体运动传递热量。

（3）热辐射。热辐射是以红外线的方式发射和传递热量。

3．物质的状态变化和热的形态

物质的状态变化增加或减少物质的热量，物质的温度可能发生变化，物质的状态也可能发生变化。对冰加热，冰的温度会慢慢升高；当温度达到 0 ℃时、冰就开始熔化，在这一阶段，0 ℃的水与冰共存；继续加热直至冰全部转变为 0 ℃的水这一固态转变为液态的过程称为熔化，而反过来的过程叫凝固。对水加热，水从 0 ℃升高到 100 ℃；在 100 ℃时，水的温度不再继续升高，而开始蒸发，直至水全部蒸发为水蒸气，水从液态变为气态的过程叫汽化（蒸发），相反的过程称为冷凝。物质从固态直接转化为气体叫升华、相反的过程叫凝华。

（1）热的形态

从水的加热过程我们可以看出，加热水时，水的温度会随加热量的增加而温度升高。而加热到 100 ℃时，水的温度不再升高，而是从液态向气态转变。这说明了加给水的热量有两种结果，一种是使水的温度升高，另一种是使水的状态发生变化。我们将使物质温度升高的热量称为显热，而将使物质状态发生变化的热量称为潜热。如果物质的状态是从液态变为气态，就将这种潜热称为汽化潜热。

（三）制冷基本原理

1．制冷的基本思路

人们在游完泳时，会有冷的感觉，在手臂上涂抹酒精也有凉爽的感觉，这都是因为液体的蒸发带走了热量。这也就给了我们一个启发：利用液体的蒸发可以吸收周围环境的热量。为此，我们将一个带有开关的容器装在一个绝热良好的盒子内，容器中装有常温下容易挥发的液体。将开关打开时，容器内的易挥发液体便开始蒸发，同时吸收绝热盒子内的热量。吸收了热量的液体转化为气体，从开关排出，盒内的温度便会低于盒外的温度。如果容器内的易挥发液体能得到不断的补充，冷却的效果便会持续下去。从制冷装置的运作情况看，制冷过程中热量的转移是靠液体的状态变化实现的，我们将这种液体称为制冷剂

2. 制冷循环

为了使前述的制冷装置的制冷过程持续下去，就必须不断地向容器中补充制冷剂，从开关放出的制冷剂也应回收加以反复利用。为此，有必要制作套装置使制冷剂能够在装置中循环，不断地将热量带走。根据前述物质的沸点与压强的关系，降低压强可以使物质的沸点降低，使其更加容易蒸发面吸收热量；提高压强可以使物质的沸点升高，使其更加容易转化为液体而放出热量。为此，将前述装置从开关放出的气体制冷剂回收起来，使其进入一台压缩机，提高压强，再通过一个称为冷凝器的装置，经强制冷却放出热量变为液体，并将这种液体制冷剂暂时存放在一个储液罐中以备再次使用。高压的液体通过一个小孔，可以使其迅速膨胀而压强降低，在这种情况下，液体由于压强的降低而非常容易汽化而吸热。因此，将储液罐中的制冷剂通过一个小孔（膨胀阀）放出让其进入一个称为蒸发器的容器。由于制冷剂的压强下降，所以很快便会蒸发，吸收蒸发器周围的热量，使蒸发器周围得到冷却。将上述两个过程组合起来，就可以形成一个制冷循环。储液罐中的高压液态制冷剂从膨胀阀喷出，压强下降，体积迅速膨胀，转化为气体，吸收周围的热量，使周围的温度下降，气态的制冷剂再经压缩机加压成为高压气态的制冷剂，高压气态制冷剂进入冷凝器冷却，从气态转变为液态，同时放出热量，液态制冷剂再进入储液罐，以备再次使用，这就是一个完整的制冷循环。从制冷循环可以看出，所谓制冷就是通过制冷剂的状态变化将一个地方（蒸发器周围）的热量带到另一个地方（冷凝器周围）。制冷循环中的各种装置都是围绕这种热量的转移而设置的。

（四）制冷剂和压缩机油

制冷剂是制冷环当中传热的载体，通过状态变化吸收和放出热量。因此，要求制冷剂在常温下很容易汽化，加压后很容易液化，同时在状态变化时要尽可能多的吸收或放出热量大的汽化或液化潜热。另外，制冷剂还应具备不易燃易解、无毒、无腐蚀性、对环境无害。制冷剂的英文名称为 refrigerant，所以常用其第一个字母 R 来代表制冷剂，后面部分表示制冷剂名称，如 R12、R22、34a 等。过去常用的制冷剂是 R12（氟利昂），这种制冷剂各方面的性能都很好，但是有一个致命的缺点，就是破坏大气环境。它能够破坏大气中的臭氧层，使太阳的紫外线直接照射到地球，对植物和动物造成伤害。我国目前已停止生产用 R12 作为制冷剂的汽车空调系统。目前汽车上广泛采用的 R2 的替代品是 R134a。R134a 在大气压下的沸腾点为 –29 ℃，在 98kPa 的压力下，其沸腾点为 –10.6 ℃。如果在常温常压的情况下将其释放，R134a 便会立即吸收热量开始沸腾并转化为气体，对 R134a 加压后，它也很容易转化为液体。R134a 的特性曲线如图 7–2 所示。该曲线上方为气态，下方为液态，如果要使 R134a 从气态转变为液态，可以降低温度，也可以提高压力、反之亦然。

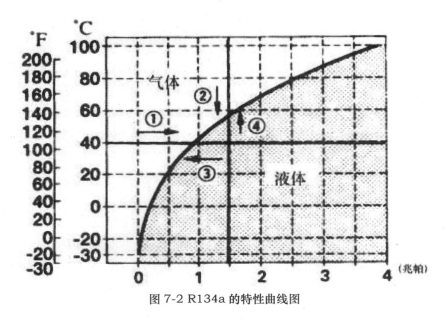

图 7-2 R134a 的特性曲线图

1. 冷冻润滑油

在空调制冷系统中，有相对运动的部件需要润滑。由于制冷系统中的工作条件比较特殊，所以需要专门的润滑油—冷冻润滑油。冷冻润滑油除了起到润滑作用以外，还可以起到冷却、密封和降低机械噪声的作用。在制冷系统中的润滑油还有一个特殊的要求，就是要与制冷剂相容，并且随着制冷剂一起循环。因此，在冷冻润滑油的选用上，一定要注意正确选用冷冻润滑油的型号，切不可乱用，否则将造成严重后果。

（五）制冷系统

制冷系统的作用是将车内的热量通过制冷剂在循环系统中循环转移到车外，从而实现车内降温。制冷系统主要包括制冷循环系统和控制系统等部分。目前各种车辆的制冷循环系统无太大区别，而控制系统在各车型中差别较大。

1. 制冷循环

从前述的制冷原理我们已经知道，通过制冷循环可以将车内的热量转移到车外，目前车辆上采用的循环系统，冷凝器和蒸发器的结构大同小异，没有本质区别，按照压缩机的不同可以分为定排量压缩机和变排量压缩机两种，按照降压节流装置的不同可以分为膨胀阀式和膨胀管式两种，将压缩机和降压节流装置进行不同的组合可以形成四种循环方式。我们以 CC 表示定排量压缩机，VD 表示变排量压缩机，在降压节流装置中，以 OT 表示膨胀管，TXV 表示膨胀网，这样就可以形成四种不同的组合，即 COT、VDOT、CCTXV 和 VDTXV 四种循环。下面主要以 OT 和 TXV 循环介绍其工作原理。

（1）膨胀阀（TXV）式制冷循环系统

这种制冷循环的工作原理是压缩机将气体的制冷剂提高压力（同时温度也提高），目的是使制冷剂比较容易液化放热。高压的气体制冷剂进入冷凝器，冷凝器风扇使空气通过冷凝器的缝隙带走制冷剂放出的热量并使其液化。液化后的制冷剂进入储液干燥罐，滤掉其中的杂质、水分，同时存储适量的液态的制冷剂以备制冷负荷发生变化时制冷剂不会断流，从储液干燥罐出来的制冷剂流至膨胀阀，从膨胀阀中的节流孔喷出形成雾状制冷剂，雾状的制冷剂进入蒸发器，由于制冷剂的压力急剧下降，便很快蒸发汽化，吸收热量，蒸发器外部的风扇使空气不断通过蒸发器的缝隙，使其温度下降，从而使车内温度降低，蒸发器出来的气态制冷剂再进入压缩机重复上述过程。这种循环系统中的膨胀阀可以根据制冷负荷的大小调节制冷剂的流量。

（2）膨胀管（OT）式制冷循环系统

膨胀管式制冷循环系统从制冷的工作原理来看，与膨胀阀式的制冷循环系统无本质的差别，只不过将可调节流量的膨胀阀换成不可调节流量的膨胀管，使其结构更加简单。为了防止液态的制冷剂进入压缩机而造成压缩机的损坏，这种循环系统将储液干燥罐安装在蒸发器的出口，并按照它所起的作用更名为集液器，同时进行气液分离，液体留在罐内，气体进入压缩机，其他部分的工作过程与膨胀阀式制冷循环相同。

2. 制冷循环系统的组成部件

制冷循环系统的组成部件主要有：

（1）压缩机，压缩机的作用是将从蒸发器出来的低温、低压的气态制冷剂通过压缩转变为高温，高压的气态制冷剂，并将其送入冷凝器，目前在汽车空调系统中所采用的压缩机有多种类型，比较常见的有斜盘式压缩机、叶片式压缩机、旋转式压缩机、曲轴连杆式压缩机等，此外，压缩机还可分为定排量和变排量的两种形式，变排量压缩机可根据空调系统的制冷负荷自动改变排量，使空调系统运行更加经济。

叶片式压缩机，在叶轮上安装有若干叶片，与机体形成几个密封的空间，在机体上安装有吸气孔、排气孔和排气阀。在叶轮旋转时，密封空间的体积会生变化，从而完成进气、压缩和排气的过程。

旋转斜盘式压缩机，旋转斜盘式压缩机通常在机体圆周方向上布置有6个或者10个汽缸，每个汽缸中安装一个双向活塞，形成6缸机或10缸机、每个汽缸两头都有进气阀和排气阀。活塞由斜盘驱动在汽缸中往复运动，活塞的一侧压缩时，另一侧则为进气，工作室，旋转斜盘式压缩机轴旋转时，轴上的斜盘同时驱动所有的活塞运动，部分活塞向左运动，部分活塞向右运动，活塞正在向左运动，活塞左侧的空间缩小，制冷剂被压缩，压力升高，打开排气阀，向外排出，与此同时，活塞右侧空间增大，压力减小，进气阀开启，制冷剂进入汽缸。由于进、排气阀均为单向阀结构，所以保证制冷剂不会倒流。

涡旋式压缩机的关键部件是涡旋定子和涡旋转子。定子安装在机体上，转子通过轴承装在轴上，转子与轴有一定的偏心，定子与转子安装好后可形成月牙形的密封空间，非气口位于定子的中心部位，进气口位于定子的边缘。工作时，当压缩机旋转时，转子相对于定子运动，使两者之间的月牙形空间的体积和位置都在发生变化，体积在外部进气口处大在中心排气口处小，进气口体积增大使制冷剂吸入，当到达中心排气口部位时，体积缩小，制冷剂被压缩排出。

（2）冷凝器

冷凝器的作用是将压缩机送来的高温、高压的气态制冷剂转变为液态制冷剂。因此，冷凝器是一个热交换器。它将制冷剂在车内吸收的热量通过冷凝器散发到大气当中。小型汽车的冷凝器通常安装在汽车的前面（一般安装在散热器前），通过风扇进行冷却（冷凝器风扇一般与散热器风扇共用，也有车型采用专用的冷凝器风扇）。冷凝器主要由管路和散热片组成，有一个制冷剂的进口和一个出口。

（3）储液干燥器和集液器

1）储液干燥器。储液干燥器用于膨胀阀式的制冷循环，其作用有以下几个方面。

①暂时存储制冷剂，使制冷剂的流量与制冷负荷相适应。

②去除制冷剂中的水分和杂质，确保系统正常运行（如果系统中有水分，有可能造成水分在系统中结冰，堵塞制冷剂的循环通道，造成故障；如果制冷剂中有杂质，也可能造成系统堵塞，使系统不能制冷）。

③部分储液干燥罐上装有观察玻璃，可观察制冷剂的流动情况，确定制冷剂的。

④有些储液干燥罐上装有易熔塞，在系统压力、温度过高时，易熔塞熔化，放出制冷剂数量。

⑤还有些储液干燥罐上安装有维修阀，供维修制冷系统安装压力表和加注制冷剂时保护系统重要部件不被破坏。

⑥有些车型的储液于上装有压力开关，可在系统压力不正常时，中止压缩机的工作储液干燥器内有滤网和干燥器，罐的上方设有观察玻璃及进口和出口。

2）集液器。集液器用于膨胀管式的制冷系统，安装在蒸发器出口处的管路中。由于膨胀管无法调节制冷剂的流量，因此蒸发器出来的制冷剂不一定全部是气体，还可能有部分液体。为防止压缩机损坏，在蒸发器出口处安装有集液器，集液器一方面将制冷剂进行气液分离，另一方面可以起到与储液干燥器相同的作用。制冷剂进入集液器后，液体部分沉在集液器底部，气体部分从上面的管路出去进入压缩机。

（4）膨胀阀和膨胀管

1）膨胀阀

膨胀阀安装在蒸发器的入口处，其作用是将从储液干燥器出来的高温、高压的液态制冷剂从膨胀阀的小孔喷出，使其降压，体积膨胀，转化为雾状制冷剂，在蒸发器中吸热变为气态制冷剂，同时还可根据制冷负荷的大小调节制冷剂的流量，确保蒸发器出口处的制冷剂全部转化为气体膨胀阀的结构形式有 3 种，分别为外平衡式膨胀阀、内平衡式膨胀阀和 H 形膨胀阀。

①外平衡式膨胀阀。外平衡式膨胀阀的入口接储液容器，出口接蒸发器。膨胀阀的上部有一个膜片，膜片上方通过一条细管接一个感温包。感温包安装在发器出口的管路上，内部充满制冷剂气体，蒸发器出口处的温度发生变化时，感温包内的气体体积也会发生变化，进而产生压力变化，这个压力变化就作用在膜片的上方片，下方的腔室还有一根平衡管通蒸发器出口。阀门控制制冷剂的流量。阀门的下方有一个调整弹簧，弹簧的弹力试图

使阀门关闭，该弹力通过阀门上方的杆作用在膜片的下方。可以看出，膜片共受到三个力的作用，一个是感温包中制冷剂气体向下的压力，一个是弹簧向上的推力、还有一个是蒸发器出口制冷剂的压力，作用在膜片的下方。的开度取决于这三个力综合作用的结果。当制冷负荷发生变化时，膨胀阀可根据制冷负荷的变化自动调节制冷剂的流量，确保蒸发器出口处的制冷剂全部转化为气体并有一定的过热度。当制冷负荷减小时，蒸发器出口处的温度就会降低，感温包的温度也会降低，其中的制冷剂气体便会收缩，使膨胀阀膜片上方的压力减小、阀门就会在弹簧和膜片下方气体力的作用下向上移动，减小阀门的开度，从而减小制冷剂的流量。反之，制冷负荷增大时，阀门的开度会增大，增加制冷剂的流量。当制冷负荷与制冷剂的流量相适应时，阀门的开度保持不变，维持一定的制冷强度。

②内平衡式膨胀阀。内平衡式膨胀阀的结构与外平衡式胀的结构大同小异，不同之处在于内平衡式膨胀阀没有平衡管，膜片下方的气体压力直接来自于蒸发器的入口。内平衡式膨胀阀的工作过程与外平衡式膨胀阀的工作过程完全相同。

③H形膨胀阀。采用内、外平衡式膨阀网的制冷系统，其蒸发器的出口和入口不在一起，因此需要在出口处安装感温包和管路，结构比较复杂。如果将蒸发器的出口和入口做在一起，就可以将感温包的管路去掉，这就形成了所谓的H形膨胀阀。H形膨胀阀中也有一个膜片，膜片的左方有一个热敏杆，热敏杆的周是蒸发器出口处的制冷剂，制冷剂的温度的变化（制冷负荷变化）可通过热敏杆使膜片右方气体的压力发生变化，从而使门的开度变化，节制冷剂的流量以应冷负荷的变化。H形膨胀阀具有结构简单、工作可靠的特点，在汽车上的应用越来越多。

2）膨胀管

膨胀管的作用与膨胀阀的作用基本相同，只是将调节制冷剂流量的功能取消了。膨胀管的节流孔径是固定的，入口和出口都有滤网。由于节流管没有运动部件，具有结构简单、成本低、可靠性高、节能等优点，因此美、日等国有许多高级轿车都采用膨胀管式制冷循环。

（5）蒸发器

蒸发器也是一个热交换器，膨胀阀喷出的雾状制冷剂在蒸发器中蒸发，吸收蒸发器空气中的热量，使其降温，达到制冷的目的。在降温的同时，溶解在空气中的水分也会由于温度降低凝结出来，蒸发器还要将凝结的水分排出车外。蒸发器安装在驾驶室仪表台的后面，其结构主要由管路和散热片组成。在蒸发器的下方还有接水盘和排水管。空调制冷系统工作时，鼓风机的风扇将空气吹过蒸发器，空气和蒸发器内的制冷剂进行热交换，制冷剂汽化，空气降温，同时空气中的水分凝结在蒸发器的散热片上，并通过接水盘和排水管排出车外。

二、汽车空调空调系统控制策略分析

（一）空调的调节系统

空调的调节系统有手动调节和自动调节之分。手动空调的调节包括温度调节、出风口位置调节、鼓风机风速调节和空气的内外循环调节等。调节是通过空调控制面板上的拨杆或旋钮进行的。空调控制面板上有温度调节、气流选择、鼓风机速度、空气进气选择（内外循环选择）、空调开关（AMC）和运行模式选择开关等。其中，温度调节、气流选择、空气进气选择是通过气道中的调节风门实现的，空调开关和运行模式选择开关、鼓风机速度选择是通过电路控制实现的空控制面板到调节风门的控制方式有拉线式和电动式两种。

1.温度调节

目前小型车的空调系统基本上都是冷气和暖风都采用一个鼓风机，温度调节采用冷暖风混合的方式，在空气的进气道中，所有的空气都通过蒸发器，用一个调节风门控制通过加热器芯的空气量，通过加热器芯的空气和未通过加热器的空气混合后形成不同温度的空气从出风口吹出，实现温度调节。在空调的控制面板上设有温度调节拨杆或旋钮，用来改变调节风门的位置。

2.气流选择调节

现代轿车空调系统的出风口分别设置了中央出风口、边出风口、脚下出风口和风窗玻璃除霜出风口等，其空调系统可以根据不同需要，选择不同的出风口出风，这种功能是通过控制面板上的气流选择调节拨杆或旋钮进行调节的。

3.空气进气选择调节

空气调节系统可以选择进入车内的空气是外部的新鲜空气还是车内的非新鲜空气。如果选择外部新鲜空气称为外循环，选择车内空气则称为内循环。这种选择可以通过控制面板上的内外循环选择按钮或拨杆控制进气口处的调节风门实现。

4.鼓风机转速的调节

鼓风机转速是通过在鼓风机电路中串入不同的电阻实现的。在鼓风机电路中串入3个电阻，通过开关控制，实现4个转速挡（空调控制面板上的LO、2、3、HI）。如果将电阻改为电子控制，则可实现无级调速。自动空调系统可以根据空调的工作情况自动对上述内容进行调节和控制。

（二）空调控制系统

空调控制系统的功能是保证空调制冷系统正常运转，同时也要保证空调系统工作时发动机的正常运转。空调控制系统主要是通过控制压缩机电磁离合器的接合与分离实现温度控制与系统保护，通过对鼓风机的转速控制调节制冷负荷。

1.电磁离合器

电磁离合器安装在压缩机上，其作用是控制发动机与压缩机的动力传递。空调制冷系统工作时，使发动机能驱动压缩机运转；制冷系统停止运行时，切断发动机到压缩机的动力传递。磁离合器主要包括压力板、皮带轮和定子线圈等主要部件。压力板与压缩机轴相连，皮带轮通过轴承安装在压缩机的壳体上，皮带轮通过皮带由发动机驱动，定子线圈也安装在压缩机的壳体上。当接通空调开关使空调制冷系统进入工作状态时，电磁离合器的定子线圈通电，线圈通电后产生磁力，将压力板吸向皮带轮，使两者结合在一起发动机的动力便通过皮带轮传速到压力板，带动压缩机运转。当空调制冷系统停止工作时，电磁离合器的定子线断电，磁力消失，压力板与皮带轮分离，此时皮带轮通过轴承在压缩机的壳体上空转，压缩机停止运转。

2. 蒸发器的温度控制

蒸发器温度控制的目的是防止蒸发器结霜。如果蒸发器的温度低于 0 ℃，凝结在蒸发器表面的水分就会结霜或结冰，严重时将会堵塞蒸发器的空气通路，导致系统制冷效果大大降低。为了避免这种情况的发生，就必须控制蒸发器的温度在 0 ℃以上。控制蒸发器温度的方法通常有两种：一种是用蒸发压力调节器控制蒸发器的压力来控制蒸发器的温度，另一种是利用温度传感器或温度开关控制压缩机的运转来控制蒸发器的温度。

（1）蒸发压力调节器（EPR）

根据制冷剂的特性，只要制冷剂的压力高于某一数值，其温度就不会低于 0 ℃（对于 R134a，此压力大约为 0.18 MPa），因此只要将蒸发器出口的压力控制在一定的数值，就可以防止蒸发器表面结霜或结冰。蒸发压力调节器可以根据制冷负荷的大小调节蒸发器出口处的压力，确保蒸发器出口的压力使制冷剂不低于 0 ℃蒸发压力调节器安装在蒸发器出口到压缩机入口的管路中。它主要由金属波纹管、活塞、弹簧等组成，在管路中形成了一个可调节制冷剂流量的阀门。当制冷负荷减小时，蒸发器出口处制冷剂的压力就会降低，作用在活塞上向左的力减小，此力小于金属波纹管内弹簧向右的力，使活塞向左移动，阀门开度减小，制冷剂的流量也随之减小并使蒸发器出口处的压力升高。反之，在制冷负荷增大时，活塞可向右移动，阀门开度增大增加制冷剂的流量，以适应制冷负荷增大的需要。

（2）蒸发器温度控制电路

目前蒸发器的温度控制电路主要有两种形式：一种是用温度开关（恒温器）直接控制压缩机电磁离合器。蒸发器温度开关安装在蒸发器的中央，当蒸发器表面温度低于某一设定值时，温度开关切断压缩机电磁离合器电路，使压缩机停止工作，防止蒸发器结冰。另一种是将热敏电阻安装在蒸发器的表面，当蒸发器表面的温度低于某一设定值时，热敏电阻的阻值变化给空调 ECU 低温信号，空调 ECU 控制继电器切断压缩机电磁离合器电路，使压缩机停转，控制蒸发器温度不低于 0 ℃。

3. 冷凝器风扇控制

现在有很多车辆的冷却系统采用电风扇冷却，同时空调制冷系统的冷凝器也采用同一风扇进行冷却。当冷却液温度较低时，风扇不工作；当冷却液温度升高到某一规定之时，风扇以低速运转；当温度进一步升高到另一个设定值时，风扇则以高速运转；当空调制冷系统开始工作时，不管冷却液温度高低，风扇都运转；当制冷系统压力高过一定值时，风扇则以高速运转。风扇转速的控制有两种：一种是用一个电风扇串联电阻的方式调节风扇的转速，另一种是利用两个电风扇以串联和并联的方式调节风扇的转速。

4. 发动机的怠速提升控制

在车流量较大的道路上行驶，汽车发动机经常处于怠速运转状态，发动机的输出功率低，如果此时开启空调的制冷系统，可能会造成发动机停机，为防止这种情况的发生，在空调的控制系统中采用了怠速提升装置。当接通空调制冷开关（AC）后，发动机的控制单元便可接收到空调开启的信号控制单元便控制怠速控制阀将怠速旁通气道的通路增大，使进气量增加，提高怠速。如果是节气门直动式怠速控制机构，控制单元便控制电动机将节气门开大，提高怠速。

5. 发动机失速控制

发动机带空调运转时，一旦有其他影响因素使发动机转速下降，将造成发动机失速。为防止这种情况发生，空调控制电路中设有防止发动机失速的控制电路。空调的控制单元通过检测点火线的脉冲来计算发动机的转速。当发动机的转速低于一定值时，将压缩机电磁离合器切断。

6. 传动带保护控制

当动力转向的油泵、发电机等附件与空调压缩机采用同一传动带驱动时，如果压缩机出现故障而锁死时，传动带将被损坏。为了防止这种情况的产生，有些空调的控制电路中采用了传动带保护控制装置。空调放大器（或 ECU）同时接收发动机的转速信号和压缩机的转速信号，并对这两个转速进行比较，当这两个转速的信号出现的差异超过某一限值时，空调放大器便认定压缩机出现故障，随后就切断压缩机电磁离合器的电源，使压缩机停止工作，以保证其他附件的正常运转。

7. 压缩机双级控制

有些车辆为了提高车辆的燃油经济性采用了压缩机双级控制，在空调上有两个开关，一个是 AC 开关，另一个是 ECHO 开关。在接通 AC 开关时，空调 ECU 根据蒸发器温度传感器的信号在较低的温度控制压缩机电磁离合器的通断，在接通 ECHO 开关时，空调便在较高的温度控制压缩机电磁离合器的通断，这样就可以减少压缩机工作的时间，减少汽车燃料消耗。同时，在压缩机停机时，发动机的负载减少，汽车的动力输出可以提高。

8. 双蒸发器控制

现在有些车辆在前排和后排都有蒸发器，且两个蒸发器都采用一个压缩机，这样就面临着前后蒸发器分别控制的问题。为此，在两个蒸发器的入口处安装两个电磁阀，用来分别控制前排座位和后排座位的温度。

9. 其他控制

（1）冷却液温度控制

为防止冷却液温度过高，有些空调控制电路中设有冷却液温度开关或传感器，当冷却液的温度高过一定值（一般为 105 ℃）时，切断压缩机电磁离合器电路,使压缩机停止运转。在温度下降到某设定值（大约为 95 ℃）时，再接通电磁离合器电路、使空调重新工作。

（2）制冷剂温度控制

在部分叶片式压缩机和斜盘式压箱机上装有制冷剂温度开关，防止压缩机温度过高面损坏。当制冷剂的温度超过 180 ℃时，此开关就断开，切断了压缩机电磁离合器的电路。

（3）环境温度控制

部分车辆在控制电路中设有环境温度开关，在环境温度低于规定值时，环境温度开关断开,切断压缩机电磁离合器的电路,使空调的制冷系统不能工作。环境温度高于规定值时，制冷系统才能进入工作状态。

（三）空调暖风系统

汽车的暖风系统可以将车内的空气或从车外吸入车内的空气加热，提高车内的温度。汽车的暖风系统有许多类型，按热源的不同可分为热水取暖系统、燃气取暖系统、废气取暖系统等。目前小型车上主要采用热水取暖系统，大型车辆上主要采用燃气取暖系统。

1. 热水取暖系统

（1）热水取暖系统的工作原理

热水取暖系统的热源通常采用发动机的冷却液，使冷却液流过一个加热器芯，再使用鼓风机将冷空气吹过加热器芯加热空气，使车内的温度升高。

（2）热水取暖系统的组成和部件的安装位置热水取暖系统主要由加热器芯、水阀、鼓风机、控制面板等组成。

1）加热器芯。加热器芯由水管和散热器片组成，发动机的冷却液进入加热器芯的水管，通过散热器片散热后，再返回发动机的冷却系统。

2）水阀。水阀用来控制进入加热器芯的水量，进而调节暖风系统的加热量，调节时，可通过控制面板上的调节杆或旋钮进行控制。

3）鼓风机。鼓风机由可调节速度的直流电动机和鼠笼式风扇组成，其作用是将空气吹过加热器芯加热后送人车内。调节电动机的速度，可以调节向车厢内的送风量。鼓风机风扇的形式分为轴流式风扇和离心式风扇。鼠笼式风扇属于离心多风扇，特点是尺寸较小，电动机的转速也可以较低。发动机的冷却风扇属于轴流式风扇，是一种常用的电扇。

（3）热水取暖系统调节温度的方式

就暖风系统而言，其温度的调节方式有两种，一种是空气混合型，另一种是水流调节型。

1）空气混合型。这种类型的暖风系统在暖风的气道中安装空气混合调节风门，这个风门可以控制通过加热器芯的空气和不通过加热器芯的空气的比例，实现温度的调节，目前绝大多数汽车均采用这种方式。

2）水流调节型。这类暖风系统采用前述的水阀调节流经加热器芯的热水量，改变加热器芯本身的温度，进而调节温度。

2. 燃气取暖系统

在大、中型客车上，仅发动机冷却液的余热取暖是远远满足不了要求的，为此，在大客车中常采用燃气取暖系统。燃油和空气在燃烧室中混合燃烧，加热发动机的冷却液，加热后的冷却液进入加热器芯向外散热，降温后返回发动机再进行循环。

三、汽车自动空调系统技术分析

（一）自动空调控制系统的组成和基本工作原理

目前中高档汽车空调控制系统普遍采用自动控制系统，在操作时只要设定合适的温度，按下自动控制（AUTO）按钮，控制系统即可按照所设定的温度自动运行。这套系统与其他电控系统一样，也是由传感器、控制单元（ECU）和执行器等组成的。自动空调控制系统的传感器主要包括内部温度传感器、环境温度传感器、太阳辐射传感器、温度传感器、冷却液温度传感器（向发动机控制单元提供信号，再由发动机控制单发给空调控制单元）、压力开关等。控制单元包括空调控制单元和发动机控制单元，执行器包括空气混合伺服电动机、空气进气伺服电动机、气流方式伺服电动机、鼓风机电动机成风机电动机控制器等。自动空调控制系统工作时，自动空调控制单元接收各个传感器的信号，经过计算后，控制空气混合伺服电动机、空气进气伺服电动机、气流方式伺服电动机、鼓风机电动机和鼓风机电动机控制器等运作，同时伺服电动机上的位置传感器再将电动机控制的风门位置反馈给空调控制单元，使控制单元能够准确地控制风门的位置，确保合适的温度空气流速和出风位置等。

（二）自动空调控制系统各个组成部件的作用和结构

1. 内部温度传感器。

内部温度传感器采用热敏电阻制成，安装在带有通风口的仪表台处，用于测量吸入车辆内部空气的温度进而计算出汽车内部的平均温度。它是汽车内部温度控制的基础。

2. 环境温度传感器。

环境温度传感器也采用热敏电阻制成，安装在冷凝器的前面。用于检测车辆外部温度，控制由外部温度波动所引起的内部温度波动。

3. 太阳射传感器。

太阳辐射传感器使用1个光电二极管制成，安装在仪表台的上部，用于检测日照的强度。它可以控制由日照波动引起的内部温度的波动。

4. 蒸发器温度传感器。

蒸发器温度传感器采用热敏电阻制成，安装在蒸发器上，用于检测经过蒸发器的空气的温度（蒸发器的表面温度），可以防止蒸发器结冰，控制气流的温度和延时气流控制。

5．冷却液温度传感器。

冷却液温度传感器采用热敏电阻制成，用于检测冷却液的温度。冷却液温度传感器信号送到发动机 ECU，再由发动机 ECU 传送到空调 ECU，用于温度控制，预热控制等。

6．空气混合伺服电动机。

空气混合伺服电动机包括电动机、限位器、电位计和动触点等。它由 ECU 发出的信号控制。

7．空气进口伺服电动机。

空气进口伺服电动机包括电动机、齿轮、移动盘等。

8．气流伺服电动机。

气流服电动机包括电动机、动触点、电路板、电动机驱动电路等。自动空调控制系统可以通过指示灯显示系统故障，还可以通过诊断座用诊断仪调取故障信息，为维修提供指导，具体的方法可参见维修手册。

四、汽车空调系统检测与故障分析

（一）汽车空调维修检测注意事项

1．处理制冷剂时应注意的安全问题

（1）不要在密闭的空间或靠近明火处处理制冷剂。

（2）必须戴防护眼镜。

（3）避免液体的制冷剂进入眼睛或溅到皮肤上。

（4）不要将制冷剂的罐底对着人，有些制冷剂罐底有紧急放气装置。

（5）不要将制冷剂罐直接放在温度高于 40 ℃的热水中。

（6）如果液体制冷剂进入眼睛或碰到皮肤，不要揉，要立即用大量的冷水冲洗，要立即到医院找医生进行专业处理，不要试图自己进行处理。

2．在更换零件或管路时要注意的问题

（1）用制冷剂回收装置回收制冷剂、以便再次使用。

（2）在未连接的管路或零件的位置要插上塞子，以免潮气、灰尘进入系统

（3）对于新的冷凝器、储液干燥器等零件不要技了塞子放置。

（4）在拔出新压缩机塞子之前要从排放阀放出氮气，否则在拔塞子时，压缩机油将随氮气一起喷出

（5）不要用火焰加热进行弯管和管路拉伸。

3．在拧紧连接零件时应注意的问题

（1）滴几滴压缩机油到 0 形密封圈上可使紧固容易和防止漏气。

（2）使用两个开口扳手紧固螺母，防止管路扭曲。

（3）按规定的力矩拧紧螺母或螺栓。

4．处理装有制冷剂的容器时应注意的问题

（1）不要加热制冷剂容器。

（2）当用温水加热制冷剂容器时，不允许将容器顶部的阀门浸入水中，防止水渗入制冷管路。

5．在空调制冷系统开启补充制冷剂时应注意的问题

（1）如果制冷剂不足，有可能引起压缩机润滑不足，造成压缩机损坏，应注意避免这种情况发生。

（2）空调系统在运转时，如果开启高压阀将引起制冷剂倒流人制冷剂容器，使制冷剂容器破裂，因此只允许开启低压阀。

（3）如果将制冷剂容器倒置，制冷剂将以液态形式进入空调管路，造成压缩机液击，损坏压缩机，所以制冷剂必须以气态形式充入。

（4）制冷剂不要充入过量，否则将造成制冷不良、发动机经济性变差、发动机过热等故障。

（二）汽车空调系统的检测

1．直观检查

（1）检查压缩机驱动皮带是否过松，如果皮带过松按标准调整。

（2）检查空调出风口的出风量，如果出风量不足，检查进风滤清器，如有杂物将其清除干净。

（3）听压缩机附近是否有非正常的响声，如果有，检查压缩机的安装情况。

（4）听压缩机内部是否有杂音，这种杂音通常都是由压缩机内部零件损坏所引起。

（5）检查冷凝器散热片上是否有脏物覆盖，如果有，将脏物清除。

（6）检查制冷环系统的各连接处是否有油流，如果有油流说明该处有温度，应紧固该连接处或更换该处的零件。

（7）将鼓风机开至低、中、高增，听鼓风机处是否有杂音，检鼓风机是否运转正常，如果有杂音或运转不正常，应更换鼓风机（鼓风机进入异物或安装有问题也会引起杂音或运转不正常，所以在更换之前要仔细检查）。

2．检查制冷剂的数量

检查制冷剂的数量有两种方法：一种是通过系统中安装的视液镜检查，另一种是通过检测系统压力检查。

（1）通过视液镜检查制冷剂的数量的检查条件具体如下：发动机转速为 1500 r/min，鼓风机速度控制开关处于高位，空调开关为开位，温度选择器为最凉，完全打开所有车门。检查制冷剂的数量：几乎没有气泡，说明制冷剂量正常；有连续的气泡，说明制冷剂量不足；看不到气泡，说明制冷剂储罐是空的或制冷剂过量。

（2）通过检查系统的压力检查制冷剂的数量

连接歧管压力表：将歧管压力表的高低压开关全部关闭；把加注软管的一端和歧管气压计相连，另一端和车辆侧的维修阀门相连；蓝色软管→低压侧，红色软管→高压侧。

注意：连接时，用手而不要用任何工具紧固加注软管；如果加注软管的连接密封件损坏、应及时更换；由于低压侧和高压侧的连接尺寸不同，连接软管时不要装反；软管和车侧的维修阀门连接时，把快速接头接到维修阀门上并滑动，直到听到"咔哒"声；和多功能表连接时，不要弄弯管道。检查制冷系统的压力；起动发动机，在空调运行时检查歧管气压计所显示的压力读数。低压侧：0.15~0.25 MPa（1.5~2.5 kgf/cm²），高压侧：1.37~1.57 MPa（14~16 kgf/m²）。注意：多功能表所示压力随外部空气温度的变化而有轻微的变化。

3．空调制冷功能的检查

行业标准规定的检查方法。空调制冷功能的检查车型不同，检查的方法也有所差异，我国在 2010 年出台了行业标准，检查时可参照执行，也可按照各个制造厂规定的检查方法进行检查，步骤如下：

（1）车辆停放在阴凉处，将干混球温度计放置在空调进风口位。

（2）打开车窗、车门。

（3）打开发动机置。

（4）打开所有空调出风口，调节到全开。

（5）设置空调控制器：外循环位置：强冷；AC 开；风机转速最高（H）；若是自动空调应设为手动并将温度设定为最低值。

（6）将温度计探头放置在空调出风口内 530 m 处。

（7）起动发动机，将发动机转速控制在 1500~200 r/min，使压力表指针稳定。

（8）温度计显示数值趋于稳定后，读取压力表和温度计的显示值，将所测得的高、低侧压力、相对湿度、空调进风温度、出风温度与汽车制造商提供的空调性能参数或图表上的参数比较，如压力表、温度计显示的高、低侧压力和空调出风温度不在规定的范围内，应对制冷装置做进一步的诊断和检修。

（三）空调系统的故障分析

空调系统的故障包括暖风系统的故障、制冷系统的故障、通风系统的故障等，其中暖风系统和通风系统的故障主要表现为无暖风或暖风不足，检查时只需检查风道是否堵塞，暖风水路是否正常，风道中各种风门工作是否正常，故障部位比较直观。制冷系统的故障较为复杂，故障的表现主要是不制冷或制冷不足，故障的原因可以分为制冷循环系统故障和电气控制系统故障。

1．利用歧管压力表诊断制冷循环系统的故障

制冷循环系统的故障基本上都可以用歧管压力表进行诊断，在系统无泄漏及压缩机电磁离合器能够吸合的情况下，将歧管压力表按前述的方法与制冷系统的维修阀连接，起动

发动机，运转空调系统，检查系统高压及低压侧的压力。系统正常的情况下，高压侧的压力应为 1.4~1.6 MPa；低压例的压力为 0.15~0.25 MPa，如果空调制冷不足，歧管压力表的高低压表指示的压力均低，同时视液镜中可以看到大量气泡，这说明系统中制冷剂不足。此时，应检查系统是否有泄漏的地方，在排除了泄漏故障后，将制冷剂补足。

歧管压力表的高低压表的指示均过高，视液镜中看不到气泡，甚至在低转速下也看不到气泡，造成这种现象的原因是系统中制冷剂过量或冷凝器冷却不足。排除时，要将制冷剂量调整合适，清洁冷凝器，同时还要检查车辆的冷却系统制冷时有时无，压力表在空调起动时正常，过一段时间低压表指示真空，高压表的压力也降低很多，过几秒到几分钟，表的指示又恢复正常，如此循环。造成这种现象的原因是系统中有水分，当系统正常制冷温度下降时，水分在膨胀阀处结冰造成冰堵，制冷循环不能进行，温度上升后，冰融化使得循环又正常进行，温度下降后，又造成冰堵，如此反复。遇到这种情况应更换储液干燥器，系统抽真空后重新加注制冷剂。

如果高压表指示过低，低压表指示过高，关闭空调后，高低压表指示很快于一致，触摸压缩机，压缩机的温度也不高，这说明压缩机的效率不高，此时应更换或修压缩机。

如果制冷循环系统内制冷剂不能循环，低压表可指示真空，高压表的压力也比正常压力低。造成这种情况的主要原因是：制冷循环系统内有堵塞情况。如果系统完全者塞，开启空调时，由于制冷剂不循环，低压表即刻显示真空；如果未完全堵塞，低压表在开启空调时将逐渐指向真空，在堵塞部位的前后还将出现温差。堵塞的部位常发生在膨胀阀 EPR阀及管路较细的部位。膨胀阀的感温包漏气也可能使膨胀阀不能开启而造成这种情况。排除时，要查明堵塞的原因，更换堵塞的部件，彻底清理制冷循环管路。

在制冷剂数量正常的情况下，如果高低压表的压力均指示高于正常值，说明制冷循环系统中有空气进入，其表现通常为低压指示越高，制冷效果就越差。出现这种情况时，应更换制冷剂并对系统进行抽真空，排除系统中的空气。如果低压表指示过高，高压表指示正常，低压管路结霜且制冷效果下降，这种情况往往是由于膨胀阀开度过大造成的，维修时要重点检查膨胀阀热敏管的安装情况，在热敏管正常的情况下，应考虑更换膨胀阀。

图 7-3 空调诊断仪

2．利用空调诊断仪对空调系统进行诊断

空调诊断仪也是利用压力和温度进行诊断的设备，图7-3所示为空调故障诊断仪。该设备通过两个压力传感器和四个温度传感器，可以检测制冷系统的高压压力，低压压力冷凝器进出口温度、蒸发器进出口温度、空调出风口温度等空调工作时的压力温度参数、通过对这些参数的分析进而判断空调系统的故障。

3．空调系统控制电路的故障诊断

汽车空调制冷系统电路控制部分因车型不同而异，其电路原理及组成也有所不同。因此，在检修汽车空调电路时，应首先理解空调的电路原理，之后才可动手检查和修理，另外，在检修汽车空调电路故障时，还应结合制冷系统综合考虑。汽车空调控制电路的故障主要表现为系统不工作或系统中某一部分不工作，在检查时首先要研读空调控制电路的电路图，在根据电路图用万用表或试灯等工具检查电路，找出故障所在。

空调系统的控制电路图中一般有空调放大器，执行元件有电磁离合器及真空电磁阀等，传感器及开关有双重压力开关、转速检测传感器、点火器、热敏电阻、空调开关、点火开关、鼓风机开关等，继电器包括电磁离合器继电器暖风继电器，保险包括断路器、仪表熔断丝、空调熔断丝。空调压缩机电磁离合器电路在下述情况下会被切断：

（1）鼓风机开关断开。此开关断开后暖风电器断开，控制系统电源被切断。

（2）空调开关断开，放大器的电源被切断。

（3）蒸发器温度过低。蒸发器表面温度低于某一设定值时，放大器会切断电磁离合器。

（4）双重压力开关断开。在制冷循环系统中压力过高或过低时，压力开关断开，空调放大器会切断电磁离合器电路。

（5）压缩机锁止。当压缩机转速与发动机转速的差值超过一定值时，空调放大器将作出压缩机已锁止的判断，从而切断电磁离合器电路。

（6）制冷剂温度过高。当压缩机内制冷剂的温度过高时，温度开关会切断压缩机电磁离合器电路。

（7）断路器、仪表熔断丝、空调熔断丝和暖风继电器损坏，空调放大器无供电，电磁离合器断电。

（8）电磁离合器继电器。该继电器损坏会切断电磁离合器的电路。

4．检查电路

（1）检查电源电路。在接通鼓风机开关和空调开关后，检查空调放大器电源端有无12 V电压，检查电磁离合器继电器线圈处有无12 V电压，如有12 V电压，则表明电源电路正常，否则应按照电路图逐一检查空调开关、空调熔断丝、暖风继电器、仪表熔断丝、断路器和鼓风机开关能否工作正常。

（2）检查各传感器和开关电路。用万用表检查蒸发器热敏电阻、点火器、压缩机转速检测传感器、压力开关到空调放大器的电路是否导通，按照修理手册规定的要求检测各传感器的电阻是否符合要求，检查各开关是否能在规定的情况下导通。

（3）检查电磁离合器继电器。将继电器的空调放大器控制端直接搭铁，看压缩机电磁离合器是否吸合，如能吸合说明继电器良好。

（4）检查电磁离合器。将电磁离合器的电源端子直接接蓄电池电源，检查能否吸合，如能吸合说明离合器正常。

（5）检查插接器和电路。检查各插接器的连接是否良好，检查线路情况是否良好，检查各搭铁点接触是否良好；还可模仿故障发生的情况检查接触不良的情况，如故障发生在车辆振动时，可逐一晃动空调系统的部件，晃动某一部件故障现象出现时，该部件即为故障部件；再如下雨时出现故障，可通过人为浇水模拟故障产生的环境，检查故障的部位。

（6）如果线路中有短路故障，则线路熔断丝肯定被烧断，且换上熔断丝后又会被烧断。此时应检查各连线绝缘是否破坏而搭铁在金属上及部件内部是否有短路情况。

5．系统部件的检查

（1）电磁离合器。电磁离合器不吸合，应使用万用表检测电磁离合器的输入端有无12V电压，如果有电压，说明离合器可能损坏，此时应使用万用表的电阻挡测量离合器电磁线圈的电阻，应符合要求，否则应予以更换，最后还要检查离合器的机械部分是否有异常。

（2）鼓风机。鼓风机不转，应解体检修鼓风机。拆下鼓风机线路，将蓄电池 12 V 电压接在电动机上，看电动机是否能平稳转动，且在空载下转速应能达到 700 r/min 左右。如不正常，应检查电刷接触是否良好，轴及轴承是否被卡死，电动机是否被烧坏。

（3）控制继电器。控制继电器一般为触点常开型，其故障多为继电器线圈烧坏（线圈短路或断路），触点烧蚀、粘连、动触点卡死等。在正常情况下，当继电器线圈通电时，应能听到其触点动作的轻微声音，否则说明继电器有故障，可把它从线路上拆下，用万用表测量其线圈是否良好，如线圈完好，再用万用表测量其常开触点的电阻应为 x，否则说明粘连；如为，可给线通电后进一步检查。线圈通电后，常开触点应闭合，触点回路电阻应为零，否则说明触点烧蚀或卡死，应检修或更换。

（4）压力开关。压力开关的检查应在制冷系统完好的情况下进行。其检查方法是，歧管压力计接到制冷系统高低压检修阀上，用纸板盖在冷凝器散热通道上，以恶化冷凝器的冷却效果，这时冷凝压力会逐渐升高，当压力表压力达到 2.1 MPa（21 bar）左右时，电磁离合器应断电，然后拿开纸板，待高压表压力降到 1.9 MPa（19 bar）时，压缩机应恢复工作。如不符合上述规定，则说明压力开关已失灵，应于更换。

（5）鼓风机电阻及挡位开关。鼓风机电阻烧坏或鼓风机挡位开关接触不良，将会造成鼓风机不转动或无法调速等故障现象。检测时，可拆下鼓风机电阻及鼓风机挡位开关组件，用万用表测量各挡位电阻值。

（6）空调放大器。空调放大器的故障主要有温度控制失灵，发动机怠速控制失灵，放大器输出继电器线圈烧坏、触点烧蚀和粘连等。空调放大器的检测应在制冷系统及其他电路及元器件完好的条件下进行。最简单的方法是代换法。检查放大器时可先检查放大器内部的输出继电器线圈和触点，如线圈和触点正常，再根据线路检查各元件是否正常。

第二节 新能源汽车空调系统的技术分析

一、新能源汽车空调系统简介

（一）新能源汽车空调系统和传统汽车空调系统的区别

新能源汽车空调制冷系统与传统汽车区别的是压缩机驱动方式发生了变化。新能源汽车空调玉缩机采用电驱动的方式，而传统汽车绝大多数采用发动机皮带驱动。新能源汽车在暖风实现的形式上，通常是利用电加热的方式来产生暖风。电加热的方式有两种：一种是通过加热冷却液，再经过循环为暖风水箱提供热量，另一种是直接加热经过蒸发箱的空气实现暖风。

（二）新能源汽车送风系统组成

新能源汽车送风系统与传统汽车基本相似，空气通过蒸发器和热交换器形成冷风或暖风和风速，根据驾驶员的需要输送到指定出风口。新能源汽车送风系统的组成包括鼓风机、风道、凤门和出风口等。

（三）暖风与空调系统通风方式

为了健康和舒适，车厢内空气要符合一定的卫生标准。这就需要输入一定量的新鲜空气。将新鲜空气送入车内，取代污浊空气的过程，称为通风。汽车空调的通风方式一般有自然通风、强制通风两种。由车辆运动产生的气压将外部空气送入车内，这被称为自然气流通风。当车辆移动时，在一些地方产生正压，一些地方产生负压。这样空气入口位于正压处，排风口位于负压处。在强制通风系统中，使用鼓风机强制空气流过车子。进气口和排气口一般与自然通风的风口在相同位置。

（四）暖风与空调系统空气净化方式

车内的空气含有人们因呼吸排出的二氧化碳、蒸发的汗液、吸烟以及从车外进入的灰尘、花粉等污染物，这些污染物不利于驾驶员的身心健康，因此需要净化。室内空气净化器是一套能去除香烟烟雾、灰尘等，净化车内的空气的装置。室内空气净化器利用送风机电机吸入车内的空气，并通过过滤器净化空气并吸收气味。另外某些车型安装有烟雾传感器，自动检测香烟烟雾并自动地使送风机电机以"高速"运行。空调滤清器一般安装在空调的进气口位置，一般有2种空调滤器：一种只除去灰尘；另一种带有活性炭，有除臭作用。

当空调滤清器阻塞且经清洁无效时，会导致吸入空气困难，从而使空调效果变差。为了防止这一情况，要定检并更换清空气器。检查或更换空气过滤器的时间取决于车型或运行情况，因此要参考车辆的维手册。

（五）新能源汽车空调系统操作系统

大多数纯电动汽车的空调暖风开关的设计都集中在一个操控面板上，这样不仅节省仪表板的空间而且有利于驾驶员进行自主切换。

1. 空调面板液晶屏显示区域

空调面板液晶屏显示区域通常用于显示出风口的风向位置信息、鼓风机的风量大小信息内外循环的开关信息、冷／热风交换翻板位置信息等。

（1）出风口的风向位置信息：指示车辆在当前驾驶模式下，车内送风风向位置，比如面部、脚部等信息

（2）鼓风机的风量大小信息：指示车辆当前空调系统送风风量的大小。

（3）内外循环的开关信息：指示车辆当前的空气循环路径。

（4）冷／热风交换翻板位置信息：指示车辆当前冷／热风翻板所处的位置。

2. 空调开关（A/C）

荣威 E50 纯电动汽车不再采用空调机械按钮，而是采用触摸式按钮。按照液晶显示屏的提示信息，正确操作空调开关，可使空调系统正常运转。

3. 冷／热风交换翻板按钮（暖风开关）

正确操作冷／热风交换翻板按钮，使翻板处在热风位置，为车内供暖

4. 鼓风机风量调节按钮

正确调节鼓风机风量大小，根据驾驶员的意愿使送风量达到合适的状态。

5. 出风口位置按钮

正确调节出风口位置按钮，根据驾驶员的意愿使送风位置达到合适的状态。

6. 内外循环开关按钮

正确操作内外循环位置按钮，长时间使用内循环，车内空气不与外界交换，会导致车内空气不流通，使车内人员感觉不适，应及时打开外循环保持空气流通营造一个良好的空气环境。

二、新能源汽车空调暖风系统技术分析

（一）新能源汽车暖风系统作用

汽车暖风系统是将冷空气送入热交换器，吸收某种热源的热量，提高空气的温度，并将热空气送入车内。汽车暖风系统的作用如下：

（1）与蒸发器一起共同将空气调节到使人感到舒适的温度。

（2）在寒冷的冬季向车内供暖，提高车内空气的温度。

（3）当车窗结霜，影响驾驶员和乘客的视线，不利于行车安全时，可通过采暖装置吹

出的热风除霜。

新能源汽车暖风系统由风机调速电阻、电子开关模块、风机、轮式换风器、PTC 加热器温度传感器，出风风道、出风口等元件构成，电子开关模块包括场效应管（ MOSFET ）、光合器等部件。PTC 加热器作为加热元件，通过动力蓄电池为其供电，由电子开关模块控制其通电发热，风机和轮式换风器实现暖风的输送及风向的改变。暖风热源采用 PTC 电阻加热器，安全可靠，能自行调整驾驶室内温度。

（二）新能源汽车暖风系统的加热方式

新能源汽车暖风系统与传统汽车主要区别在于加热方式不同，以下介绍新能源汽车暖风的加热方式。

1. PTC 加热器的加热方式

纯电动汽车没有传统汽车的发动机，没有了热源，因此需要靠 PTC 加热器的热能来采暖 P℃ 是正温度系数（Positive Temperature Coefficient）的英文缩写。1950 年荷兰人 Haayman 偶然首次发现了 BaTiO3，陶瓷的 PTC 铁电效应，之后探索这种机理的研究一直引人瞩目。PTC 自理论问世至工业化生产走过了 20 余年的历史，而 PC 产品的大量使用是近 40 年的事情。目前, PTC 技术已成为现代化工业的重要组成部分。作为种新型热敏电阻材料，其主要用途可分为开关和发热两大类别。利用 PTC 材料的热敏特性，制成热敏开关类产品。利用发热类 PTC 性能稳定、升温迅速、受电源电压波动影响小等特性，制成的各种加热器产品，已成为金属电阻丝类发热材料最理想的替代产品。目前，已大量应用于电动汽车暖风系统、电动汽车除霜机等。PTC 加热器采用 FTCR 热敏瓷元件，由若干单片组合后与波纹散热铝条经高温胶黏结而成，具有热阻小、换热效率高的显著优点。它的最大特点在于安全性，即遇风机故障堵转时，PTC 加热器因得不到充分散自动急剧下降，此时加热器的表面温度维持限定温度（一般为 240 ℃左右），从而不致产生电热管类加热器表面的"发红现象"，从而排除了发生事故的隐患。

PTC 加热器的结构如图 7-4 所示。

图 7-4 PTC 加热器

（1）加热器：由 2 组电热阻丝并联组成，单独控制
（2）温度传感器：检测加热器本体的温度，控制加热器导通和切断。

（3）熔断器：防止加热器失控发生火灾

点火开关打开后，空调继电器为压缩机控制器 PTC 控制器和 PTC 提供电源。PTC 控制器根据来自空调面板的暖风请求信号（CANH 和 CANL）以及温度传感器信号，控制 PTC 加热器工作。

2. 加热丝加热冷却液的方式取暖

新能源汽车冷却液的作用一方面是给汽车上的容易发热的元件（如电机等）散热，另一方面是在温度较低的情况下提供热能来供驾驶室采暖。纯电动汽车没有传统汽车的发动机，没有了足够的热源，这样一来在温度较低的情况下仅靠电动汽车上的电器元件工作的热量来加热冷却液是远远不够的，无法给驾驶室提供足够的温度。

为保证在温度较低的情况下，给车内提供足够的温度，冷却液循环系统上安装了个加热装置，串联在冷却液循环系统中，来加热冷却液，使冷却液达到合适的温度，加热器一般包括控温器和限温器控温器一般都设置在插入水中的金属管内，其最高控制温度一般都设定在合适的温度区域，这样就可保证加热器有较大的蓄热量。为了避免控温器失灵时加热冷却液温度过高，而影响车辆的工作性能，热水器上安装了限温器，其限温值设定在略高于控温器的最高控制温度，一旦加热温度达到设定值，限温器便立即切断电源．避免了因加热失控而影响整车性能。

暖风加热系统的另一种实现方式是热泵。由传动带驱动的直流无刷电动机的电动汽车热泵，空调系统的制冷／制热模式由四通换向转换，实线箭头表示制冷工况，虚线箭头表示制热工况。从原理上讲，该系统与普通的热泵空调并无区别，但是用于电动汽车上时，专门开发了双工作腔滑片压缩机、直流无刷电动机和道变器控制系统。在热象工况下，系统从融霜模式转为制热模式时，风道内换热器上的冷凝水将迅速蒸发，在风窗玻上结晶，会影响驾驶的安全性

（三）比亚迪 E6 暖风系统检修

1. 比亚迪 E6 暖风系统的特点

比亚迪 E6 车型的空调系统采用机电一体化制冷及 PTC 制热模块采暖。与传统车型的空调系统相比，主要计的区别是电动压缩机制冷及 PTC 制热。制热方面，传统的车型通过发动机冷却液温度的热量来制热，在发动机起动、暖机等冷却液温度较低的阶段制热效果不好，比亚迪 E6 通过约 3000 W 的 PTC 制热模块制热，制热效果好，同时可以调节制热量。

2. 比亚迪 E6 暖风系统原理

比亚迪 E6 暖风系统采用空调控制器驱动 PTC 加热器制热，通过鼓风机吹出的空气将 PC 散发出的热量送到车厢内或风窗玻璃上，用以提高车厢内温度和除霜，如图 7-5 所示。

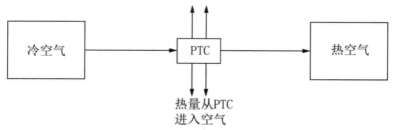

图 7-5 比亚迪 E6 暖风系统原理图

3．比亚迪 E6 暖风系统检修

（1）PTC 温度传感器的检查

比亚迪 E6 暖风系统的 PTC 温度传感器的电路图如图 7-6 所示。

（2）利用万用表检测 PTC 温度传感器端子的线束。

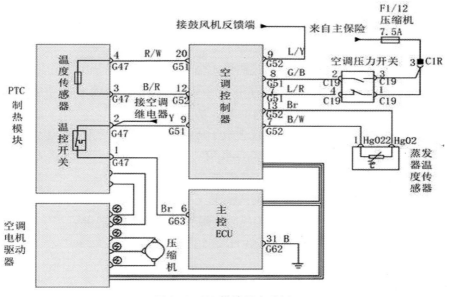

图 7-6 PTC 模块的电路图

（3）PTC 制热模块的检查

比亚迪 E6 暖风系统 PC 制热模块的电路图如图 7-6 所示。

利用万用表检测 PTC 制热模块的电源、搭铁以及与各控制器之间的线路是否导通。

（4）温控开关的检查

比亚迪 E6 暖风系统温控开关的电路图如图 7-6 所示。

利用万用表检测温控开关端子的线束。

4．PTC 加热器芯的拆装及更换

工作准备：

（1）防护装备：绝缘防护装备。

（2）车辆、台架、总成：北汽新能源纯电动汽车、比亚迪 E6，或同类纯电动汽车。

（3）专用工具、设备：万用表、绝缘组合工具。

注意事项：

a.禁止未参加车型系知识培训的维修人员拆装，拆装更换部件时，请注意型号及加热功率，以免发生危险。在拆装过程中请小心防护 PTC 加热芯，避免损伤部件，造成不必要的损失。

b.在进行高压相美操作前，维修人员必穿好劳保用品，戴好绝缘手套，穿好高压绝缘鞋，在戴绝缘手套前，必须要检查绝缘手套是否有破损的地方，确保手会无绝缘失效。

新能源汽车 PTC 加热芯的拆卸步骤。

（1）关闭点火开关，拔下钥匙。

正常情况下，在点火开关关闭后，高压系统还存在高压电，这是因为电机控制器中高压电容的存在造成的，需要经过一段时间的等待，高压电容中的电才能被完全释放。

（2）打开前机舱，铺设翼子板护垫。

（3）断开低压蓄电池负极，用绝缘胶带包裹负极防止虚接。

（4）检查绝缘手套是否破损，戴上绝缘手套，断开 PTC 高压插头。

（5）将万用表旋至直流电压挡，通过测量 12 V 低压蓄电池电压的方式核实数字万用表

（6）将万用表旋至直流电压挡，用万用表检测 PTC 高压线束端子之间电压和端子对地之间电压。

（7）分别拆下主驾驶、副驾驶的副仪表板子母扣，取下副仪表板前挡板总成。

（8）断开加速踏板上方的 PTC 总成高压线束。

（9）断开安全气囊模块左侧的 PC 负极搭铁。

（10）在 PTC 高压线束插口端固定牵引导线。

（11）拆下暖风蒸发箱总成的 PTC 盖板固定螺钉，取下 PTC 盖板。

（12）从暖风蒸发箱抽出 PTC 总成及 PTC 高压线束。

（13）断开 PC 温度传感器插头。

（14）断开高压线束牵引卡子，取出 PTC 总成及 PTC 高压线束。

5.新能源汽车 PTC 加热芯的检测

新能源汽车 PTC 加热芯的检测步骤如下：

（1）将万用表旋至欧姆挡，校正万用表。

（2）将端子针延长线接入温控开关端子。

（3）测试温控开关端子间电阻。

温控开关电阻规格：

①当最低温度小于 80 ℃时，电阻值应小于 1 Ω。

②当最高温度大于 85 ℃时，电阻值应大于 10 kΩ

（4）出端子针延长线。

（5）测量 PTC 加热芯端子之间的电阻。规格如下：

①将表笔连接蓝色和白色端子应为 1000~11009

②将表笔连接红色和白色端子应为 30~3700

③将表笔连接红色和蓝色端子应为 600700

（6）关闭万用表。

6. 新能源汽车 PTC 加热芯的安装

（1）将 PTC 高压线束插头固定在牵引线上。

（2）将 PTC 总成插入暖风蒸发箱内。

（3）缓慢拖动前机舱侧导线，将 PTC 高压线束插头从副驾驶室拖到主驾驶室。

（4）松开 PTC 高压线束的牵引线。

（5）安装 PTC 负极搭铁线。

（6）将 PTC 盖板固定到暖风蒸发箱上。

三、新能源汽车空调制冷系统技术分析

新能源汽车空调系统与传统汽车制冷原理大致相同，主要区别是压缩机的驱动方式，纯电动汽车的空调采用电动方式来驱动压缩机，这有别于传统汽车通过内燃机曲轴皮带驱动的形式。

（一）新能源汽车空调系统的组成

比亚迪电动空调系统的组成与传统的车型相似：主要由空调系统总成 HVAC（空调箱体）、空调管路、电动压缩机、冷凝器、空调控制面板及相关传感器、空调驱动器等组成。其中空调驱动器与 DC/DC 转换器布置于同一壳体中，位于前舱左侧。PTC 取代了暖风芯体，不在 HVAC 总成中。

（二）新能源汽车制冷系统工作参数

新能源汽车制冷系统的主要工作参数如下：低压一般为 0.25~0.3 MPa、高压一般为 1.3~1.5 MPa。平衡压力一般为 0.6 MPa 左右，因受环境温度及加注量同时影响，不可作为主要依据，仅为参考数值。

（三）新能源汽车制冷剂的工作特性

新能源汽车制冷剂的工作特性与传统车辆相同：高压液态散热，低压气态吸热。

（四）新能源汽车制冷系统的控制原理

空调控制面板根据驾驶员的操作需求，发送 A/C 信号、冷暖选择信号、鼓风机信号到整车控制器，整车控制器同时接收空调压力开关、温度信号，通过 CAN 传输系统指令压缩机控制器驱动压缩机工作，同时整车控制器也控制冷凝风扇运转

空调控制器接收空调面板开关、各种相关传感器、制冷剂压力开关信号，直接控制鼓风机及各风门电机动作，同时通过 CAN 信号，指令空调驱动器驱动电动压缩机和 PTC 加热器，指令主控 ECU 控制风扇动作。

（五）比亚迪汽车空调系统检修

比亚迪 E6 车型的空调系统采用机电一体化压缩机制冷及 PTC 制热模块采暖。与传统车型的空调系统相比，主要设计的区别是电动压缩机及 PTC 制热。传统车辆上，制冷压缩机靠皮带轮，通过发动机曲轴带动转动。其转速只能被动地通过发动机转速来调节，空调系统无法主动压缩机转速进行调节。而比亚迪 E6 空调系统的压缩机为电动压缩机，其驱动靠高压电驱动，转速可以由控制系统主动调节，调节范围在 0~4000 r/min。这样保证了良好的制冷效果，同时也节省了电能。

1．电动压缩机

（1）比亚迪 6 压缩机的作用

压缩机是汽车空调制冷装置的心脏，其作用是将低压低温的气态制冷剂压缩成高压高温的气态制冷剂，并推动制冷剂在系统中循环流动。比亚迪 E6 的空调压缩机。

（2）比亚迪 E6 压缩机的结构

比亚迪 E6 采用的电动涡流式压缩机属于第 3 代压缩机，电动压缩机采用螺旋式的压缩盘。涡流式压缩机结构主要分为动静式和双公转式两种。目前动静式应用最为普通，它的工作部件主要包括动涡轮（旋转涡管）与静涡轮（固定涡管）。动、静涡轮的结构十分相似都是由端板和由端板上伸出的渐开线形涡旋齿组成。两者偏心配置且相互错开，静涡轮静止不动，而动涡轮在专门防转机构的约束下，由曲柄轴带动做偏心回转平动，即无自转，只有公转。

（3）比亚迪 E6 压缩机的工作过程

比亚迪 E6 电动压缩机工作过程。

涡流式压缩机的具体工作原理，吸气口设在固定涡旋轮外侧，由于曲柄的转动，气体由边缘吸入，并被封闭在月牙形容积内，随着接触线沿涡旋面向中心推进，月牙形容积逐渐缩小而压缩气体。高压气体则通过固定涡旋盘上的轴向中心孔排出。

（4）比亚迪 E6 压缩机的工作参数

比亚迪 E6 电动压缩机的工作参数如下：

工作电压：320 V

制冷剂型号和加注量：R134a，550 g

压缩机油型号和加注量：POE68，120 mL。

（5）比亚迪 6 压缩机故障诊断

电动压缩机的故障一般采用检查系统压力进行诊断。

①压力测量

满足下列条件后读取歧管压力表压力。测试条件：

A.起动车辆

B.鼓风机转速控制开关置于"H"位置

C.温度调节旋置于"COOL"位置

D. 空调开关打开

E. 车门全开点火开关置于可使空调压缩机运转的位置

导致汽车空调制冷不足的原因很多，在诊断时应熟练掌握制冷系统的工作原理，利用系统的高、低压压力，并配合各部位的温度变化，根据不同元件故障的特征不同，进行确认与排除。

②比亚迪 E6 空调电动压缩机不转的原因

空调制冷请求信号发送的条件有：

A. A/C 按键有效

B. 空调系统压力非高压、非低压。

C. 压缩机起停时间间隔大于等于 10 s

D. 蒸发器温度大于等于

E. 鼓风机运转

在满足空调制冷的条件下，如果压缩机不运转，检查压缩机电路及压缩机本体。

2．空调制冷系统其他组成部件

比亚迪 E6 以及其他新能源汽车空调制冷系统其他部件与传统汽车基本一致。

（1）冷凝器

冷凝器的作用是对压缩机排出的高温高压制冷剂蒸气进行冷却，使之凝结成高温高压液体。制冷剂蒸气放出的热量排到大气中。

（2）储液干燥器

储液干燥器作用如下：储存制冷剂，接收从冷凝器来的液体并加以储存，根据发器的需要提供所需的制冷剂量。过滤，将系统中经常会出现的杂质和其他脏物，如锈蚀、污垢、金属微粒等过滤掉，这些杂质不仅会损伤压缩机轴承而且还会堵塞过滤网和膨胀阀。吸收系统中的湿气，汽车空调系统中要求湿气越少越好因为湿气会造成"冰塞"并腐蚀系统管道等，使制冷系统不能正常工作。

（3）膨胀阀

膨胀阀的作用如下：节流降压，使从冷凝器过来的高温高压液体制冷剂节流降压成为容易蒸发的低温低压雾状制冷剂进入蒸发器，即分开了制冷剂的高压侧和低压侧。自动调节制冷剂流量，根据制冷负荷的改变和压缩机转速的变化，自动调节制冷剂进入蒸发器的流量以满足制冷循环的需要。

（4）蒸发器

蒸发器的作用是作为汽车空调制冷系统中的另一个热交换器，作用与冷凝器相反，它是将经过节流降压后的液态制冷剂在蒸发器内沸腾汽化，吸收蒸发器表面周围空气的热量而使之降温，风机将冷风吹到车厢内达到降温的目的。

（5）压力开关

压力开关的作用是检测制冷系统内部压力，保护制冷系统新能源汽车空调系统采用三位开关：即低压、中压、高压。压力低于 0.18 MPa，低压开关断开。压力高于 3.14 MPa，高压开关断开，压缩机停止工作。压力高于 1.5 MPa 中压开关合，冷凝风扇高速旋转。

3．北汽 EV160 压缩机的拆卸

工作准备：

（1）防护装备：绝缘防护装备。

（2）车辆、台架、总成：北汽 EV160、比亚迪 E6 或同类纯电动汽车。

（3）专用工具、设备：歧管压力表；电子检漏仪、真空泵、制冷剂回收机。

（4）手工工具：绝缘组合工具拆装工具、手电筒。

（5）辅助材料：干净的抹布、压缩机油、制冷剂。

安全注意事项：

（1）禁止未参加该车型高压系统知识培训的维修人员安装该高压系统，包括电力电子箱、高压配电单元、高压线束、空调压缩机、交流充电口及交流充电线束、快速充电口、电加热器、慢充充电器

（2）在维修折卸过程中，切勿随意更换原厂压缩机的零件及商标，以便保修时认。同时，为了汽车空调能有更好的效果和保证更长的使用寿命，必须使用原厂信的冷剂。

（3）在进行高压相关操作前，维修人员必须穿戴好劳保用品，戴好绝缘手套，穿好高压掉鞋。在戴绝缘手套前，必须要检查绝缘手套是否有破损的地方，确保手套无绝缘失效。

拆卸步骤：

（1）铺设三件套。

（2）关闭点火开关，拔出钥匙。

警告：正常情况下，在点火开关关闭后，高压系统还存在高压电，这是因为电机控制器中高压电容的存在造成的，需要经过一段时间的等特，高压电容中的电才能被完全释放。

（3）打开前机舱盖，铺设翼子板护垫。

（4）断开低压蓄电池负极线，用绝缘胶带包裹，防止虚接发生危险。

（5）检查绝缘手套是否有破损。

（6）断开 PDU 端压缩机高压线束插头。

（7）通过测量低压蓄电池电压的方式核实数字万用表。

（8）测试压缩机高压线束端子搭铁电压。

（9）佩戴护目镜，防止制冷剂、冷冻油喷溅到眼中。

（10）拧开空调高压管加注口保护盖。

（11）拧开空调低压管加注口保护盖。

（12）安装制冷剂回收加注机的高压管，并拧开阀门。

（13）安装制冷剂回收加注机的低压管，并拧开阀门。

（14）打开制冷剂回收加注机开关。

（15）按下回收制冷剂按钮。

（16）打开制冷剂回收加注机低、高压管阀门。

（17）按下回收制冷剂按钮。

（18）根据车型输入制冷剂回收量（克数），开始回收。

（19）回收完成后，关闭制冷剂回收加注机高、低压管阀门。

（20）拆下高压加注管。

（21）拆下低压加注管。

（22）安装空调高压管加注口保护盖。

（23）安装空调低压管加注口保护盖。

（24）举升车辆，拆下前机舱下护板。

（25）断开压缩机低压线束插头。

（26）断开压缩机高压线束插头。

（27）松开吸入管固定螺钉，拔出压缩机高压管。

（28）包裹高压管管口，防止进入灰尘、水等异物。

（29）松开排出管固定螺钉、板出正缩机低压管。

（30）包裹低压管管口。

（31）松开压缩机的三个固定螺栓取下压缩机总成。

4. 北汽 EV60 压缩机的安装

（1）安装压缩机，拧紧 3 个固定螺栓。

（2）拆开压缩机高压管密封膜。

（3）高压管密封圈涂抹润滑油。

（4）安装高压管。

（5）紧固吸入口螺栓。

（6）拆开排出口封堵。

（7）安装低压管。

（8）紧固排出口固定螺栓。

（9）安装压缩机端的压缩机高压线束插头。

（10）安装压缩机低压线束插头。

（11）安装空调压缩机高压线束插头。

（12）安装低压蓄电池负极线。

（13）拧开空调高压加注口保护盖。

（14）拧开空调低压加注口保护盖。

（15）安装制冷剂回收加注机高压管，并打开阀门。

（16）安装制冷剂回收加注机低压管，并打开阀门。

（17）打开制冷剂回收加注机开关。

（18）拧开制冷剂回收加注机高、低压管阀门。

（19）按下抽真空按钮，并确认开始工作。

（20）抽真空完毕，下一步开始保压工作。注意，在保压过程中，应仔细观察压力表指针的变化看是否有泄漏，如果有泄漏，应查明泄漏原因并解决，如果没有发现泄漏，可以进行下一步操作。

（21）保压完成后，开始下一步注油工作。

（22）注油完成后退回主页面。

（23）拧开制冷剂回收加注机高、低压管阀门。

（24）选择加注制冷剂，并根据实际车辆输入制冷剂加注量。

（25）制冷剂加注完成。

（26）关闭制冷剂回收加注机高压管路阀门，并取下制冷剂回收加注机高压管。

（27）关闭制冷剂回收加注机低压管路阀门，并取下制冷剂回收加注机低压管。

（28）安装空调高压管加注口保护盖。

（29）安装空调低压管加注口保护盖。

（30）开始进行管路清理，回收加注机高压管、低压管的残余制冷剂、冷冻油。

（31）清理完毕后确认退出清理页面。

（32）关闭制冷剂回收加注机高压管、低压管阀门。

（33）关闭制冷剂回收加注机。

（34）打开点火开关。

（35）打开空调系统显示屏。

（36）点击 AC 开启空调系统。

（37）调整吹风大小。

（38）调整温度大小。

（39）关闭空调系统。

（40）关闭点火开关。

（41）安装前机舱下护板。

（42）降下车辆。

（43）收起翼子板护垫。

（44）放下前机舱盖。

5．新能源汽车空调制冷剂加注

安全注意事项：

（1）禁止非专业人员操作，操作人员必须熟悉汽车空调和制冷系统，并了解高压设备的危险性

（2）禁止向加满的储液罐里加注或添加制冷剂，只能使用经过许可的再加注容器，并且制冷剂可能导致人身伤害，须佩戴防护用品，包括护目镜、断开管路时应小心操作。

（3）在适当的压力下，空气和制冷剂的混合气体具有可燃性，这些可燃性气体具有潜在危险，可能造成人员受伤或财产损失。

制冷剂加注操作步骤如下：

（1）佩戴好护目镜。

（2）拧开空调高压管加注口保护盖。

（3）拧开空调低压管加注口保护盖。

（4）安装制冷剂回收加注机的高压管，拧开高压管阀门。

（5）安装制冷剂回收加注机的低压管，拧开低压管阀门。

（6）打开制冷剂回收加注机开关，选择回收制冷剂，打开制冷剂回收加注机高、低压管阀门。

（7）根据车型选择制冷剂回收量（克数）。注意，具体回收的制冷剂根据实际车辆而定，本实验车回收制冷剂为 0.425 kg。

（8）点击确认回收冷媒。

（9）回收完毕后，点击抽真空按钮，默认为 15 min。

（10）抽真空完毕之后，点击下一步开始保压过程，保压过程默认为 1 min。注意，在保压过程中，应仔细观察压力表指针的变化看是否有泄漏，如果有泄漏、应查明泄露原因并解决，如果没有发现泄漏，可以进行下一步操作。

（11）保压完成后选择下一步，点击确认按钮。

（12）注油完成后退出注油页面。

（13）打开制冷剂回收加注机高、低压管总阀门。

（14）点击加注制冷剂按钮，输入制冷剂加注量。

（15）制冷剂加注完成。

（16）关闭制冷剂回收加注机高压管路阀门，拔下高压管。

（17）关闭制冷剂回收加注机低压管路阀门，按下低压管。

（18）安装空调高压管加注口保护盖。

（19）安装空调低压管加注口保护盖。

（20）点击下一步。

（21）再次确认高、低压管已经从汽车上移下，之后回收加注机高、低压管路中的残余能冷剂、冷冻油，默认清理时间为 2 min。

（22）点击确认清理完成。

（23）关闭制冷剂回收加注机高、低压管阀门。

（24）关闭制冷剂回收加注机开关。

6．北汽 EV160 制冷系统的基本检查。

安全注意事项：在检查电子风扇时，应确保关闭点火开关，拔出钥匙，避免发生危险，在检查散热器时，应当心用力过猛，以免损害其散热效果。

（1）检查软管是否有渗漏。

（2）检查冷却液液位是否正常。

（3）检查大功率风扇和风扇壳有无损坏。

（4）启动电子扇，检查风扇的工作情况。

（5）检查冷凝器散热片（不得弄弯、损坏或堵塞），必要时用专业散热片梳洗直或清洗散热片。

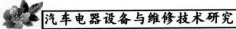
（6）检查空调系统压力。

①打开汽车空调高低压注射口防尘帽。

②安装制冷剂回收加注机高压管，并打开阀门。

③安装制冷剂回收加注机低压管，并打开阀门。

④观察制冷剂回收加注机高低压阀门仪表压力，判断是否正常。

参考文献

［1］吴晓斌，刘海峰 . 新能源汽车概论 [M]. 北京：人民交通出版社股份有限公司 ,2017.

［2］王刚 . 新能源汽车 [M]. 北京：清华大学出版社 ,2015.

［3］赵立军 . 电动汽车测试与评价 [M]. 北京：北京大学出版社 ,2012.

［4］许崇良，张传发 . 电动汽车与混合动力 [M]. 山东：山东大学出版社 ,2013.

［5］上汽通用汽车有限公司 . 汽车电子与电气系统及检修 [M]. 北京：高等教育出版社 ,2016.

［6］张光磊，周羽皓 . 汽车电气故障诊断与修复 [M]. 北京：人民交通出版社股份有限公司 ,2018.

［7］周建平，悦中原 . 汽车电器设备构造与维修 [M]. 北京：人民交通出版社股份有限公司 ,2020.

［8］曾鑫，刘涛 . 新能源汽车动力电池与驱动电机 [M]. 北京：人民交通出版社股份有限公司 ,2017.

［9］唐勇，王亮 . 新能源汽车电气技术 [M]. 北京：人民交通出版社股份有限公司 ,2017.

［10］弋国鹏，魏建平，郑世界 . 灯光控制系统及检修 [M]. 北京：机械工业出版社 ,2017.

［11］一汽大众汽车公司 . 迈腾 B7L 内部培训资料 [R].2016.

［12］凌永成 . 汽车空调技术 [M]. 北京：机械工业出版社 ,2018.

［13］北汽新能源汽车公司 .E150EV 维修手册 [R].2013.

［14］北汽新能源汽车公司 .E160EV 技术资料 [R].2013–2016.

［15］比亚迪汽车公司 . 比亚迪秦维修手册 [R].2016.

［16］丰田汽车有限公司 . 普锐斯维修手册 [R].2006.

［17］上汽公司 . 荣威 E50 维修手册 / 技术资料 [R].2016.